普通高等院校经济管理系列规划教材

U0869117

房地产开发与管理

吴红霞　蔡文柳　林永民　主编

哈尔滨工程大学出版社
Harbin Engineering University Press

内容简介

本书结合我国房地产业发展的新趋势，对房地产开发与管理的理论与方法进行了深入探讨。全书分为三大板块，第一板块为绪论及基础理论，主要阐述了房地产与房地产业、房地产开发等内容；第二板块为房地产开发过程，主要介绍了土地使用权获取和房地产项目策划、房地产开发项目可行性研究和房地产开发项目管理等内容；第三板块为房地产融资、市场营销及交易，主要阐述了房地产的融资渠道、营销策划和交易方式等内容。本书在每一章中安排了案例导入和案例分析模块，内容深入浅出，将理论与实例相结合，具有较强的应用性和操作性；并且在每一章都配置了微视频资源，可以扫描二维码进行观看，辅助学习。

本书可作为高等院校房地产开发与管理专业（课程）的教材，也可作为房地产相关领域从业人员系统学习房地产开发与管理知识的参考书。

图书在版编目(CIP)数据

房地产开发与管理/吴红霞，蔡文柳，林永民主编
.—哈尔滨：哈尔滨工程大学出版社，2022.3
ISBN 978-7-5661-3374-8

Ⅰ.①房… Ⅱ.①吴… ②蔡… ③林… Ⅲ.①房地产开发②房地产管理 Ⅳ.①F293.3

中国版本图书馆 CIP 数据核字(2022)第 004524 号

房地产开发与管理
FANGDICHAN KAIFA YU GUANLI

选题策划 刘凯元
责任编辑 张 彦 关 鑫
封面设计 李海波

出版发行 哈尔滨工程大学出版社
社 址 哈尔滨市南岗区南通大街 145 号
邮政编码 150001
发行电话 0451-82519328
传 真 0451-82519699
经 销 新华书店
印 刷 哈尔滨午阳印刷有限公司
开 本 787 mm×1 092 mm 1/16
印 张 13
字 数 306 千字
版 次 2022 年 3 月第 1 版
印 次 2022 年 3 月第 1 次印刷
定 价 50.00 元
http://www.hrbeupress.com
E-mail:heupress@hrbeu.edu.cn

前　言

房地产开发与管理是房地产业经济活动的重要组成部分，是包括房地产商品从开发、建设、营销到物业管理的全过程的经济活动。它是一门应用学科，是应用现代管理理论讨论房地产的运作规律，并能以较小代价取得较好房地产开发利用效益或效果的科学经营方法的学科。

房地产业作为整个国民经济的基础性、先导性产业，正逐步走上市场化和规范化的道路，并对相关产业和整个国民经济的发展产生巨大的推动作用。与我国房地产开发迅猛发展不相适应的是真正精通房地产开发与管理的人才相对匮乏。为了满足培养高素质房地产专业人才的要求，本书在每一章都加入了实践性较强的案例。本书在编写过程中突出系统性、实用性、前瞻性，将房地产开发与管理有机地结合在一起，力图做到理论与实践的高度统一，使读者通过学习既能了解具有一定深度的理论知识，又能提高实际操作能力。本书内容与国家最新颁布实施的法律法规相配套，适应当前房地产发展的要求，是新形势下从事或未来从事房地产管理工作的工作人员、学生必须掌握的知识与技能。本书内容不但是各类房地产交易、房地产策划和房地产项目管理的需要，也是很好地掌握房地产运作规律的需要。

本书充分运用现代管理理论，结合21世纪对房地产业发展提出的要求，探讨房地产开发与管理的理论与方法。全书由绪论及理论板块、房地产开发过程板块、房地产融资、市场营销及交易板块组成，共分为九章。第一、二章为绪论及基础理论板块，阐述了房地产与房地产业、房地产开发，房地产企业的性质、资质及组织结构等，构建了房地产开发的程序体系，包括房地产前期工作、房地产经营过程、房地产开发管理等内容，建立了开发者和管理者并行的体系。第三章至第六章为房地产开发过程板块，主要介绍了土地使用权获取、房地产项目策划、房地产开发项目可行性研究、房地产开发项目管理等，分析了房地产开发的主要思路，以及各部分在房地产开发中的地位和作用，管理者在各部分中的政策控制。第七章至第九章为房地产融资、市场营销及交易板块，主要介绍了房地产融资渠道、房地产营销策划、房地产交易的方式等内容，从企业和政府两个角度详细讨论了房地产融资和交易的具体内容及存在的问题，并通过实例总结经验。

本书编者具有多年的房地产开发与管理专业的教学、实践经验，在充分吸收和借鉴各家观点的基础上，注重对个人教学和实践经验的总结，特别是通过对房地产开发与管理案例的分析，融理论与实务于一体，使本书更具有现实性。本书主要有以下四个特点：一是反映了房地产开发领域最新的理论与实践，将新的法规、政策影响以及行业的新认识、新思想充分地融入教材内容之中；二是在课堂体系设置上，注重开发流程各环节涉及的各部分内容的理论和方法的完整性，同时注意与相关课程的关系，做到重点突出、体系完整；三是在内容设置上，充分结合我国房地产开发与管理的实践，加大案例分析的比重，满足教学与实际应用的需要；四是结合教学内容制作多媒体课件、复习思考题等，便于读者学习。

本书由吴红霞、蔡文柳、林永民担任主编。其中，吴红霞主要负责第一章至第四章的内容；蔡文柳主要负责第五章至第七章的内容；林永民主要负责第八章至第九章的内容。全书由吴红霞负责统稿和定稿。

本书由华北理工大学资助出版。本书在编写过程中，引用了参考文献中一些颇有价值的资料，特此向这些参考文献的作者表示感谢。此外，华北理工大学的舒宇飞、贾莫昆、贾美玲等为案例和资料的搜集做了大量工作，在此一并表示感谢。

由于编者水平有限，书中疏漏之处在所难免，希望广大读者批评指正，提出宝贵意见。

编　者

2021 年 12 月

目　录

第一章　绪　　论

第一章　绪论

【案例导入】

中国城市的住房价格经历了巨大增长,在全国水平上,房价的增长与居民收入的增长是同步的,并且低收入家庭保持了稳定的参与度。

在北京、上海、广州、深圳等一线城市中,房价收入比大约是11。在个别年份,比如2019年这一比例均值达到22。对于二线和三线城市而言,这一比例大约稳定在8。低收入家庭的房价收入比达到8,也就是说,低收入者需要支付8年甚至10年的收入来买房,对低收入家庭而言,这属于一个非常大的经济负担。在房价收入比是8的情况下,40%的首付比例就意味着低收入家庭3.2年家庭收入总和的储蓄加上4.8年家庭收入总和的抵押贷款,低收入家庭每年需要花一半的收入来偿还贷款。由此可见,房价收入比为8给低收入家庭带来了巨大的经济负担。

居民为何能够支付8倍的收入来购房呢?这可以用预期来解释。考虑到中国过去30年的收入增速为10%,因此很多人会持有将来收入增速也是10%的预期,在这样的预期里,收入在5年里就可以增加1.6倍,5年里房价收入比就会从8变成5,当然收入可能增加得更快,房价也会继续上涨,这也会激励居民购买房价收入比更高的房子。

此外,10%的收入增速预期是可持续的吗?在经济下行情况下,中国国民经济年增长率是7%,许多人认为实际情况低于7%。大家都知道10%的增速是不可持续的,一定会下降,但是更重要的是,如果增速预期下降,那么房地产如何维持这么高的价格呢?这就是中国房地产市场面临的最大的麻烦。

第一节　房地产与房地产业

一、房地产概述

(一)房地产定义

房地产业是当今世界各国经济发展的重要支柱产业之一。房地产既是一种稀缺的资源,又是重要的生产要素,同时也是人们生活的必需品。近几年,房地产已经成为我国国民经济发展的支柱,成为国民经济新的增长点和居民消费热点。而房地产开发跨越生产和流通两个领域,是房地产业中最基本和最主要的经济活动。

理论界将房地产界定为房产和地产的合称,是房屋与土地在经济方面的商品体现。房屋与土地反映物质的属性和形态,而房产和地产则体现商品形式的价格。因此,在生活资料方面，房产与地产属于财产范畴；在生产经营资料方面，房产与地产属于资产范畴。

由于物质形态的房屋与土地紧密相连，房屋建筑与建筑地块总是连在一起，因此在经济形态上，房地产的经济内容和运动过程也具有内在的整体性。在实际生活中，讲到房地产，一般均指房屋建筑和其建筑地块所组成的有机整体，并不把房地产与房屋、土地严格区分，房地产也就是房屋和土地。

房屋和土地属于不可移动或一经移动就要丧失极大价值的物体，因此也被称为不动产。实际上，称房地产为不动产，只是不动产概念的狭义解释或通俗解释，不动产的广义概念还包括其他不能移动，或者一旦移动就要丧失很大价值的物体，如水坝、地下工程、港口、其他建筑等。

因此，我们可以认为，房产是房屋及其权利的总称，地产是土地及其权利的总称。房地产是由土地、附着在土地上的各类建筑物、构筑物和其他不可分离的物质及其权利构成的财产总体。

（二）房地产的存在形态

1. 土地

土地有两种存在形式，一种是尚未开发的无建筑物的空地，另一种是已经开发的有建筑物的土地。

2. 建筑物

在现有技术条件下，还没有脱离土地而单独存在的建筑物，但是在某种情况下可以对它单独看待，如进行建筑物的设计、施工招标，为建筑物投保火灾保险时确定其投保价值等。

3. 土地与建筑物合成一体的“房地”

由于土地具有吸附性，建筑物与土地是不可分的，我们通常所说的房地产价格的实质就是房地合一的价格。

4. 物业是房产和地产的统一

物业不仅包括已建成并具有使用功能的各类可供居住和非居住的房屋，还包括与这些房屋相配套的设备和市政公共设施，与房屋建筑相邻的场地、庭院、停车场和小区内非主干交通道路。因此，单体的建筑物不能称为物业，物业应该是房产和地产的统一。这里的地产指的是与该房产配套的地产。

房地产概念的总结如图 1 – 1 所示。

二、房地产的特性

与一般的商品不同，房地产有自己独特的特性。

（一）不可移动性

房地产又被称为不动产，因为其在空间上具有不可移动性。房地产的不可移动性，决定了任何一家房地产只能就地开发、利用或消费，而且受制于其所在的空间环境。不像其他商品，原料地、生产地、销售地和消费地可以不在同一个地方，这样可以在不同地区之间调剂余缺，从产地或产量过剩地区运送到供给相对短缺或需求相对旺盛的地区。所以，房地产市场不存在全国性市场，更不存在全球性市场，而是一个地区性市场，其供求状况、价格水平和价格走势等都仅限于当地市场，在不同地区之间各不相同。

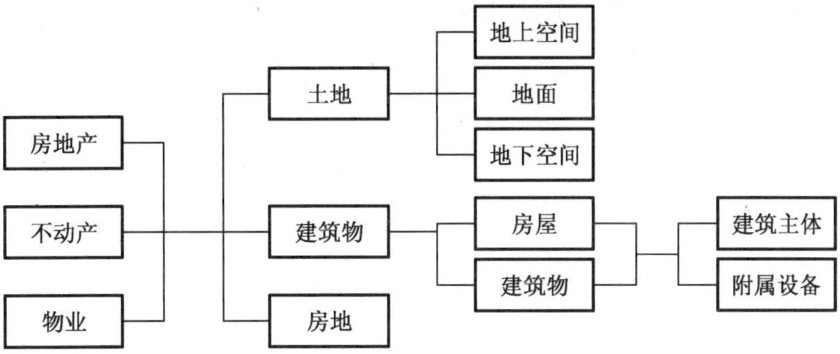

图 1－1　房地产概念的总结

(二)寿命长久性

从实物角度看，房地产主要由土地和建筑物组成。一方面，土地具有不可毁灭性；另一方面，建筑物在保养良好的情况下，可以使用很长时间。房地产的寿命长久性对开发经营者是有利的，使其可以在比较长的建筑物的自然寿命中获取多个经济寿命。自然寿命是指房地产从地上建筑物建成投入使用开始，直至建筑物由于主要结构构件和设备的自然老化损坏而不能继续保证安全使用的持续时间。经济寿命是指在市场和运营状态下，房地产的经营收益大于其运营成本，也就是净收入大于 0 的持续时间。投资者们可以在第一个经营项目利润降为 0 时，立即更换另一个经营项目，使得利润仍然为正值。如果利润又变为 0，投资者们还可以再更换经营项目。

(三)数量有限性

房地产的数量有限性，实质上是指土地的数量有限性。地球的陆地面积占地球表面积的 30%，除去沙漠，戈壁，江、河、湖、海，高原，湿地等不适宜人类居住的地区，真正能够供人类居住使用的土地是有限的。我国所说的房地产主要是分布在城市当中的规划用地，城市规划用地是有限的，特定用途的土地也很有限，而位于黄金地段的特定用途的土地就更为宝贵了。

当前，随着我国城镇化进程的加快，大量农村人口涌入城市。在改革开放初期，城市与农村的人口比例为 2:8，到 2018 年，城市与农村的人口比例已经达到 3:2，而今后农村人口仍将快速涌入城市，未来的城市与农村的人口比例将会达到 4:1。一方面是土地供给数量的有限性，另一方面是不断增长的土地需求，结果形成了不断攀升的土地价格，土地价格的上涨也就导致了房地产价格的上涨。

（四）保值增值性

这里提到的保值指的是保有房地产的使用价值，增值指的是增加房地产的价值。房地产具有寿命长久性、数量有限性，前者决定了它具有保值的特性，后者决定了它具有增值的特性。每当出现通货膨胀现象时，房地产价格的涨幅总能抵消通货膨胀带来的货币贬值，这也是它保值特性的一个体现。土地的增值特性，使得房地产成了一种比较安全的投资工具。

（五）受法律约束性

房地产开发涉及较多的专业领域和众多部门，需要专门的法律，如《中华人民共和国城市房地产管理法》《中华人民共和国土地管理法》《中华人民共和国城乡规划法》等对房地产投资、开发、管理、交易、使用等环节的程序、手续、权利义务关系做出专门的规定，以保护各方当事人的利益。除了这些专门的法律外，还涉及《中华人民共和国民法典》《中华人民共和国耕地占用税法》和地方性的《物业管理条例》等法律法规和条例，这使得房地产业将形成一个庞大的法律体系，确保房地产业发展有法可依，规范房地产企业的行为，促进房地产业的健康和谐发展。

三、房地产的分类

（一）按用途划分

1. 住宅

住宅是指供人们日常生活居住的房屋，包括普通住宅、高级公寓、别墅。在现代城市中，住宅一般要占到房屋总量的一半左右。

2. 商业房地产

商业房地产主要指写字楼、酒店、商店、银行等进行经营性服务的行业所使用的房屋，这类房地产的收益较高，但是经营风险也很大。

3. 工业房地产

工业房地产是指被生产部门作为基本生产要素使用的房屋，如厂房、仓库、实验室和配套服务用房等。

4. 旅游房地产

旅游房地产指公园、风景名胜、历史古迹、沙滩、高尔夫球场等休闲娱乐场所和用房。

5. 农业房地产

农业房地产指以种植和放牧为主的用房和设施，如农场、牧场、果园等。

6. 特殊房地产

特殊房地产指用途特殊的房屋及配套用房，一般没有收益，如政府机关办公楼、学校、教堂、寺庙、基地等。

(二)按房屋所有权的性质划分

1. 国有房产

国有房产指的是国家按照统一领导、分级管理的原则授权国家机关、国有企业和事业单位等机构管理的属于国家所有的房产。一般来说,上述单位在国家授权的范围内对国有房产行使占有、使用、处分等权利,同时负有保护国有房产不受损害的义务。

2. 集体所有房产

集体所有房产是指归集体组织和单位所有的房产。这些组织和单位依法对集体所有房产享有占有、使用、处分等权利。

3. 公民私人所有房产

公民私人所有房产包括公民建造和受赠得到的房产,以及在住房制度改革中以各种优惠形式协助私人购买、建造的房产,从最初价值来源看为带有一定与国家共有成分,但法律确定为私人所有的房产。

4. 共有房产

共有房产包括个人之间共有和不同所有制民事主体之间共有的房产。该房产的产权人依照法律、规定或契约分享房产的占有、使用和处分等权利。

5. 涉外房产

涉外房产即外国公民、三资企业(依法在我国境内建立的中外合资经营企业、中外合作经营企业、外商独资经营企业的合称)、外国政府及中国香港、澳门和台湾同胞在国内拥有的房产。这些房产同样受到中国法律的保护。

6. 其他房产

其他房产指其他少量特殊的房产,如宗教房产、宗族房产及会馆房产等。

四、房地产业

(一)房地产业的内涵

房地产业是国民经济中的一个重要行业,是从事房地产开发、经营、管理、维修、装饰及服务等行业与企业的总称。房地产业是一个以第三产业(为生产和消费提供各种服务的行业和部门)为主的巨大的产业体系。具体来说,房地产业包括土地使用权的有偿出让与转让、土地开发、房屋建设、房屋的维修与管理、房屋所有权的买卖、租赁、房地产抵押、房地产中介咨询等行为,以及对经济活动进行控制和管理的行为。可以看出,这个行业涉及房地产的开发建设、流通和消费服务、调控管理等领域的各类经济组织的活动。这些组织和部门之间相互联系、相互依存、相互制约,从而形成了一个有机的产业整体。房地产业的主要内容具体如下:

(1)土地开发和再开发。

(2)房屋开发和建设。

(3)地产经营,包括土地使用权的出让、转让、租赁和抵押。

(4)房地产经营,包括房产(含土地使用权)买卖、租赁、抵押等。

(5)房地产中介服务,包括咨询、信息、估价、测量、服务和公证等。

(6)房地产物业管理服务,包括家具服务、房屋以及配套设施和公共场所的维修养护、保安、绿化、卫生、转租、代收代付等。

(7)房地产金融,包括信贷、保险和房地产金融资产投资等。

概括而言,房地产行业包括开发、经营、管理、维修、装饰及服务等各个环节或过程的经济活动。各类经济组织、经纪人及各类技术人员,构成了上述内容的有机体系。

我国《国民经济行业分类》(GB/T 4754—2017)将房地产业列为K类,主要包括五大行业:房地产开发经营(7010)、物业管理(7020)、房地产中介服务(7030)、房地产租赁经营(7040)、其他房地产业(7090)。房地产业属于服务业,是城市第三产业的一部分,与其他工业产品有着明显的区别,并且有着自身的特性。

(二)房地产业的特性

1. 基础性

房地产业是国民经济的重要基础性产业,其基础性体现在房地产业是社会一切部门不可缺少的物质条件。一方面房地产业发展的规模、水平、速度,都将直接决定并影响着其他行业的规模、结构、发展水平和速度;另一方面各行业也必然要拥有一定数量的房地产,并作为部门固定资产的重要组成,直接参与价值生产和价值实现的经济过程。

2. 关联性

房地产业具有很强的前向关联、后向关联和侧向关联作用。房地产业的发展对建筑业有直接影响。房地产企业与建筑业在房地产开发过程中是甲方和乙方的关系,房地产业的发展必然带来建筑业的发展与壮大,这两个行业有着紧密的联系。房地产业还直接影响建材工业、建筑设备、化工、仪表、家电等很多行业的发展。房地产开发建设中所需要的各种原材料近2 000个品种,涉及建材、冶金等50多个生产部门。另外,房地产业的发展也能促使一些新行业的产生,如物业管理、房地产评估、房地产咨询、房地产法律等。

房地产的关联性,使得房地产业对国民经济的贡献率很高,据有关资料统计,我国房地产业对国民经济的贡献率为1% ~1.5%。按照中国房地产业协会宣布的数字,房地产业的发展会拉动相关24个行业的发展,其拉动比例为1:1.3。而从支撑中国经济增长的数字分析来看,房地产业也确实正在成为推动经济增长的主力军。《国务院关于促进房地产市场持续健康发展的通知》(国发〔2003〕18号)中明确指出,房地产业关联度高,带动力强,已经成为国民经济的支柱产业。

3. 周期性

房地产业是进行房产、地产开发和经营的基础性行业,属于固定资产投资的范畴,受国家宏观调控政策的影响非常大,因此房地产业的发展同国民经济的发展一样,具有一定的周期。房地产的周期性在美国、日本,以及中国香港、中国台湾等国家和地区都很明显。

房地产业受社会经济发展变化影响,一般表现出扩展与收缩的波动态势,在国民经济发展顺利时期,房地产业率先获得相当高的回报;而在国民经济萧条时期,房地产业会首先滑坡。受房地产业周期性的影响，房地产业的发展总是表现出波浪式前进、螺旋式上升发展的特征。从这个意义上说，房地产业是我国经济发展的“晴雨表”。

4. 对金融业的依赖性

房地产业是资金密集型行业，投资数量大，无论从存款活动、信贷活动还是结算活动来看，都是金融业最大的客户。不动产信托、抵押是现代信用的基础，也是最安全可靠的投资。1998 年，全国房地产开发投资资金来源中，开发商自由资金仅占 12.5%。美国学者研究认为，第二次世界大战以后，美国房地产的周期性与抵押贷款市场的变化一致。

五、房地产市场及其特征

从基本构成要素来看，房地产市场是由主体、客体和中介构成的。房地产市场的主体是市场上的行为人，即房地产商品的供求双方——房地产开发商和购房者。房地产市场的客体是指市场的交易对象，主要包括房产商品和地产商品。在我国，地产商品指土地使用权。房地产市场中介是指从事房地产交易活动或促成房地产交易发生的中介机构，包括交易中介和融资中介。

房地产商品的特殊性决定了房地产市场有以下特征。

（一）房地产市场是房地产权益交易的市场

由于房地产具有不可移动性，因此市场交易的对象实际上是附着在每一宗房地产实物上的权益，可以是房地产的所有权，包括占有权、使用权、收益权和处分权，也可以是部分所有权。不同权益的交易，形成市场上不同性质的、复杂的交易行为，从而形成各种不同内容的房地产市场，如转让市场、买卖市场、租赁市场等。

（二）房地产市场交易形式多样性

一般的商品市场以买卖为主，但是房地产市场交易伴随着相应的权益产生了多种多样的交易形式。如土地使用权的出让、转让、抵押，房地产的买卖、租赁、调换，以及派生的房屋抵押、典当和信托等。

（三）房地产市场是典型的区域性市场

房地产的生产和消费都只能在特定的地点进行，从而使得房地产市场具有区域性。房地产市场的区域性不仅表现在建筑风格、文化环境、生活习惯上，而且还表现在区域经济水平、土地资源特点、城市基础设施、生活环境等多方面。房地产权益交换的价格不仅仅是针对建筑物本身，更多的是上述几个方面在房地产市场中的综合评价。房地产商品在流通过程中只有“商流”而没有“物流”，一般是当地产当地销。

（四）房地产市场是不完全竞争市场

房地产商品是绝对异质的，互相不可替代。在房地产市场上，买主和卖主的机会都是不均等的，两者都没有充分的选择权。因而，在房地产市场上，个别买主或卖主对房地产交易价格往往会产生很大的影响。房地产是高价商品，为保护房地产交易的有关当事人，各国政府都通过立法管理房地产买卖及租赁活动。为保护房地产市场有效供给，抑制不合理的需求，政府常常采取强有力的干预措施，如通过规划、税收等进行宏观调控和市场引导。因此，房地产市场是受国家严格控制的不完全竞争市场。房地产市场也是一个专业化的复杂市场，交易时必须求助于各种专业人士和专业机构，如律师、房地产估价师、建筑工程技术人员和掌握税收知识的专业人员，这些因素降低了房地产市场转手交易的频率。房地产市场还是一个缺乏信息的市场。房地产市场交易信息不易获得，因而不易形成竞争性的市场结构。

（五）房地产市场的变化具有周期性

房地产周期变化的基本规律是繁荣、衰退、萧条、复苏四个阶段循环往复。房地产市场繁荣时空置率低，租金和价格上升，开发面积、销售面积、土地出让面积增加，市场供应不断加大，市场需求增加，房地产企业利润提高。但是由于房地产开发周期长，随着市场需求的降低，市场供应不断增加，供过于求的状况必然产生，空置率上升，从而导致租金和价格下降，开发面积减少，市场进入衰退及萧条阶段。政府通过宏观调控，使市场重新进行调整，这时随着开发量的减少，价格下调，需求被刺激起来，吸引投资者、投机者及普通消费者购买，消化市场供应，房地产市场调整结束，进入复苏期和下一个繁荣期。

第二节　房地产开发

房地产开发是不断地重新配置建造环境以满足社会发展需要的一种活动。住宅、写字楼、商场、道路和城市娱乐中心等并不会自己出现，人类居住、工作、学习、生活及娱乐的空间，必须由一些人去推动并管理其开发建设、维护和再开发的过程。开发的过程需要将土地、资金、劳动力、管理和企业家经验等资源投入并有机结合起来。由于人口数量的增长、新技术的不断发展以及消费者的品位、个人爱好等的不断变化与更新，人类对开发的需求是永恒的。所以，无论是政府、企业还是消费者，都不可避免地需要了解房地产开发的基本概念、开发主体的相关知识。

一、房地产开发的概念

（一）房地产开发

关于房地产开发的概念有很多表述。美国的迈克・E. 米勒斯等在《房地产开发：原理与程序（第三版）》中提到，房地产开发是不断地更新建筑及环境以满足社会需要的一种活动。而国内有学者认为，房地产开发是为了满足人们的需要，组织资金、土地、人力、技术、管理等资源，提供一段时间内可供使用的建筑空间及相关服务，并改变人类生存的物质环境的一种活动。也有学者认为，房地产开发是遵循土地利用计划和城市规划的要求，对某一区域的房地产进行统一规划、设计、建设直到交付使用，以取得最佳的效益。

房地产开发也是现代城市发展中的经济活动，如直接从事土地与建筑产品的生产和经营，直接进行包括住宅、厂房、库房以及商业、旅游、服务、文化、教育等社会生产活动所需要的房屋的建造、改造、装饰、维修经营等活动，为社会生产活动提供物质基础保证。

《中华人民共和国城市房地产管理法》第一章第二条规定："本法所称房地产开发，是指在依据本法取得国有土地使用权的土地上进行基础设施、房屋建设的行为。"

房地产开发有广义和狭义之分。广义的房地产开发一般是指从工程勘察、规划设计、征地拆迁、土地开发到房屋开发项目建设的全过程。狭义的房地产开发多指建设前期的开发工程，也就是工程勘察、规划设计、征地拆迁和土地的"三通一平"或"七通一平"部分（"三通一平"包括实现开发区域以外的道路通、给水排水通、供电线路通和对施工现场的土地进行平整。"七通一平"包括道路通、上下水通、排水通、电力通、通信通、煤气通、热力通及场地平整）。

综上所述，本书定义的房地产开发就是在国家法律规定范围内，按照城市建设总体规划和社会发展计划要求，利用城市空置土地进行土地开发和房屋建筑物生产经营的社会经济活动。

房地产开发是一个动态过程，简单地说，就是一种使土地和房屋不断地处于开发、改造、再开发状态的活动。具体地说，房地产开发是指房地产企业按照城市规划的要求，对土地开发和房屋建设进行"全面规划、合理布局、综合开发、配套建设"，以及相应的房地产营销与物业管理，以取得良好的经济效益、社会效益和环境效益为目的的综合性生产经营活动。

随着社会的发展，房地产开发活动也变得越来越复杂，不仅需要开发商具有战略眼光和操作技巧，而且还要求开发商具有市场分析与市场推广、投资决策、城市规划、国家法律和各级政府的法规与政策、经济合同、建筑设计、建造技术、财政金融、风险控制、时间管理、项目管理、市场营销及资产管理等方面的知识。

（二）房地产综合开发

房地产综合开发是指房地产开发部门或其他建设部门和单位，根据城市发展和建设的总体规划，以及经济、社会发展要求，以土地和房屋建筑为对象，按照使用性质，实行"统一规划、统一征地、统一设计、统一施工、统一管理"，有计划、有步骤地进行开发建设，是一项把一定的物化劳动和活劳动转化为房地产商品的综合性生产经营活动。

二、房地产开发特征

房地产开发在房地产业和城市建设中具有重要的地位和作用。在房地产开发过程中要注意以下几个特征。

（一）房地产开发是一项复杂的系统工程

城市房地产开发除了有其特定的开发目标外，还要受城市规划、土地利用规划、投资计划等条件的制约，涉及社会、经济、生态环境等众多因素，是一项复杂的系统工程。在这个复杂的大系统中,城市各种设施建设和居住区的开发建设尤其重要,工程项目多、开发量大。例如,新开发的各种开发区或卫星城镇,开发规模从几平方千米到几十平方千米,开发项目更多,开发系统更为复杂。房地产产品生产立项、规划、设计、征地、动迁、通平建设、水煤电配套、房屋建设以及技术、设备、原材料供应等工作完整而不可分,是密切联系、连续的系统。

(二)房地产开发涉及面广泛

从房地产开发的业务范围看,涉及规划、勘察、设计、施工、市政、服务、银行、消防等十几个部门近百个协作单位。房地产开发除了与社会各部门有广泛的联系外,还与城市居民的生活密切相关,如征地、拆迁、安置过程,大规模旧城改造工程,开发廉价房屋以及改善居民居住条件和生活环境,不断地满足人们新的需求等。因此,这些房地产开发活动必须得到社会的广泛支持,必须与各行各业及千家万户保持良好的公共关系。

(三)房地产开发周期长,投资额大

房地产开发对象往往是成片的建筑群或大型公共建筑,是一项高投入的经济活动,需要大量的建设资金。开发一个住宅小区,少则需要几千万元资金,多则需要几亿元资金。

从房地产开发过程看,从房地产的规划设计、征地拆迁、组织施工,一直到最后的竣工验收,规模小的住宅区一般需要 3 ~4 年,中等规模的需要 5 ~6 年,大规模的需要 10 年以上的时间才能完成。

(四)房地产开发受政府的干预和国家宏观政策的引导

房地产开发受国家经济政策的宏观调控,受政府有关法律法规的制约,受城市规划与布局的影响,并且国家垄断与市场竞争因素并存。只有注意到这些特征,房地产开发工作才能正常进行。如果不了解房地产法律,不熟悉行业经济政策和行业法规,不懂城市规划,房地产综合开发工作势必无法进行。

(五)地域性比较强

房地产开发一般是指城市建筑产品的开发建设。城市是人类长期集中居住、生产和生活的地方,是一定区域内人们的政治文化中心。房地产的不可移动性决定了房地产开发在与人们生产生活集中性相联系时必然形成极强的地域性特征,这种特征直接表明房地产产品受到时空条件和社会环境的局限。具体建筑物是否具有交通、购物、文化教育、治安、医疗等相应的方便环境和条件？如果没有,何时才能配套建设齐全？这些都直接影响到房地产开发及其建筑产品的升值潜力,因此,要求房地产开发商拥有资金、技术、社会协作、市场营销运作等多方面的实力。

(六)高风险性

房地产开发的地域性等特征决定了它的高风险性,这种风险性主要是指房地产开发的

巨额资金投入、广泛的人力投入和长期运作必须时刻防范市场需求、工程管理和其他方面的意外变化。高风险性正是针对房地产开发经营市场变化过程而提出的。投资规模大、开发周期长、市场变化因素多必然带来市场风险，项目一旦失败，其所造成的经济损失不可挽回。

三、房地产开发类型

房地产开发的形式多种多样，从不同的角度可以划分出不同的类型。

（一）按开发区域性划分

按开发区域性可以将房地产开发划分为新区开发和旧区再开发两种开发类型。

新区开发一般是指在城市建成区边缘城市规划发展区范围内，将郊区农地或荒地改造成建设用地，进而进行开发，形成新市区或独立的卫星城。新区开发的主要特点是从“生地”开始，严格按照城市规划和各项开发区的功能进行建设。新区开发尽管用地位置比较偏远，但由于是第一次开发，因此配套设施比较完善，有利于塑造优美的城市景观面貌；同时因用地条件也比较宽松，适于规模较大的住宅开发或工业用途开发。

旧区再开发也被称为旧区改造，主要是按照城市发展战略和规划，对建成区某些区段的建筑和各项配套设施进行性质和功能的再开发。旧区改造在城市建设中具有重要的意义，一方面通过改造，可以消除以往旧城区人口过密、交通紧张、房屋陈旧、设施落后、环境质量恶劣的弊病；另一方面，也可以调整城市的用地，节约土地资源，提高土地效益，优化土地利用结构，增强城市活力。目前，我国许多大中城市采取旧区再开发的措施，加快旧城区的改造。

（二）按开发的规模划分

按开发的规模可将房地产划分为单项开发和成片开发两种开发类型。

单项开发是指开发规模小、占地少、功能比较单一的项目。这种项目开发投资较少，建设周期较短，往往表现为分散建造的一些单项工程或单位工程。单项开发不仅要符合城市总体规划的要求，而且在建筑风格、建筑景观等方面要与周围环境相协调。

成片开发的范围较大、占地多、功能多，无论是在新区开发还是旧区改造中往往都表现为成街成片地建造多个工程项目，实施多种配套，是一种投资较高、建设周期长的综合性开发。面积小的成片开发可以表现为某个小区的开发，面积大的相当于一个新区的开发。成片开发在具体的实施过程中往往采取统一规划、分期实施、“滚动开发”的方式。

（三）按开发的对象划分

按开发的对象可以将房地产开发划分为土地开发、房屋开发和综合开发三种开发类型。

土地开发是指土地开发企业通过征地、拆迁、安置等，将土地开发成具有“七通一平”条件的建房基地，然后通过协议、招标、拍卖或挂牌等方式，再将土地使用权出让或转让给其他房地产开发企业进行房屋建设的一种开发经营方式。

房屋开发是指房地产开发企业以一定的方式获得地块的使用权后，按照规划要求，建造各类房地产商品，如住宅、办公楼、商业用房、娱乐用房等，并以出售或出租手段将这些房地产商品推入市场的一种开发经营方式。

综合开发是指将土地、房屋和有关的市政、公建配套设施结合起来进行建设的开发方式。这种开发方式往往由一个开发企业负责，从投资决策到土地使用权的获取，从基地的建设、房屋及小区内市政、公建配套设施的建造到房屋的租售和管理，实施全过程开发。这种开发方式也是目前我国绝大多数房地产开发企业采取的一种开发方式。

（四）按开发的主体划分

按开发的主体可以将房地产开发划分为独资开发、合资开发及个体投资开发三种开发类型。

独资开发指的是不同经济形式的房地产开发企业独立投资或筹资开发经营某项房地产的一种开发形式。

合资开发指的是由多家房地产开发企业合作开发完成某个房地产项目的一种经济活动。目前我国进行合资开发的方式主要有以地联建、以地联营、以地入股等。

个体投资开发主要是指建设私人住宅，以满足家庭居住需求的开发行为。这种方式在小城镇比较常见。

（五）按开发的投资期限划分

房地产开发投资，就时间来说，可以分为中长期（5～10 年，甚至更长）投资开发和中短期（2～4 年）投资开发。

中长期房地产开发项目对开发企业的资金规模和融资能力有很高要求，并不是所有房地产开发企业都能进行的。

中短期房地产开发项目，主要取决于人们对市场机会的把握。市场机会随时随处都有，关键是如何发现机会、抓住机会、扩大利用机会甚至创造机会。发现机会主要是广泛收集信息，对信息进行分析、判断。抓住机会主要是对机会信息进行结合自身能力的综合分析，从而做出投资决策。形成市场机会的因素，主要是经济因素和非经济因素。其中，非经济因素形成的市场机会对于中短期投资开发商来说尤其重要，因为非经济因素所形成的投资机会，其投资利润往往超过这一时期这一地区房地产投资的平均利润。但是，无论哪种因素形成的市场机会，都是有时间限制的，所以中短期房地产开发必须首先发现并抓住市场机会，就是我们常说的要抓住“先机”。

第三节　房地产开发的主要参与者

房地产开发是一项庞大的系统工程，整个房地产开发过程都是由一系列不同的参与者分别完成相关的工作的。总体来说，开发过程的主要参与者有开发商、建筑承包商、金融机构、政府部门及专业顾问。

一、开发商

开发商是项目的出资者、组织者、管理者、协调者和实施者，参与整个开发过程。在投资决策分析阶段，开发商必须亲自组织或聘用专业人员或委托专业公司对项目进行可行性分析，进行总体策划的构思。在前期工作阶段，开发商需要与政府部门接触，获得用地许可和市政、公建配套计划，需要由专业技术人员进行规划设计，需要组织拆迁安置工作。在项目建设阶段，开发商以合同的形式将工程发包给建筑承包商施工，聘用专业监理人员对建设的全过程进行监督。开发商还要时常视察工地，与监理人员定期会晤，以便及时解决施工过程中出现的问题。工程完工后，要抓紧落实“后配套”，并由开发商出面，组织有关部门对工程进行综合验收。然后由开发商自行或委托中介机构进行租售房屋，投入使用。

开发商作为整个开发过程的执行者、组织者，其主要目的是通过这个项目的实施为社会提供实实在在的房地产商品，并获得预期的经济效益、社会效益和环境效益。

二、建筑承包商

房地产开发商将房地产项目发包给建筑承包商，由其按所签订的合同条款，组织队伍，利用建筑技术和设备，与开发商密切配合进行施工，建造出满足社会需要的高质量建筑产品。建筑承包商是房地产项目建筑施工阶段的主要参与者和建筑质量的直接负责人。在施工过程中，建筑总承包商可以与分包商签订合同，将总合同分包出去。但建筑总承包商必须组织协调施工进度，负责施工各环节的衔接，监督保证施工质量和承担相应的风险。

三、金融机构

房地产开发需要巨额的投资，向金融机构申请贷款是开发商筹资的最主要的方法，因此，金融机构在房地产开发中是以资金的最主要提供者的身份参与其中的。金融机构一方面为开发企业支付项目开发所需的中短期贷款，另一方面为消费者支付购房用的长期贷款。前者一般称为“间接开发融资”，后者称为“抵押贷款”。在市场经济条件下，银行对开发贷款的申请是持慎重态度的，即使是在抵押贷款的条件下也是如此，这一点不仅关系到银行本身的经营风险，而且对整个房地产市场健康、有序地运行影响重大。

四、政府部门

政府部门主要是以房地产开发活动的行政管理者的身份参与其中的。开发活动中的不少环节需要经过政府有关部门的审批许可和协调，如审批发放建设用地许可证，审批规划设计方案，发放施工执照，协调市政、公建配套计划等，因此，政府部门是以法规、政策、经济等手段对开发活动进行管理与控制的。政府部门有时也以开发商的身份进行安居房的建设、基础设施及其他一些公益项目的建设。其主要目的是改善人们的居住条件，提高环境质量，满足公众的整体需求。某些重大项目也可由政府部门作为开发及投资主体组织进行。

五、专业顾问

由于房地产开发过程比较复杂，大多数开发商不可能有足够的经验和技能来处理开发过程中遇到的各种问题。因此，在开发过程中，开发商会在不同阶段聘请专业顾问提供咨询和技术服务，主要包括以下人员。

（一）规划师

规划师主要承担房地产开发前期建设场地的规划设计任务。规划师熟知城市建设的总体规划、有关规划管理的法律法规，因而尽管大型项目的用地规划可专门委托设计部门完成，但在项目运作过程中，尤其是在项目前期，有规划师的参与和意见，能使项目规划方案符合规划条件的要求，并确保规划方案在所需的时间内获得城市规划主管部门的批准。

（二）经济师

经济师通过市场调研，了解房地产市场的供求水平和成本、价格状况，为房地产开发商提供项目评估或可行性研究报告，从而协助开发商做出正确的投资决策，使得项目的实施方案在经济上具有可行性和可靠性。

（三）房地产估价师

房地产估价师可以为开发商、置业人士和物业所有者等提供估价服务。房地产估价师利用专业经验和业务信息网络为开发商提供的估价服务，不仅能校核房地产开发商自己的估算，还能弥补开发商在这方面专业知识的不足。房地产估价师往往受托于金融机构为其准备提供贷款的开发项目进行评估，对受贷人用来做贷款担保的资产进行估价。政府批租土地、征收与房地产有关的税、拆迁补偿、国家或企业资产的转移与变更等也都需要房地产估价师的服务。

（四）建筑师

建筑师一般负责房地产开发前期的建筑设计和建设过程中的建筑施工合同管理工作等。建筑师依据项目的规划设计，考虑开发商的意见，创造性地进行建筑设计，并使建筑设计符合城市设计的要求。在施工过程中，建筑师还负责按照施工合同，对项目进行管理，对工程进度进行监督和调控，并协助解决施工中遇到的建筑技术问题。优秀建筑师的设计往往能大大提高建筑物的价值。

（五）景观设计师

现在景观设计师已经成为房地产开发队伍中的一员，并发挥越来越重要的作用。在传统的项目规划过程中，开发建设项目的景观设计是由规划师、建筑师或园林规划师完成的。然而，随着社会经济的发展和人居环境意识的增强，人们对建筑景观的要求也越来越高。因此，景观设计师作为一个独立的专业也就应运而生。景观设计师的工作主要是在现有环境条件的基础上，通过各种道路、灯光、水景、植被、小品等的规划设计，使整个开发项目成为一个完整、优美的有机体，提高项目的综合品质和价值。

(六)房地产策划师

随着我国房地产业的快速发展，房地产策划作为房地产开发中的一个相对独立的专业服务体系应运而生。房地产策划师可以定义为从事房地产行业的市场调研、方案策划、投资管理、产品营销和项目运营等工作的人员。其主要工作内容包括房地产市场调研和咨询策划；整合设计、建设、营销、广告和服务等资源，制定策划方案；房地产项目的产品营销和项目运营工作。

(七)物业代理者

物业代理者通常也称作房地产经纪人，在入住者和开发商之间起着桥梁和纽带的作用。物业代理者在项目的前期运作、规划过程中，与相关人员协作，提供分量很重的参考意见，并在项目的建设过程中和竣工后，负责开发项目的市场推广和租售代理业务，还能为开发商提供第一手的市场信息或市场分析报告。报告通常包括以下内容：确定客户的数量；估计客户愿意支付的租金或价格水平；开发期内市场状况及其变动的预测；需求分析；制定和实施租售战略；协商租售办法等。

(八)其他人员

以上所述人员是房地产开发过程中涉及的主要专业人员，但在一些大型的开发项目中还需要涉及结构工程师、管道及电气工程师以及公证人员、环境顾问等。结构工程师负责建筑结构的设计，保证建筑物有足够的强度来承受各种荷载。管道及电气工程师在采暖、照明、供电等方面提供技术服务。公证人员在有关合同签署时提供公证服务等。环境顾问则是为开发项目周围及开发项目自身环境提供评估服务等。

第四节 房地产在国民经济中的地位

在现代经济社会中，房地产业横跨生产、流通、消费三大领域，在增加财政收入、创造就业机会、改善居住条件、带动相关产业和促进经济发展等诸多方面有着十分重要的作用，在国民经济中的地位十分突出。房地产业是整个城镇经济发展的基础性产业，是国民经济的先导性产业。在许多地区，房地产业已成为国民经济的支柱产业，从一定意义上说还是重要的环保产业。房地产业如此重要的地位决定了它在国民经济发展中起着十分重要的作用。本书从基础性、先导性和支柱性三个方面阐述房地产业在国民经济中的重要地位和作用。

一、房地产业是国民经济的基础性产业

所谓基础性产业是指该产业或行业在国民经济中是社会再生产和各种经济活动的载

体，是国民经济不可缺少的组成部分。房地产业特别是住宅产业所具有的关联产业多、吸收劳动力数量大、百姓购买愿望强等特点，使其成为支撑国民经济持续、健康、稳定发展的必要保证。

房地产业的基础性地位可以从以下几点看出：

(1)房地产业为国民经济的各行各业提供基本的物质基础——房和地。房地产为整个社会经济、社会活动的开展提供了重要且基本的构成要素。房地产业为社会一切产业部门提供物质空间条件，并具体构成各个产业部门。农业劳动的对象和最重要的生产资料是土地，离开了土地，农业劳动生产就无法进行；工业、商业、服务业、金融业等各行各业也都需要房屋以及与其经济活动相适应的场地和交通用地，作为基本活动的场所。

(2)房地产业为劳动力提供生存和发展所必需的条件——住宅和各项配套服务设施。随着大量劳动力涌入城市，人们对住宅的要求日益提高，房地产业的发展就是为了解决这个问题，起到稳定社会的作用。当代经济竞争的实质是人才、劳动力素质的竞争。劳动力的再生产要求社会提供一定水平的生活资料以维持生命、恢复体力和养育后代，其中住宅是最基本的生活消费品。如果没有住宅及与之配套的文化、娱乐、体育、卫生、公共设施等用地和用房，就没有劳动力的生产和再生产，劳动力的素质就不可能依据社会经济发展的需要而提高，劳动力的身心就难以健康。

(3)房地产业可以促进经济的发展和城市的建设。现代社会工业化、现代化的过程同时也是城市化发展的过程。就一个城市的发展进程来说，土地、房屋、道路及其他公共设施的规划、开发和建设，构成了城市的基本框架，房屋等建筑物的风貌还形成了城市的种种特色。因此，城市土地和房屋不仅是城市经济存在和发展的空间，也是一个城市立体形象的物质外壳和主体，更是一个国家和城市物质文明建设与精神文明建设的反映。一般而言，现代化城市是否具有高效益的经济活力，取决于城市内部结构是否合理化和基础设施是否高能化，而这些又与房地产业的发展密不可分。

(4)房地产业极大地增加了财政收入、利税上缴与实物地租。房地产业是一个高附加值产业，利用土地开发和房屋建设可为国家提供大量的积累资金，加快城市建设的步伐。房地产业还为国家创造大量的财政税收收入。在发达国家，房地产经营的收入一般可占财政收入的10%～40%，企业中的土地资产一般占企业总资产的40%～60%。我国国有土地使用权的有偿出让，为城市建设提供了稳定的财政来源。据调查，我国来自土地的收益，一般的城市为财政收入的25%，深圳、珠海等地可达到40%，被称为“政府的第二财政”。房地产税种征收范围广泛，对土地和房屋的保有、转让、使用、出租等全面课征，不仅调节了市场流通，而且起到了国民收入再分配的作用。

(5)房地产业的发展对解决银行流动性过剩起着重要作用。国内外的经验表明，房地产业的发展与金融业关系十分密切，无论是居民个人购房还是开发商投资建房，都必须借助向银行贷款或发行债券或股票融通等筹集资金。可以说，没有发达的金融业，就不可能有兴旺的房地产业。房地产业与金融业的发展具有互补性，房地产业大量和持续的资金需求，能有效地扩大金融业的放贷业务，促进金融业的发展，而房地产本身的高附加值及其保值增值的特点，又有利于使房地产业成为抵押贷款的可信对象。在各个商业银行中，利用住宅按揭贷款已经成为安全性高、放贷数量大的优良业务，对解决银行流动性过剩起着重要作用。

(6)房地产业的发展是提高我国就业水平，特别是实现农村劳动力转移的重要保证。农业人口多、就业压力大，大量的农业人口需要转移到非农产业中来，农民的收入水平需要提高是我国面临的现实，我们不能脱离这个现实空谈理想。房地产业可以提供大量的就业机会。就与房地产业关联度最高的建筑业来说，按照每亿元住宅投资与施工面积($\times 10^4$ m^2)的比为 1:16.7 测算，若新增 500 亿元住宅投资，就可以增加 8.35×10^7 m^2 的施工面积，若完成 10 000 m^2 的施工面积需要从业人员 167 人，由此推算，可以安排就业人员近 140 万人。房地产业还对其他行业有带动作用，可以提供更多的就业岗位。在我国，每两亿进城务工的农业人口中有将近一半在从事房屋建设或相关的行业。以一个从事建筑业的壮年劳动力来计算，若一年工作 9 个月，每天工资 100 元，全年纯收入可达到 27 000 多元。

(7)房地产业可以改善城市居民的居住条件，提高城市居民生活水平。改革开放以来，随着我国住房改革和房地产业的快速发展，我国城市居民的居住条件不断改善。1978 年，全国城市人均住房建筑面积只有 6.7 m^2，1985 年为 10 m^2，1990 年为 13.7 m^2，1995 年为 16.3 m^2，2000 年为 20.3 m^2，2005 年为 26.1 m^2，2007 年达到 28 m^2 左右，2017 年达到 32.91 m^2，2019 年达到 39.8 m^2。近年来，我国城市人均住房建筑面积每年增加约 1 m^2。

二、房地产业是国民经济的先导性产业

所谓先导性产业是指在一国经济的某个阶段，能对产业结构和经济发展起导向性和带动性作用，并具有广阔的市场前景和技术创新能力的产业。关于先导性产业，美国著名的经济学家罗斯托运用总量分析的方法研究认为，在众多产业部门中，每个成长阶段都有与此相应的起主导作用的产业部门，即主导部门，这些部门的增长、变化、转移、更替决定了经济成长阶段的变化。

按照罗斯托的看法，先导性产业有三个基本的规定性：能有效地吸收新技术；本身具有较高的增长率；能够带动其他产业的增长，即具有扩散性。理解扩散性，是认识先导性产业的关键。先导性产业有三种扩散性影响，即回顾（后向）影响、前瞻（前向）影响和旁侧（侧向）影响。

回顾（后向）影响是指先导性产业的发展对为其提供投入品的产业的发展所施加的影响。房地产业的回顾效应相当强烈。房地产业的后向关联产业包括电力、钢材、水泥、木材加工、玻璃、塑料制品、建材、化工和建筑机械等。

前瞻（前向）影响是指先导性产业对新工业、新技术、新原料、新能源的出现的诱导作用。房地产业的前瞻性表现在促进了建筑业、交通业、通信业、金融业、商业、服务业、文化娱乐业等产业的发展。

旁侧（侧向）影响是指先导性产业的发展对社会的影响，主要指促进了社会整体物质文明和精神文明水平的提高这种间接影响。房地产业的侧向关联产业包括汽车、家电、家具、交通运输、城市公用设施、商业网点和文化教育等。

据投入产出模型测算，每 100 亿元的房地产投资可以诱发国民经济各部门产出 286 亿

元,其中诱发建筑业产出90.76亿元,高居榜首。有资料显示,西方经济发达国家多年来一直保持每年建造住宅人均面积1 m^2 的发展速度,从而使建筑业在国内生产总值中的比重在9%左右(我国为6% ~7%)。每100亿元房地产投资可以诱发制造业产出123.61亿元。其中,排名第一的是非金属矿物制造业(31.45亿元),第二是金属冶炼及压延加工业(18.81亿元),第三是化学工业(14.98亿元),第四至第六是金属制造业(9.82亿元)、机械工业(8.78亿元)、电器机械及器材制造业(7.58亿元)等,这些可以充分说明房地产业已经成为国民经济的一个支柱产业。

我国是一个发展中的人口大国,目前正处于工业化、城市化的加速发展时期,居住消费将继续成为主要的消费热点,人们的居住消费支出将有较大幅度的提高;居住消费的范围也将从单一的住宅实物消费扩大到包括物业管理服务、中介服务、电子购物等的连带消费领域。房地产市场对住宅的需求量极大,我国住宅产业的发展空间十分广阔,这为房地产业的增长提供了坚实的市场基础。与其他行业相比,房地产业与其他相关行业间的关联度更高,它所带动的上游相关产业和下游相关产业不仅链条长、范围广,而且能够带动其行业质量的提高和产业的增长。

三、房地产业是国民经济的支柱性产业

所谓支柱性产业,是指在国民经济发展中起着骨干性、支撑性作用的产业。一个产业要成为支柱性产业,一般应该具备四个基本条件:

(1)在国民经济发展中有着举足轻重的地位,其增加值在国内生产总值(GDP)中占5%以上。按国际通行的统计方法,2005年我国房地产增加值占GDP的比例已达到10%左右。房地产业对我国国民经济的贡献突出。

(2)具有较大的市场发展空间和增长潜力。

(3)符合产业结构演进方向,有利于产业结构优化。

(4)产业的关联度高,能带动众多相关产业的发展。

根据上述标准,结合我国经济发展的战略目标和实际情况来看,房地产业完全有条件成为国民经济发展中的支柱性产业。

房地产业为社会提供的房地产商品是国民经济各行业最基本和最重要的生产资料,是社会活动中不可缺少的物质条件和空间场所。

四、房地产业在国民经济发展中的其他重要作用

房地产业由于涉及面宽,产业关联度高,它本身以及由它带动的产业可以为社会提供大量的就业机会,因而有利于社会的稳定和经济的协调发展。同时,房地产业还有助于优化城市消费结构,从而有助于优化城市的经济结构。此外,房地产业的发展也促进了房地产资源的合理配置,有助于城市生态结构的优化和产业结构的优化。

【案例分析】

大量实践已经证明,买房子和买菜是不一样的,商品房的经济规律和一般商品的经济

规律是不一样的。买其他商品买到的是一层空间(商品本身),最多两层空间(商品包装),买房子买到的是三层空间,这是动产与不动产之间最大的不同。房子的第一层空间叫"单元",无非是房产证上已经限定的范围,"××路××号××室,面积为多少",这是属于自己的私密空间;第二层空间则是整个住宅小区内的公共部分,如小区花园、过道等;第三层空间是第一、第二层空间之外的"一切的一切"。第一层和第二层空间合起来叫房产,第三层空间叫地产。房产的概念就是钢筋、水泥、门窗、水管、电线、马桶、浴缸等诸如此类的概念,是固定不变的概念,所以一点也不稀奇;地产的概念就是位置的概念,环境的概念,可享用资源和设施的概念,土地上含金量和土地增值的概念,是千变万化的概念,所以稀奇真稀奇。第一层空间是私有财产、私有空间;第二层空间是共有财产、共有空间;第三层空间是社会财产、社会空间。第三层空间主要指居住环境,既包括小环境也包括大环境,既包括软环境也包括硬环境,还有交通环境、卫生环境、治安环境、自然环境、人文环境、社会环境、生活环境等。虽然很多人以为自己只买了两层空间,但买商品房实际上买的是三层空间,买了房产和地产的总和。第三层空间是房地产特有的空间,因此成为我们分析房地产市场的出发点和归结点,第三层空间的规律和理论也就构成了房地产独特的经济规律和理论。

结合案例,回答以下问题:

1. 房地产市场和平时的菜市场有何不同?

2. 在房地产市场上,哪些因素会影响消费者的购房行为?

思考题

1. 房地产、房地产开发的概念分别是什么?

2. 简述房地产在国民经济中的地位。

3. 房地产开发的主要参与者包括哪些?

4. 如何认识房地产业的内涵及其基本特性?

第二章　房地产开发企业管理

第二章　房地产开发企业管理

【案例导入】

某房地产公司为唐山市一个中型房地产开发企业，属于民营企业，税务登记主行业为房地产开发经营，登记注册类型为其他责任有限公司，登记注册日期为2017年3月，执行会计制度为企业会计准则，经营范围为房地产开发、销售或出租自行开发的商品房、园林绿化。注册资本1 000万元，核算方式为独立核算自负盈亏。

企业于唐山市北部辖区内开发了房地产项目。其中，土地占地面积22 300 m^2，总建筑面积140 000 m^2。项目于2017年6月开工，2018年5月完工进度达到要求，取得预售许可证并开始预售，于2019年7月完工并办理竣工手续，之后一直处于现房销售状态。项目全部为商品房住宅楼，一梯两户。

企业于楼盘所在地郊区一商业楼内租赁两层作为日常办公区，企业团队分为领导层、项目管理部、会计核算部、市场营销部等，共计36人。

项目每平方米预售价格平均在13 000～15 000元，由于地段较好，项目建设质量可靠，市场认可度较高，销售情况火爆。企业采用控制销售的方法，目前已获得预售及现房销售收入13.2亿元，已售出672户，均已签订购房合同并开具增值税发票。

第一节　房地产开发企业

一、房地产开发企业概述

（一）房地产开发企业定义

房地产开发企业是指按照《中华人民共和国城市房地产管理法》的规定，是以营利为目的，从事房地产开发和经营的企业。

（二）房地产开发企业的经营活动

房地产开发企业就是从事房地产开发和经营的企业，它既是房地产产品的生产者，又是房地产商品的经营者。房地产开发企业的主要业务包括以下四个方面：

（1）土地的开发与经营。企业将有偿获得的土地开发完成后，既可有偿转让给其他单位使用，也可自行组织建造房屋和其他设施，将其作为商品作价出售，还可开展土地出租业务。

（2）房屋的开发与经营。房屋的开发指房屋的建造。房屋的经营指房屋的销售与出租。企业可以在开发完成的土地上继续开发房屋，开发完成后可将其作为商品作价出售或出租。企业开发的房屋，按用途可分为商品房、出租房、周转房、安置房和代建房等。

(3)城市基础设施和公共配套设施的开发。

(4)代建工程的开发。代建工程是指企业接受政府和其他单位委托，代为开发的工程。

(三)房地产开发企业的经营特点

房地产开发企业的生产经营与施工企业不同，其经营特点主要有以下五点：

(1)开发经营的计划性。企业征用的土地和建设的房屋、基础设施及其他设施都应严格控制在国家计划范围之内，按照规划、征地、设计、施工、配套、管理“六统一”的原则和企业的建设计划、销售计划进行开发经营。

(2)开发产品的商品性。房地产开发企业的产品一般都作为商品进入市场，按照供需双方合同协议规定的价格或市场价格作价转让或销售。

(3)开发经营业务的复杂性。所谓复杂性包括两个方面：

一是经营业务内容复杂。企业除了土地和房屋开发外，还要建设相应的基础设施和公共配套设施。经营业务囊括了从征地、拆迁、勘察、设计、施工、销售到售后服务的全过程。

二是涉及面广，经济往来对象多。企业不仅因购销关系与设备、材料物资供应单位等发生经济往来，而且因工程的发包和招标与勘察设计单位、施工单位发生经济往来，还会因受托代建开发产品、出租开发产品等与委托单位和承租单位发生经济往来。

(4)开发建设周期长，投资数额大。开发产品要从规划设计开始，经过可行性研究、征地拆迁、安置补偿、“七通一平”、建筑安装、配套工程、绿化环卫工程等几个开发阶段，少则一年，多则数年才能全部完成。另外，上述每一个开发阶段都需要投入大量资金，加上开发产品本身的造价很高，需要不断地投入大量的资金。

(5)经营风险大。开发产品单位价值高、建设周期长、负债经营程度高、不确定因素多，一旦决策失误、销路不畅，将造成大量开发产品积压，使企业资金周转不灵，导致企业陷入困境。

二、房地产开发企业的类型

(一)按照所有制形式分类

由于所有制关系不同，房地产开发企业的组织形式和运作特点各不相同，有以下三种类型：

(1)公有制的房地产开发企业，按公有化程度的不同又可以划分为全民所有制和集体所有制的房地产开发企业。目前，全民所有制房地产开发企业在中国城市房地产开发经营市场中占有主导地位，也是房地产开发企业体制改制的主要对象。全民所有制房地产开发企业与政府联系紧密，在城市建设中采用综合开发形式，其开发的项目除了经营性房屋外，还涉及市政工程、公用事业、文教卫生、商业交通、园林绿化等。集体所有制房地产开发企业完全自主经营、独立核算、自负盈亏，一般为部门集资合办或集体单位独办，区、县以下一级所属居多。企业多以有限责任公司的形式注册，并按各自股份比例分配利润、承担风险和责任。

(2)中外合资、合作房地产开发企业。中外合资企业指的是由中外双方以各自投资额为限承担民事责任,按出资比例分配利润。这种合资开发与经营的房地产开发公司一般商定合资经营期限,其实质是专营公司。中外合作房地产开发企业是建立在合同基础上的契约式或非股份式合作性开发公司。合作双方提供的合作条件可以是现金、土地或各种实物等。在目前情况下,多数是由中方提供土地使用权,由外方投入资金,合作进行开发建设的。双方的权利、义务、责任等均由双方协商确定,并在合同中加以说明和规定。合作经营的房地产开发公司一般是项目公司,项目完成后即告合作结束。

(3)私有企业。私有企业是指由个人所有的从事房地产开发经营的企业,目前数量不少。

(二)按照开发经营的对象分类

按照开发经营的对象进行分类,可将房地产开发企业分为专门从事土地和城市基础设施开发的企业、专门从事地上建筑物和构筑物建设的房地产开发企业及房地产综合开发经营企业,主要包括以下三大类:

(1)专门从事土地和城市基础设施开发的企业。这类企业从政府或政府主管部门的手中取得土地使用权,然后对土地进行开发,完成城市基础设施的建设,最后将开发好的土地转让给其他用地单位。

(2)专门从事地上建筑物和构筑物建设的房地产开发企业。这类企业是指主要从土地二级市场上取得土地使用权,然后在土地上建设各类房屋和其他建筑物,最后将建成的建筑物和构筑物出租或出售的房地产开发企业。

(3)房地产综合开发经营企业。房地产综合开发经营企业是指把土地和房屋作为统一的开发经营对象进行综合开发建设的房地产开发企业。

(三)按照政府对企业的干预程度分类

按照政府对企业的干预程度进行分类,可以将房地产开发企业分为商业性房地产开发企业和政策性房地产开发企业。

(1)商业性房地产开发企业。商业性房地产开发企业是指从项目决策、资金融通到产品的竣工、租售为止,完全以市场价格为导向的房地产开发经营企业。这类企业追求的是最大化的市场利润。

(2)政策性房地产开发企业。政策性房地产开发企业指的是接受国家指定的房地产开发经营任务,不完全按照商业性原则开发经营房地产的企业。例如,目前在住宅的生产中,“安居工程”“经济适用房”“公租房”和“廉租房”等,都属于政策性房地产开发项目,政府所属的从事“安居工程”的房地产开发企业就是政策性房地产开发企业。

当然,完全的商业性或政策性的房地产开发企业,在目前的环境下是不存在的,大部分房地产开发企业都是二者兼之。在某些情况下,政策性业务的开展可能会更好地促进商业性房地产开发经营业务。

第二节　房地产开发企业的设立与资质

一、房地产开发企业的设立

（一）房地产开发企业的设立条件

根据《中华人民共和国城市房地产管理法》第三章第三十条的规定，设立房地产开发企业，应当具备下列条件：

（1）有自己的名称和组织机构；

（2）有固定的经营场所；

（3）有符合国务院规定的注册资本；

（4）有足够的专业技术人员；

（5）法律、行政法规规定的其他条件。

国务院于 1998 年发布的《城市房地产开发经营管理条例》第二章第五条对房地产开发企业设立做出了更为具体的规定。2020 年 11 月 29 日对《城市房地产开发经营管理条例》进行了第五次修订。设立房地产开发企业，除应当符合有关法律、行政法规规定的企业设立条件外，还应当具备下列条件：有 100 万元以上的注册资本；有 4 名以上持有资格证书的房地产专业、建筑工程专业的专职技术人员，2 名以上持有资格证书的专职会计人员。省、自治区、直辖市人民政府可以根据本地方的实际情况，对设立房地产开发企业的注册资本和专业技术人员的条件作出高于前款的规定。

（二）设立程序

房地产开发企业的设立程序如下：

（1）向上级机关提出组建房地产开发企业的申请报告；

（2）拟定房地产开发企业的章程；

（3）向当地政府或房地产主管部门提出成立房地产开发经营企业的申请报告；

（4）申报企业的资质等级；

（5）办理银行的开户手续，并存入资金；

（6）办理资金信用证明；

（7）办理经营场所的使用证明；

（8）向工商行政管理部门申请注册登记。

设立房地产开发企业，应当向工商行政管理部门申请设立登记。工商行政管理部门对符合《中华人民共和国城市房地产管理法》规定条件的，应当予以登记，发给营业执照；对不符合规定条件的，不予登记。设立有限责任公司、股份有限公司，从事房地产开发经营的，还应当执行《中华人民共和国公司法》的有关规定。

2020 年修订后的《城市房地产开发经营管理条例》第二章第八条规定，房地产开发企业应当自领取营业执照之日起30日内，提交下列纸质或电子材料，向登记机关所在地的房地产开发主管部门备案：

（1）营业执照复印件；

（2）企业章程；

（3）专业技术人员的资格证书和聘用合同。

二、房地产开发企业资质

（一）房地产开发企业的资质等级

未取得房地产开发资质等级证书（以下简称“资质证书”）的企业，不得从事房地产开发经营业务。

房地产开发企业按照企业条件分为一、二、三、四共四个资质等级。

各资质等级企业的条件如下：

1. 一级资质

（1）从事房地产开发经营5年以上；

（2）近3年房屋建筑面积累计竣工30万 m^2 以上，或者累计完成与此相当的房地产开发投资额；

（3）连续5年建筑工程质量合格率达100%；

（4）上一年房屋建筑施工面积15万 m^2 以上，或者完成与此相当的房地产开发投资额；

（5）有职称的建筑、结构、财务、房地产及有关经济类的专业管理人员不少于40人，其中具有中级以上职称的管理人员不少于20人，持有资格证书的专职会计人员不少于4人；

（6）工程技术、财务、统计等业务负责人具有相应专业中级以上职称；

（7）具有完善的质量保证体系，商品住宅销售中实行了《住宅质量保证书》和《住宅使用说明书》制度；

（8）未发生过重大工程质量事故。

2. 二级资质

（1）从事房地产开发经营3年以上；

（2）近3年房屋建筑面积累计竣工15万 m^2 以上，或者累计完成与此相当的房地产开发投资额；

（3）连续3年建筑工程质量合格率达100%；

（4）上一年房屋建筑施工面积10万 m^2 以上，或者完成与此相当的房地产开发投资额；

（5）有职称的建筑、结构、财务、房地产及有关经济类的专业管理人员不少于20人，其中具有中级以上职称的管理人员不少于10人，持有资格证书的专职会计人员不少于3人；

（6）工程技术、财务、统计等业务负责人具有相应专业中级以上职称；

（7）具有完善的质量保证体系，商品住宅销售中实行了《住宅质量保证书》和《住宅使用说明书》制度；

（8）未发生过重大工程质量事故。

3. 三级资质

(1)从事房地产开发经营 2 年以上;

(2)房屋建筑面积累计竣工 5 万 m^2 以上,或者累计完成与此相当的房地产开发投资额;

(3)连续 2 年建筑工程质量合格率达 100%;

(4)有职称的建筑、结构、财务、房地产及有关经济类的专业管理人员不少于 10 人,其中具有中级以上职称的管理人员不少于 5 人,持有资格证书的专职会计人员不少于 2 人;

(5)工程技术、财务等业务负责人具有相应专业中级以上职称,统计等其他业务负责人具有相应专业初级以上职称;

(6)具有完善的质量保证体系,商品住宅销售中实行了《住宅质量保证书》和《住宅使用说明书》制度;

(7)未发生过重大工程质量事故。

4. 四级资质

(1)从事房地产开发经营 1 年以上;

(2)已竣工的建筑工程质量合格率达 100%;

(3)有职称的建筑、结构、财务、房地产及有关经济类的专业管理人员不少于 5 人,持有资格证书的专职会计人员不少于 2 人;

(4)工程技术负责人具有相应专业中级以上职称,财务负责人具有相应专业初级以上职称,配有专业统计人员;

(5)商品住宅销售中实行了《住宅质量保证书》和《住宅使用说明书》制度;

(6)未发生过重大工程质量事故。

(二)房地产开发企业资质等级的审批

房地产开发企业资质等级实行分级审批。一级资质由省、自治区、直辖市人民政府建设行政主管部门初审,报国务院建设行政主管部门审批;二级资质及二级资质以下企业的审批办法由省、自治区、直辖市人民政府建设行政主管部门制定。

(三)房地产开发企业资质等级的管理

根据我国《房地产开发企业资质管理规定》,国务院建设行政主管部门负责全国房地产开发企业的资质管理工作;县级以上地方人民政府房地产开发主管部门负责本行政区域内房地产开发企业的资质等级管理工作。有关房地产开发企业的资质等级管理主要有以下规定:

1. 房地产开发企业从事开发经营业务管理

房地产开发企业应当按照《房地产开发企业资质管理规定》申请核定企业资质等级。未取得房地产开发资质等级证书的企业,不得从事房地产开发经营业务。企业未取得资质证书从事房地产开发经营的,由县级以上地方人民政府房地产开发主管部门责令限期改正，处5万元以上10万元以下的罚款；逾期不改正的，由房地产开发主管部门提请工商行政管理部门吊销营业执照。企业超越资质等级从事房地产开发经营的，由县级以上地方人民政府房地产开发主管部门责令限期改正，处5万元以上10万元以下的罚款；逾期不改正的，由原资质审批部门吊销资质证书，并提请工商行政管理部门吊销营业执照。

2. 房地产开发企业资质证书管理

经资质审查合格的企业，由资质审批部门发给相应等级的资质证书。资质证书由国务院建设行政主管部门统一制作。资质证书分为正本和副本，资质审批部门可以根据需要核发资质证书副本若干份。任何单位和个人不得涂改、出租、出借、转让、出卖资质证书。企业遗失资质证书，必须在新闻媒体上声明作废后，方可补领。

企业有下列行为之一的，由原资质审批部门公告资质证书作废，收回证书，并可处以1万元以上3万元以下的罚款：隐瞒真实情况，弄虚作假骗取资质证书的；涂改、出租、出借、转让、出卖资质证书的。

3. 房地产开发企业资质年检管理

房地产开发企业的资质实行年检制度。对于不符合原定资质条件或者有不良经营行为的企业，由原资质审批部门予以降级或者注销资质证书。一级资质房地产开发企业的资质年检由国务院建设行政主管部门或者其委托的机构负责。二级资质及二级资质以下房地产开发企业的资质年检由省、自治区、直辖市人民政府建设行政主管部门制定办法。房地产开发企业无正当理由不参加资质年检的，视为年检不合格，由原资质审批部门注销资质证书。房地产开发主管部门应当将房地产开发企业资质年检结果向社会公布。

4. 房地产开发企业分立、合并、变更管理

房地产开发企业发生分立、合并的，应当在向工商行政管理部门办理变更手续后的30日内，到原资质审批部门申请办理资质证书注销手续，并重新申请资质等级。

企业变更名称、法定代表人和主要管理、技术负责人的，应当在变更30日内，向原资质审批部门办理变更手续。

企业破产、歇业或者因其他原因终止业务时，应当在向工商行政管理部门办理注销营业执照后的15日内，到原资质审批部门注销资质证书。

企业不按照规定办理变更手续的，由原资质审批部门予以警告，责令限期改正，并可处以5 000元以上1万元以下的罚款。

5. 房地产开发企业资质降级管理

企业开发建设的项目工程质量低劣，发生重大工程质量事故的，由原资质审批部门降低资质等级；情节严重的吊销资质证书，并提请工商行政管理部门吊销营业执照。企业在商品住宅销售中不按照规定发放《住宅质量保证书》和《住宅使用说明书》的，由原资质审批部门予以警告，责令限期改正，降低资质等级，并可处以1万元以上2万元以下的罚款。

6. 行政主管部门工作人员管理

各级建设行政主管部门工作人员在资质审批和管理中玩忽职守、滥用职权、徇私舞弊的，由其所在单位或者上级主管部门给予行政处分；构成犯罪的，由司法机关依法追究刑事责任。

第三节 房地产开发企业的组织结构

房地产开发企业在确定了企业的任务和目标后，为了使企业的开发经营活动得到合理分工与协作，使企业能够正确处理员工之间的关系，就必须设计和维持一种组织结构。

一、房地产开发企业组织的定义

房地产开发企业组织是指围绕企业的开发与经营目标，通过一定的组织形式和组织结构，将企业全体员工组织起来并开展分工协作，从而推动企业的开发与经营的各项活动顺利开展。房地产开发企业组织包括四个基本要素：

(1)目标。房地产开发企业组织是以目标存在为前提条件的，不论这种目标是明确的还是模糊的，没有目标，就没有房地产开发企业组织存在的必要性。

(2)人员与职务。人员在房地产开发企业组织中有双重身份，既是管理者又是被管理者。建立良好的人际关系，是建立房地产开发企业组织系统的基本条件和要求。

(3)职责与职权。房地产开发企业组织职责是指某项职位应当完成某项任务的责任，它反映了上下级之间的一种关系；职权是指经过一定的正式程序所赋予某项职位的一种权力。职责和职权是紧密联系的，两者不能脱离。

(4)信息。房地产开发企业组织内部及内部与外部的联系主要依赖于信息进行，只有信息沟通，才能保证房地产开发企业组织的有效运转。

二、房地产开发企业的组织形式

房地产开发企业由于规模不同、经营对象不同、权力安排等方面的不同而有不同的组织形式。一般而言，房地产开发企业的基本组织形式有以下五种。

(一)直线制

这种形式的特点是企业各级领导者直接行使全部职能管理工作，不设专门的职能管理机构。其优点是命令统一，指挥及时；缺点是领导者要通晓多种专门知识，亲自处理许多具体业务。

这种组织形式是工业发展早期企业规模较小时的管理结构形式。它是自上而下的指挥，自下而上的信息反馈，虽然结构简单，但是权力集中，命令单一，指挥统一，主动性强，责权明确，这种组织形式是 对 的领导。这种管理结构模式，要求下级只接受一个上级主管的命令和指挥，并对他负责。企业的管理职能分工，直接受同级主管的指挥，按主管的意图进行工作，而主管随时可根据下级的工作表现给予其应得的奖惩。领导人必须具备多方面的知识和才能，以适应领导地位的要求。直线制组织形式如图 2－1 所示。

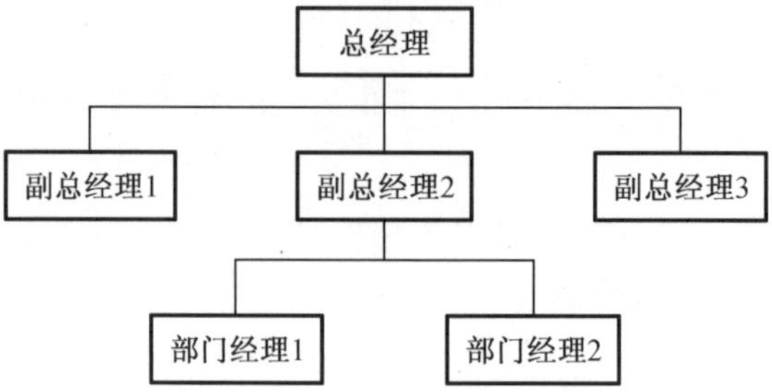

图 2－1　直线制组织形式

(二)职能制

职能制是在直线制的基础上发展起来并已被广泛应用的一种组织结构形式。它采用按职能实行专业分工的管理办法来代替直线制的行政负责人直接指挥,即在行政负责人下面设职能机构和人员,把相应的管理职能和权力交给这些职能机构。例如,某房地产开发企业按管理职能可以分为行政事务部、人力资源部、财务管理部、销售部、工程管理部、动迁管理部及项目开发部,如图 2－2 所示。

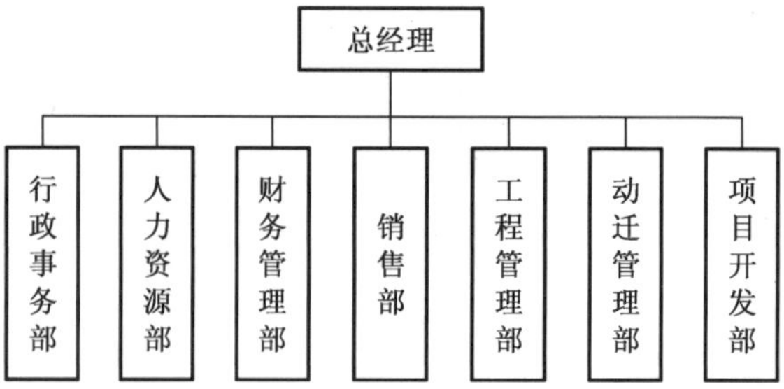

图 2－2　某房地产开发企业职能制组织形式

这种组织结构划分方法使得企业经营管理专业化,这就可以聘用专家,发挥他们的专长,弥补高层管理者的不足;并且通过专业化管理提高经营效率,减少人员和设备的重复配置。因此,这种形式可以减轻领导人员的工作负担,使企业能够适应复杂经营的状况。

这种形式的缺点如下:

(1)高层管理者高度集权,难免决策迟缓,对环境变化的适应力差;

(2)组织中常会因为追求各部门的职能目标而忽视了全局的最佳利益;

(3)职能机构和人员间的协调沟通性差,各自的观点有局限性;

(4)不利于培养高层管理者的后备人才。

(三)直线职能制

直线职能制是在吸收了直线制和职能制的优点的基础上发展起来的一种管理结构形式。它包括指挥系统和职能系统,指挥系统按命令统一原则组成,职能系统按专业化原则组成。这种形式的特点是一切命令和指挥,都由企业内部各级领导人直接下达,职能部门只对下级相应的对口职能部门进行业务指挥,不能直接下达命令。这些职能部门都拥有某一方面的专业技术能力,既能发挥职能部门专业管理的作用,又避免了多头领导、指挥不统一的现象。直线职能制组织形式如图 2-3 所示。

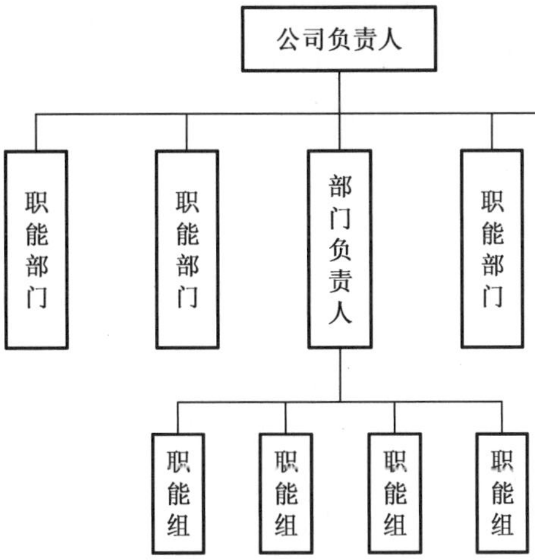

图 2-3 直线职能制组织形式

(四)矩阵制

矩阵制的组织管理形式由横向的职能系统和纵向的项目系统组成。纵向的项目系统由工程项目组成,设置项目经理。项目中的职能人员同时也是各职能部门的成员,既要接受项目经理的领导,又要接受所在职能部门的领导,在某一项目完成后又回到原工作部门。矩阵制组织形式如图 2-4 所示。

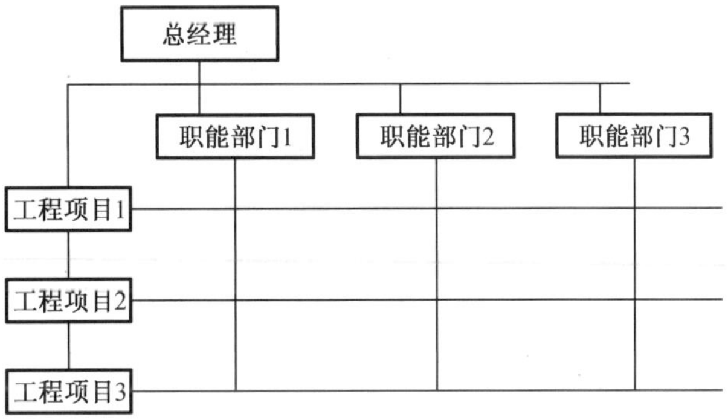

图 2-4 矩阵制组织形式

矩阵制的优点是机动、灵活,可随专案的开发与结束进行组织或解散。由于这种结构是根据专案组织的,任务清楚,目的明确,各方面有专长的人都有备而来,因此在新的工作小组里，他们能沟通、融合，能把自己的工作同整体工作联系在一起，为攻克难关、解决问题而献计献策。由于从各方面抽调来的人员有信任感、荣誉感，因此他们增加了责任感，激发了工作热情，促进了专案的实现。矩阵制还加强了不同部门之间的配合和资讯交流，避免了直线职能制组织形式中各部门之间脱节的现象。

矩阵制的缺点是专案负责人的责任大于权力，因为参加专案的人员都来自不同部门，隶属关系仍在原单位，只是为"会战"而来，所以专案负责人对他们管理困难，没有足够的激励手段与惩治手段，这种人员上的双重管理是矩阵制的先天缺陷；由于专案组成人员来自各个职能部门，当任务完成后，仍要回原单位，因而他们容易产生临时观念，对工作有一定影响。

矩阵制适用于一些重大攻关项目。一些规模小、不以事业部经营模式为主的企业，不太适合使用矩阵制的组织结构。

（五）事业部制

事业部制是由美国通用汽车公司和杜邦公司首创的一种在公司统一领导下按地区或产品类型的不同成立相对独立的生产经营单位的组织形式。它按照"具有协调管理的分权制"的概念，将集权制与分权制结合起来，形成了集中决策、分散经营的事业部制。将其借鉴用于房地产开发企业组织结构的设置，就是在企业最高管理层下，按开发项目或经营地区建立事业部，从而形成的一种分权管理体制。事业部制组织形式如图 2 - 5 所示。

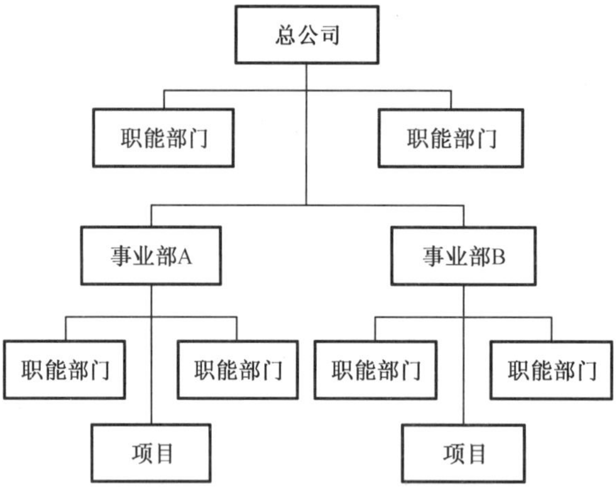

图 2 - 5　事业部制组织形式

事业部制的特点是企业最高管理层只保持对事关企业全局的重大问题的决策权，而事业部则拥有相对独立的生产经营权，有自己的开发项目、市场区域和组织机构，经济上实行独立核算。

1. 事业部制的主要优点

(1)有一个比较完整的管理系统，事业部独立经营，提高了管理的灵活性和对环境的适应性。

(2)总公司领导能从管理事务中解脱出来,有利于做好整个公司的战略决策和长远规划。

(3)事业部制便于专业化地组织生产和经营活动,各事业部之间有比较、有竞争,有利于改善经营管理。

(4)有利于培养高层管理者的后备人才。

2. 事业部制的主要缺点

(1)事业部的权力过大,会造成最高层的指挥不灵,可能会影响组织的整体目标实现和损害组织的利益;

(2)职能机构重复设置,造成管理人员浪费,费用开支大;

(3)各部门之间的横向联系和协调比较困难。

事业部制组织形式适用于开发项目多、市场分布分散、地区跨度大的大型房地产开发企业,一般中小型房地产开发企业显然不宜采用这种组织形式。

房地产开发企业在选择适合自己的组织形式时,要根据企业的规模合理择定。一般来说,开发企业的经营活动是房地产生产的组织工作,并不从事直接的施工活动,因此,开发企业的人员是比较少的。一个精干高效的开发企业的员工仅在50人左右,甚至更少(不排除某些超大型企业的人数较多)。另外,开发企业的组织生产的特点决定了它是高知识含量的企业,专业技术人员是员工的主要构成,部门的独立作战能力较强。因此,开发企业的组织结构设置不可层次过多,设置一个中间管理层次就可以满足生产经营的需要。但有时开发项目较多,各项目又具有独立性,完全由职能部门分别管理项目中的各项任务,往往会顾此失彼、互不协调;如果项目管理完全独立,又会削弱职能部门的管理,影响企业生产经营的整体性、统一性,并且使项目管理机构“小而全”,浪费人力。因此,一般可以考虑采用矩阵制的组织形式。

每一种组织形式都有它的优点和缺点,在运用中应该根据实际情况(包括公司的战略、规模、技术、环境等因素)进行综合考虑,注意扬长避短,灵活运用,克服各种组织形式的缺陷。

三、房地产开发企业组织机构设置的原则

(1)高效原则

企业设立组织机构的目的是实现企业的各级目标,从而保证企业总目标的实现。组织系统是否合理、科学,都是以是否实现目标来判断的,也就是以组织是否具有高效率来判断的。提高组织效率与企业的生存发展有着密切的关系,企业的发达兴旺表现为组织效率高,组织效率高又会促进企业的不断发展。

(2)有效管理幅度和分层管理的原则

要根据上级主管人员的能力、下属人员的素质、工作的复杂性、管理手段的先进性来确定管理者的有效管理幅度,并根据企业规模和管理者的有效管理幅度来决定分层管理。在合理的管理幅度和分层管理的条件下,才能充分发挥管理人员的能力,并使企业内部机构得以精简,从而提高组织的工作效率。

(3)协调原则

协调就是要使各部门、各单位、各岗位的工作人员依据系统的要求,在相互联系、相互制约中顺利地完成规定的任务。而组织系统设计本身就是一种使组织要素在整个生产经营过程中相互联系、相互协调的技术。通过这一技术,使组织内的各要素得到最优的配置,从而达到提高效率的目的。

(4)弹性原则

组织结构不是一成不变的,企业由于受多种因素如企业自身的特点和外部环境等的影响和制约,其组织结构必须保持一定的弹性,要根据企业生存发展状况、客观需要及环境的变化而灵活地做出反应,要有进行调整的余地和准备。

第四节　房地产开发企业的参与者

由于房地产开发企业人员是开发计划的具体执行者,也是企业实现开发目标的保障,因而有必要对房地产开发企业人事分类和人员构成分类进行了解,以利于更好地组织和协调工作。

一、按照房地产开发企业人事分类

(1)经济管理类。此类人员主要负责房地产开发过程中的行政、经济、财务、人事等方面的工作。

(2)专业类。此类人员主要负责企业中的策划、销售及项目拓展等方面的工作。

(3)工程技术类。此类人员主要负责工程技术或技术管理方面的工作。

二、按照房地产开发企业人员构成分类

(一)注册建筑师

注册建筑师主要负责开发用地的规划设计方案制定、房屋建筑设计、建筑施工技术指导、建筑施工合同管理等方面的工作。在工程开发过程中,注册建筑师还应负责施工合同的管理、工程进度的控制及选聘工程监理单位等。

(1)开发用地规划方案及审批。在选择用地规划方案时,建筑师还需要与其他经济核算人员配合,估算各个方案的收益,确定可行的方案。

(2)建筑物的设计。建筑物的设计不一定由建筑师亲自完成,但设计过程应由建筑师来主持。建筑师按照客户的需要组织建筑外表和内部功能分区的设计。建筑师考虑开发项目的经济可行性,努力增大建筑面积和可出售(出租)面积。

(3)建筑施工合同的管理。建筑师负责施工合同的管理,控制工程进度。一般情况下,建筑师负责以下具体工作:

①定期组织会议,讨论解决工程中的问题;

②签发与合同有关的指示;

③保证提供施工所需的图纸；
④协助解决施工中的技术问题；
⑤签发竣工验收单；
⑥协助完成竣工结算。

（二）工程师

工程师包括结构工程师、电气工程师、给排水工程师、供暖工程师、设备造价及土建造价工程师。工程师负责企业开发项目施工计划的执行和工程项目的概预算，代表企业进行施工材料的合同签订、建筑设备的订购、施工监督及协助解决工程施工中的技术问题等工作。

（三）财务人员

财务人员包括会计师和成本控制人员。会计师负责企业的经济核算，从全局的角度为项目开发提出财务安排或税收方面的建议，包括财务预算、工程预算、付税与清账和合同监督，并及时向企业负责人通报财务状况。成本控制人员负责编制工程成本计划并对计划成本与实际成本进行比较和进行成本控制等工作。

（四）营销策划人员

营销策划人员主要负责开发项目的可行性研究、项目总体思路策划、销售策略的制定和执行工作，还负责企业策划部门的日常管理工作等。

（五）法律顾问

法律顾问参与房地产开发的全过程，负责处理一些法律和实际纠纷，如获取土地使用权时签订土地使用权出让合同或转让合同、工程施工前签订发包合同、处理客户购房纠纷等。

第五节 房地产开发的程序

房地产开发工作是一项涉及人、财、物的复杂的系统工程。房地产开发的基本程序是房地产开发工作的主线，遵循这一程序是确保房地产开发取得成功的关键之一。实际工作中出现的各种事故、失败，许多是由违背了工作程序导致的。下面从四个阶段简单介绍一下房地产开发的基本程序。

一、项目决策阶段

房地产开发的项目决策阶段的工作质量直接关系到房地产开发工作的成功与失败。因此，越来越多的开发商在该阶段都聘请专业的咨询公司、顾问公司参与项目的调查、评估、论证。该阶段主要包括以下几个方面的工作。

(一)开发投资机会鉴别和项目选择

投资决策分析的第一步是对开发投资机会的鉴别和对开发投资项目的选择。其思路一般是从宏观到微观。第一,在一定地区内寻找最为有利的投资机会,因为房地产市场是一个区域性的市场,不同地区的投资环境和房地产市场供求关系不同,投资机会也不一样。第二,从中观角度,在打算投资的地区,鉴别可投资的城市。第三,在想要投资的城市,根据所了解的有关该城市房地产的各种信息,从微观层面考虑选择投资开发的房地产类型和空间区位,也就是通常所说的"物业"和"地块"。第四,经过一系列的投资机会鉴别和项目筛选,初步建立投资意向,再进一步与城市规划部门、房地产管理部门、当前的土地拥有者或使用者以及其他有可能合作的投资商和房地产专业人士接触洽谈,使项目设想具体化,并草签投资意向书。第五,进入下一步工作,也就是项目初步可行性研究。

(二)初步可行性研究

房地产开发项目可行性研究的内容尽管与其他建设项目有所差别,但同样分为初步可行性研究和可行性研究。

初步可行性研究也称为预可行性研究。初步可行性研究是在投资机会研究的基础上,进一步收集较为详细的房地产市场信息资料,对拟投资项目所在区域的社会经济状况、市场供求变化、区位条件、相邻周边环境及预期投资收益进行初步分析、预测和估算,形成开发投资初步方案,据此评价投资机会选择结果的成功性如何,决定是否有必要进行详细的可行性研究,确定对一些重要性的问题是否进行专题研究。初步可行性研究是编制项目建议书的依据。

(三)可行性研究

可行性研究是在初步可行性研究的基础上,对开发投资项目进行深入细致的技术经济分析论证,对开发项目投资决策进行技术上和经济上的可行性研究。可行性研究的主要内容包括房地产市场分析、项目财务评价和经济社会评价。通过可行性研究,进一步明确了影响开发项目的确定性和不确定性因素,并对多个方案预测出其开发成本和预期收益水平,经过多方案比较,从中选出最好的方案。据此,开发商如果认为该项目的收益水平可以接受,即可拍板决策。然而,如果某些开发项目关系到国计民生并具有很大的社会和环境生态收益,即使经济效益不佳,也应多渠道筹集资金,对其进行开发建设。在可行性研究报告经有关主管部门批准后,开发项目将正式立项,可以进入项目前期工作阶段。

二、前期工作阶段

前期工作阶段是指投资决策和项目立项后至建设工程施工的这段时间。前期工作是项目后续建设活动的基础,其重要性是不言而喻的。一般情况下,前期工作主要涉及与项目全过程有关的各种合同、条件的谈判与签约等。这一阶段的工作内容主要包括开发场地的工程勘测,获取土地使用权,征地、拆迁、安置,规划设计,开发资金的筹措,建设施工方案的制定，施工现场的临时“三通一平”等。

（一）开发场地的工程勘测

开发场地确定后，需要请勘测部门对场地的工程地质和水文地质进行勘探，摸清土质构成、地基承载力、地下水埋深等情况，为规划设计、建筑设计及地基处理提供依据。

（二）获取土地使用权

土地使用权可以从土地一级市场通过出让以协议、招标或拍卖的方式获取；也可以从土地二级市场通过转让的方式获取；或通过其他途径获取，如联建、联营等。开发投资者应根据开发项目的需要和自身条件，选择获取土地使用权的途径和方式。

（三）征地、拆迁、安置

按照《中华人民共和国土地管理法》的有关规定，通过当地政府主管部门办理土地征用手续。依据国家和当地政府房地产拆迁管理条例、标准和细则，由开发企业或委托专门的拆迁公司进行拆迁安置。拆迁实施办法可以是实物拆迁形式，也可以是货币拆迁形式。

（四）规划设计

规划设计是房地产项目开发建设的蓝图，要以人为本，合理确定各项技术经济指标，统筹安排各项建设用地，满足使用者对各项功能的要求，尽量做到经济效益、社会效益和环境效益的统一。

（五）开发资金的筹措

开发资金是房地产项目能否顺利进行建设的重要保证，因此，在项目决策立项后，应进一步通过直接或间接的方式多渠道筹集落实资金，安排好短期和长期信贷，并制定开发资金分期投入和使用计划。

（六）建设施工方案的制定

制定详尽的建设施工方案，对保证开发项目的施工工期和工程质量及控制建筑成本和实现目标利润都很重要。建设施工方案的制定，主要包括施工组织与协调计划、建材与设备供应计划、施工图设计方案、基础设施配套的接洽与协商计划的制定，编制工程量清单和工程时间进度表及现金流量表，与承包商谈判与签约计划等。

（七）施工现场的临时“三通一平”

施工现场的临时“三通一平”是为正式进行建筑施工做准备，包括与供水、供电部门联系，铺设施工中临时用水、用电管线，修筑施工用的临时道路。由建筑单位进行场地清理并按竖向规划设计平整场地，修建施工现场的防护围墙和临时用房。

综上所述，前期准备阶段涉及范围广、工作内容多，需要延续较长一段时间。在此阶段,市场情况可能会发生某些变化,开发商应随时对那些变化的影响因素进行分析和验证,制定出应变措施,确保项目建设的顺利开工和预期目标的实现。

三、建设阶段

建设阶段是将前期阶段的各项方案和计划以及项目开发过程中所涉及的人力、材料、机械设备、资金等资源集中于开发地块上和特定的时间段上,进行正式施工建设的活动。这一阶段的工作任务主要包括项目发包,通过招投标方式,优选承包商;进行项目施工建设的组织管理;进行项目控制和工程监理;进行项目竣工验收和交付使用。

(一)项目发包

开发商一般通过招投标(公开招投标、邀请招投标或议标)的方式,经过发标、投标、开标、议标和中标等程序,优选和确定建筑工程承包商,并以签订正式承包合同的形式来约束和确保承包商顺利完成项目工程施工。

(二)项目施工建设的组织管理

房地产开发项目一般由多个分项工程组成,包括主体建筑、配套工程、基础设施等。因此,要保证房地产开发项目总体目标的实现,就必须对各分项工程的施工建设进行统一组织管理,使之相互配合、协调实施。在项目建设过程中,施工组织管理主要是指对施工单位管理、工程计划管理、工程技术管理和工程现场管理等。

(三)项目控制和工程监理

在房地产开发项目施工建设中,开发商通常聘请监理工程师监督和检查工程的进度、质量与资金使用情况,以使施工单位严格按照规划和施工合同要求进行施工。有条件的房地产开发企业也可以自己进行施工监理。

施工建设中的项目控制主要包括进度、质量和投资三个方面的内容。进度控制包括总进度控制、设计进度控制、施工进度控制;质量控制包括质量设计控制、质量监控及事后质量控制;投资控制包括设计阶段控制和合同阶段控制。

(四)项目竣工验收和交付使用

开发项目的竣工验收是全面考核建筑产品的最终环节,一般由开发商组织设计单位、施工单位、建设管理部门、质量监督部门及其他相关管理部门,按照被审核批准的设计、施工文件和国家颁布的有关施工验收的规范与标准,进行综合检查验收。经验收合格的项目即可办理交付使用手续。对于设计规定或主管部门要求分阶段建设的单项工程,则应分期分批进行检查验收。

四、房屋销售和物业管理阶段

房屋的销售工作并不是在房屋竣工验收后才开始进行的。为了缩短房地产开发的投资周期,加快资金回笼的速度,在可行性研究阶段就要研究房屋的销售计划,从选址开始,开发商就已经在寻找购房人或承租人了。在开发项目的施工过程中,开发商应通过各种媒介做好项目的广告营销和宣传;当项目施工进行到一定程度(如主体封顶)时,就应及时开展房屋的预售工作,其必备前提条件是已经办理《商品房预售许可证》。

(一)办理《商品房预售许可证》的条件

依据《城市商品房预售管理办法》第五条的规定,商品房预售应当符合下列条件:已交付全部土地使用权出让金,取得土地使用权证书;持有建设工程规划许可证和施工许可证;按提供预售的商品房计算,投入开发建设的资金达到工程建设总投资的25%以上,并已经确定施工进度和竣工交付日期。

(二)办理《商品房预售许可证》所需材料

依据《城市商品房预售管理办法》第七条的规定,开发企业申请预售许可,应当提交下列证件(复印件)及资料:

(1)商品房预售许可申请表;

(2)开发企业的《营业执照》和资质证书;

(3)土地使用权证、建设工程规划许可证、施工许可证;

(4)投入开发建设的资金占工程建设总投资的比例符合规定条件的证明;

(5)工程施工合同及关于施工进度的说明;

(6)商品房预售方案。预售方案应当说明预售商品房的位置、面积、竣工交付日期等内容,并应当附预售商品房分层平面图。

(三)商品房预售许可办理程序

商品房预售许可依下列程序办理:

(1)受理。开发企业按照《城市商品房预售管理办法》第七条的规定提交有关材料,材料齐全的,房地产管理部门应当当场出具受理通知书;材料不齐的,应当当场或者5日内一次性书面告知需要补充的材料。

(2)审核。房地产管理部门对开发企业提供的有关材料是否符合法定条件进行审核。开发企业对所提交材料实质内容的真实性负责。

(3)许可。经审查,开发企业的申请符合法定条件的,房地产管理部门应当在受理之日起10日内,依法作出准予预售的行政许可书面决定,发送开发企业,并自作出决定之日起10日内向开发企业颁发、送达《商品房预售许可证》。经审查,开发企业的申请不符合法定条件的,房地产管理部门应当在受理之日起10日内,依法作出不予许可的书面决定。书面决定应当说明理由,告知开发企业享有依法申请行政复议或者提起行政诉讼的权利,并送达开发企业。商品房预售许可决定书、不予商品房预售许可决定书应当加盖房地产管理部门的行政许可专用印章,《商品房预售许可证》应当加盖房地产管理部门的印章。

(4)公示。房地产管理部门作出的准予商品房预售许可的决定,应当予以公开,公众有权查阅。

如果房地产开发企业进行房地产开发是为了长期投资,即开发的目的是长期出租,那么在项目竣工验收后便要开始出租。为了逐渐收回投资并获得利润,房地产开发企业要提前制定出租经营计划,并确定合适的租金。

物业管理是指物业管理企业受物业所有人或使用人的委托,依照物业管理委托合同,对房屋建筑物以及附属设备设施、绿化、卫生、交通、治安和环境容貌等管理项目进行维护、修缮和整治,并向物业所有人或使用人提供综合性有偿服务的经营行为。如果开发项目是住宅小区,应委托物业管理公司完成。如果是单幢建筑,可组织大楼管理委员会。无论哪种形式,均须与当地派出所、居委会、绿化、环卫等部门联系,办理门牌号码、户口迁入、环卫、治安等事宜。物业管理是集经营、管理、服务于一体的第三产业活动,也是一个房地产开发经营活动的最后环节。

至此,房地产开发企业对某个项目投资开发的经营活动基本上就结束了,尽管上述程序是一个理论程序,但基本上包括了大多数开发项目的主要实施环节。

思考题

1. 简述我国房地产开发企业的资质等级划分。
2. 按照开发经营的对象分类,房地产开发企业有哪些类型?
3. 房地产开发企业的构成人员有哪些?
4. 房地产开发企业的组织形式有哪些类型,各有哪些优缺点?

第三章　土地使用权获取

第三章　土地使用权获取

【案例导入】

用别人的名义办理《土地使用权证》

2000年，某村将两块宅基地批给李某建房，但是由于面积超出国家关于农村宅基地面积的使用规定，李某无法同时为两块地办理《集体土地使用证》（一户一宅），因此李某决定将其中一块宅基地使用权落在其妹妹名下，并在国土资源管理部门（现为自然资源管理部门）办理了该宅基地的《集体土地使用证》，并且李某出资在该地块上建一套房，之后将房屋产权也落在了妹妹的名下。20年后，李某想将该套房屋出售，但是其妹妹拒绝过户，二人就房产权属提起诉争。

第一节　划拨取得土地使用权

一、土地使用权划拨的含义

《中华人民共和国城市房地产管理法》第二十三条中指出，土地使用权划拨，是指县级以上人民政府依法批准，在土地使用者缴纳补偿、安置等费用后将该幅土地交付其使用，或者将土地使用权无偿交付给土地使用者使用的行为。

它具有以下含义：

（1）划拨土地使用权包括土地使用者缴纳拆迁安置、补偿费用（如城市的存量土地或集体土地）和无偿使用（如国有的荒山、沙漠、滩涂等）两种形式。

（2）除法律、行政法规另有规定外，划拨土地没有使用期限的限制，但未经许可不得进行转让、出租和抵押等经营活动。

（3）取得划拨土地使用权，必须经有批准权的人民政府核准并按法定的工作程序办理手续。

（4）在国家没有法律法规之前，已经出让土地以外的两类土地——在城市范围内的土地和城市范围外的国有土地——均按划拨土地进行管理。

二、土地使用权行政划拨的特征

土地使用者通过行政划拨方式取得的土地使用权，具有以下几个基本特征：

（1）划拨土地使用权具有无期限性。在《中华人民共和国城市房地产管理法》第二十三条中规定："依照本法规定以划拨方式取得土地使用权的，除法律、行政法规另有规定外，没有使用期限的限制。”但是，划拨土地使用权没有使用期限并不等于永续存在，土地所有权人可以根据需要收回土地使用权。

（2）划拨土地使用权具有无偿性。通过划拨方式取得的土地使用权，虽然土地使用者要缴纳补偿、安置等费用，但不必向国家支付地租性质的费用，也无须支付土地使用权出让金。补偿、安置等费用不是土地使用权的代价，而只是对原先土地使用者的损失和重新安置的补偿。

（3）不能随意转让、出租和抵押。通过划拨方式取得的土地使用权，除符合法律规定的条件外，不得转让、出租和抵押。法律规定的条件主要是指《中华人民共和国城市房地产管理法》第四十条规定的条件，以划拨方式取得土地使用权的，转让房地产时，应当按照国务院规定，报有批准权的人民政府审批。有批准权的人民政府准予转让的，应当由受让方办理土地使用权出让手续，并依照国家有关规定缴纳土地使用权出让金。以划拨方式取得土地使用权的，转让房地产报批时，有批准权的人民政府按照国务院规定决定可以不办理土地使用权出让手续的，转让方应当按照国务院规定将转让房地产所获收益中的土地收益上缴国家或者作其他处理。

三、土地使用权划拨的方式

土地使用权划拨主要有两种方式：第一种是指经县级以上人民政府依法批准，在土地使用者缴纳补偿、安置等费用后将该幅土地交付其使用的方式；第二种是指经县级以上人民政府依法批准，将土地使用权无偿交付给土地使用者使用。无论采用哪一种方式，土地使用者都无须支付土地使用权出让金。

土地使用者依法取得划拨土地使用权之后，便在法律规定的范围内对划拨的土地享有占有、使用和收益的权利。但同时土地使用者也必须遵守国家法律法规的有关规定：土地使用权人不得擅自改变土地用途；如果遇到社会公共利益的需要，土地使用权人有义务服从人民政府收回土地使用权的决定。土地使用权的划拨一般适用于国家机关用地和军事用地，城市基础设施用地和公益事业用地，国家重点扶持的能源、交通、水利等项目的用地，法律、行政法规规定的其他用地。

四、土地使用权划拨中涉及的各主要利益主体及相互关系

划拨土地使用权获取过程中，主要涉及三方的利益关系：政府、划拨土地使用者和原土地使用者。

各级地方政府代表国家作为土地的所有者是土地使用权的划出方，将符合条件的建设用地划拨给土地使用者使用，而不收取任何地租性质的收益。土地使用者作为土地使用权的划入方，是土地划拨后的真正使用人，拥有划拨土地的占有、使用、部分收益和处分权，而不需要向政府缴纳地租性质的土地使用权出让金。二者之间主要是行政关系而非利益关系。

原土地使用者是土地划拨前的该幅土地的实际占有和使用者。划拨土地为城市建设用地的，应对土地上原有的建筑物和其他附着物给予原使用者补偿；划拨土地需要征收农

地的，要办理农用地转用审批手续，同时对征收土地进行征地补偿。对划拨土地上原有的使用者生产生活造成影响的，应当进行安置，补偿、安置费用由划拨土地使用者承担。二者之间主要是利益关系。

划拨土地使用权过程中，三个主体是密切联系的。政府要依据法律法规的规定行使行政权力，保证有关公共利益和国计民生的建设项目能够顺利实施。划拨土地使用者要合法有效地利用划拨土地，并对划拨土地上的原使用者给予合理的补偿和安置，保证原土地使用者的利益不受侵害。原土地使用者应当服从国家建设大局，在获得合理补偿后配合土地划拨工作。

第二节　出让取得土地使用权

一、土地使用权出让的含义

《中华人民共和国城市房地产管理法》第八条规定，土地使用权出让，是指国家将国有土地使用权在一定年限内出让给土地使用者，由土地使用者向国家支付土地使用权出让金的行为。通过出让方式获得土地使用权是建立在有偿有限期的基础上的，该土地使用权可以在法律规定的范围内转让、出租或抵押，其合法权益受国家法律保护。

二、土地使用权出让的特征

（1）土地所有权与使用权分离。房地产开发用地仅指取得开发用地的使用权，而不是取得开发用地的所有权，即土地使用权出让是以土地所有权与使用权的分离为基础的。

（2）土地使用权出让是有偿的。获得土地使用权的受让者需要支付一定的出让金，这是土地使用权的出让与划拨的显著不同之处。

（3）土地使用权出让是有期限的。《中华人民共和国城镇国有土地使用权出让和转让暂行条例》第十二条规定了各类土地的最高出让年限，其中居住用地为 70 年，工业用地为 50 年，教育、科技、文化、卫生、体育用地为 50 年，商业、旅游、娱乐用地为 40 年，综合或者其他用地为 50 年。

三、土地使用权出让的方式

（1）协议出让土地使用权。这种方式是指出让方与受让方（土地使用者）通过协商的方式有偿出让土地使用权。具体地说，它一般是由用地者向土地管理部门提出申请，然后由土地管理部门与用地者进行具体磋商，达成一致后，签订土地使用权出让合同，实行土地使用权出让。它主要适用于市政公益事业项目、非营利项目及政府为调整经济结构、实施产业政策而需要给予扶持、优惠的项目。

协议出让的一般程序如下：

①申请用地。申请受让人向市、县土地管理部门书面申请受让土地使用权，并提交资信资质等有关文件。

②市、县土地管理部门向申请受让人提出出让地块必要的资料和有关规定。

③申请受让人在规定时间内向土地管理部门提交土地开发建设方案和愿付土地出让金的数额、付款方式等文件。

④市、县土地管理部门在接到前项规定的文件之日起,应在30日内做出答复,并与申请受让人进行具体协商,对不符合条件的申请人,说明情况并退回申请。

⑤经协商达成协议后,市、县土地管理部门与申请受让人签订土地使用权出让合同,公布出让结果。

⑥核发《建设用地批准书》,交付土地;交付土地登记。

(2)招标出让土地使用权。这种方式是指由土地管理部门公开招标或邀请符合条件的投标人投标,经评标后确定的中标人取得土地使用权的行为。它主要适用于一些大型或关键性的发展计划与投标项目。

招标出让的一般程序为招标、投标、定标、签约、履约五个阶段。具体如下:

①市、县土地管理部门编制招标文件,发出招标公告或向投标者发出招标通知书。

②投标者到指定地点领取(购买)招标文件及有关资料。

③投标者按招标文件的规定,向市、县土地管理部门缴付保证金(不计息,可抵充出让金),并将标书密封,在规定的时间内投入指定的标箱或送达指定的地点。

④市、县土地管理部门会同有关部门组成评标小组,通过开标、评标、决标,确定中标,发出中标通知书。对未中标者应书面通知,其投标保证金在开票后7日内退还。

⑤中标者持中标通知书在规定期限内与市、县土地管理部门签订土地使用权出让合同。

(3)拍卖出让土地使用权。这种方式是指在指定的时间、公开场合,在土地管理部门授权的拍卖主持人的主持下,竞投者按规定的方式应价,由出价最高者获得土地使用权的行为。它主要适用于竞争性强的房地产业、金融业、商业、旅游业和娱乐用地。

拍卖出让的一般程序为发布公告、领取拍卖文件、举行拍卖活动、签订合同、登记领证。具体如下:

①市、县土地管理部门事先公告拍卖土地使用权的宗地面积、坐落、用途、使用年限、竞投报名地点、竞投日期等有关内容。

②竞投者持资信资质证明文件,按公告的时间、地点报名,交付竞投保证金,领取牌号参加竞投。

③土地管理部门在公告的时间、地点,由主持人现场公布拍卖底价,当场应价竞争,确定购买者。

④购买者应在规定的日期内与市、县土地管理部门签订合同。

(4)挂牌出让土地使用权。这种方式是指出让人发布挂牌公告,按公告规定的期限将拟出让土地的交易条件在指定的土地交易场所挂牌公布,接受竞买人的报价申请并更新挂牌价格,根据挂牌期限截止时的出价结果确定土地使用者的民事法律行为。这种出让方式是政府主管部门在土地出让中尝试的运作模式,比较市场化和透明化。

通过协议、招标、拍卖、挂牌方式取得土地使用权者,在签订出让合同时,应向市、县土地管理部门支付出让金总额一定比例的定金(不计息,可抵充出让金)。在签订土地使用权出让合同后60日内,土地使用者应当支付全部土地使用权出让金。在支付土地使用权出让金后15日内,土地使用者向市、县土地管理部门申请办理土地使用权登记,领取土地使用权证,取得土地使用权。

挂牌出让土地使用权的一般程序如下:

①发布挂牌公告。在挂牌公告规定的挂牌起始日,出让人将挂牌宗地的位置、面积、用途、使用年期、规划要求、起始价、增价规则及增价幅度等,在挂牌公告规定的土地交易场所挂牌公布。

②符合条件的竞买人填写报价单报价。

③出让人确认该报价后,更新显示挂牌价格。

④出让人继续接受新的报价。

⑤出让人在挂牌公告规定的挂牌截止时间,确定竞得人。

⑥竞得人持成交确认书,签订土地使用权出让合同,并按规定支付定金。

根据我国现行几种土地出让方式,可以比较出以下特点:

第一,协议出让。协议出让的基本特点是在没有第三者参与竞争的条件下,受让方与出让方通过双方协商,达到出让国有土地使用权的目的。因此该方式缺乏竞争机制,市场透明度不高,主观随意性比较大。但在这种出让方式中,政府容易对地价进行控制,灵活性较大,因而在市场发育的初始阶段及对一些特殊性质的项目用地如市政项目、非营利性项目及政府为调整产业结构、实施产业政策而给予优惠扶持的项目用地等较为适用。由于协议方式操作过程存在着诸多弊端,目前我国对该方式的应用有严格的限制,我国规定经营性项目禁止协议出让。

第二,招标出让与拍卖出让。这两种方式的基本特点是都引入了市场竞争机制,二者的区别在于:一是招标出让时各投标者相互不知道对方所投标书的内容,而且每个投标者只有一次投标机会,标书一旦投入,不能随便更改。二是拍卖出让时,采用公开竞价,各竞买人根据当场情况报价,而且可以多次报价,出价最高者即为受让人;而招标出让时,受让人的确定还要考虑投标设计方案和投标者的资信情况、业绩等相关内容,因而报价最高者并不一定就能成为受让人。

第三,挂牌出让。挂牌出让方式实质上同拍卖方式相同,是一种公开竞价并以报价高低决定受让人的出让方式。由于挂牌方式的成功与否和参与挂牌竞价的人数多少无关,而以拍卖方式出让土地,土地管理部门规章对竞买人数有规定,所以对于一些投资巨大而又竞争性较弱的经营性用地,挂牌方式可谓是一种既经济又有效的出让方式。同时,由于挂牌方式有一个合理的交易期限(不少于10个工作日),因此,该方式可以避免拍卖会上的一些不理智行为,使竞买人可以通过充分的理性判断来进行报价决策,从而可以有效防止地价被不合理地炒高。

总之,从引入市场机制的程度来说,协议方式最低,招标方式次之,挂牌与拍卖方式最高。从国有土地使用权出让价格来讲,一般也是协议方式最低,招标方式次之,挂牌与拍卖方式最高。

四、土地使用权出让合同

土地使用权出让合同是指国有土地所有者或其代表与土地使用权受让人之间就出让土地使用权及如何行使使用权等所达成的、明确相互权利义务关系的协议。在我国现有的土地使用权出让实践中,出让合同一般采取类似于标准合同的格式,即合同的主要条款、格式一般均由出让方提出,土地使用权受让人在合同的订立上只有通过协议或竞争确定出让金的权利。

出让合同具体包括以下内容:

(1)双方当事人(出让方和受让方)的法定地址,法定代表人的姓名、职务、邮政编码。

(2)规定土地使用规划。有的合同规定了对土地利用的要求,这些要求包括主体建筑物性质、附属建筑物性质、类别、建筑容积率(建筑面积密度)、建筑覆盖率(建筑密度)、建筑总面积、建筑层数、最高层数或平均数、绿化比率、室外地面高、建筑物设计标准。

(3)规定受让方应修建的公益工程。用地者同意在用地红线范围内一并建筑下列公益工程,并同意免费提供使用:蹲位公厕;小区公用停车场;自行车棚;配电室开关站。用地者同意政府的市政工程可以在其红线范围内的规划位置建筑或通过,而无须做任何补偿。

(4)规定设计、施工、竣工方面的要求。合同规定建筑设计、土地用途等必须符合土地利用要求,涉及交通、管线、消防、环保、人防、航道等问题时,须报经有关主管部门审批,并由地方政府派出机构管理,由此所发生的一切费用均由用地者负担。

(5)规定受让方动土施工的日期和完成一定建筑面积的日期。

(6)规定用地者在红线范围内建设和维修时,对周围环境及设施应承担的责任,包括:

①所属建筑及废弃物不得侵占红线以外的土地及设施。需临时用地,应报批;需临时占用市政道路,报请市公安部门批准。

②用地范围内的污水、污物、恶臭物或影响环境的排泄物均应有可靠的排放方法,不得损害周围环境。

③不得在公共用地上倾倒、存储任何材料或进行工程活动。

④对用地范围内的城市市政设施妥善保护。

⑤不得开辟、铲除或挖掘毗邻地段的土地。

(7)规定利用土地时对环境保护、园林绿化、消防、环保、卫生防疫等的要求。

(8)规定土地出让的期限、出让金的数额、支付期限和方式。

(9)规定双方违约的责任和纠纷的解决方式,以及合同订立的地点、日期。

第三节 转让取得土地使用权

一、土地使用权转让的含义

土地使用权转让是指土地使用权出让后，土地使用权受让人将土地使用权再转移的行为，包括出售、交换和赠与。换言之，土地使用权转让就是原受让方对已经获得土地使用权的土地按规定投入一定资金进行开发，通过有偿的出售、交换和无偿的赠与等方式，把土地使用权连同地上附着物转让给新的受让方。新的受让方则承袭原受让方与当地政府建立的土地使用权让受双方的经济关系及其相应的权利义务。

二、土地使用权转让的条件

房地产项目转让时，应当符合《中华人民共和国城市房地产管理法》第三十八条规定的转让房地产的条件。

要按照出让合同约定，已经支付全部土地使用权出让金，并取得土地使用权证书，这是出让合同成立的必要条件，也只有出让合同成立，才允许转让；要按照出让合同约定进行投资开发，完成一定开发规模后才允许转让。

这里又分为两种情形：一是属于房屋建设工程的，完成开发投资总额的25%以上；二是属于成片开发土地的，应形成工业用地或其他建设用地条件，方可转让。

上述两项条件必须同时具备，才能转让房地产项目。这样规定的目的在于严格限制炒买炒卖地皮、牟取暴利，以保证开发建设的顺利实施。

三、土地使用权转让的原则

（一）“房、地产一致”的原则

该原则即当土地使用权发生转让时，转让地上的建筑物和其他附着物也随之转让，当地上建筑物或其他附着物的所有者发生转移时，土地使用权也发生转移。

（二）“效益不可损”原则

在进行土地使用权或地上建筑物的转让时，皆不得损害地上建筑物或其他附着物。这是土地使用权或地上建筑物、其他附着物转让时，尤其是在分割转让时所必须遵守的一个原则。一般来说，凡是无损于土地及地上建筑物、其他附着物经济效益的转让，依法予以批准；凡是有损于土地及地上建筑物、其他附着物经济效益的转让，则不予批准。

（三）“认地不认人”原则

这是指在土地使用者转让土地使用权时，土地使用权出让合同规定的权利和义务同时也随之转移。

四、土地使用权转让的方式

土地使用权转让的方式主要有三种，包括买卖、交换和赠与。

1. 买卖转让土地使用权

买卖转让土地使用权，是指土地使用者按照一定的方式(如合同)将土地使用权转移给买方，而买方为此支付价款的法律行为。转让中的受让方与出让中的受让方一样，可以是我国境内的公司、企业、其他组织和个人，也可以是境外的投资者。土地使用权买卖与一般商品买卖的不同表现如下：

①一般商品的买卖伴随着所有权的转移，而土地使用权的买卖只有土地使用权的转移，土地所有权仍然归国家(土地所有者)占有。

②一般商品的买卖是财产所有权的永久性转移，而土地使用权的买卖只是一种有限期权利的转移，转让土地使用权的年限受土地使用权出让合同规定的使用年限的限制，只能是出让合同规定的使用年限减去原土地使用者已使用年限后的剩余年限。期限届满后，土地所有者将收回土地使用权与地上建筑物的所有权。

在土地使用权买卖关系中，转让方有义务按与受让人达成的书面协议办理土地使用权过户登记手续，并担保土地使用权的完整性和土地使用状况的良好性。受让方必须按时向转让人支付地价款，并承担土地使用出让合同所规定的义务。当受让方需要改变土地使用权出让合同规定的土地用途时，应当征得出让方同意并经土地管理部门和城市规划部门批准，按照规定重新签订土地使用权出让合同，调整土地使用权出让金，并办理登记。

2. 交换转让土地使用权

交换转让土地使用权也叫“交易”，是指当事人双方约定互相转移土地使用权或一方转移土地使用权，另一方转移货币以外标的物而订立的合同。它由双方当事人达成协议而以物易物。土地使用权的交换转让可以是土地使用权与其他物的互易，也可以是土地使用权之间的互易，但有时也表现为混合互易。在交换过程中，如果交换的土地使用价格相等，则交换双方不需要相互给付；若交换双方的土地使用权价格不相等，则地价低的一方以实物或货币作为补偿，支付给地价高的一方。交换双方的当事人，在土地使用权交换关系中既是卖者，也是买者，只要双方达成交换土地使用权的义务，就可同时享有占有和利用对方土地的权利。土地使用权交换作为转让方式之一，与土地使用权买卖相比，居于次要地位，由于受交换主体和土地自身状况的限制，其适用范围比较小，是一种辅助性的土地使用权流转方式。

3. 赠与转让土地使用权

赠与转让土地使用权是指赠与人自愿把自己的土地使用权无偿转移给受赠人，受赠人表示接受而达成的合同。它一方面需要赠与人表示要把自己拥有的土地使用权无偿转移给受赠人，另一方面需要受赠人表示愿意接受赠与，其基本特征是无偿。赠与合同主要适用于公民之间或者公民与法人之间。

土地使用权的转让是土地资源的再配置，它能有效提高土地使用权的商品化程度，促进土地资产增值，实现土地资源的优化配置。但是土地使用权的自由转让，很容易出现“炒卖地皮”的市场投机行为,破坏地产市场的正常运行和国家土地政策的实施。因此,对土地使用权的转让必须加以限制,实现政府对土地转让的控制。依照《中华人民共和国城市房地产管理法》第三十九条规定,以出让方式取得土地使用权的,转让房地产时,应符合下列条件:按照合同的约定已经支付全部土地使用权出让金,并取得土地使用权证书;按照出让合同约定进行投资开发,属于房屋建设工程的,完成开发投资总额的25%以上,属于成片开发土地的,形成工业用地或其他建设用地条件。《中华人民共和国城市房地产管理法》还同时规定下列房地产不得转让:以出让方式取得土地使用权的,不符合本法第三十九条规定的条件的;司法机关和行政机关依法裁定、决定查封或以其他形式限制房地产权利的;依法收回土地使用权的;共有房地产,未经其他共有人书面同意的;权属有争议的;未依法登记领取权属证书的;法律、行政法规规定禁止转让的其他情形。

《中华人民共和国城市房地产管理法》还规定,划拨土地使用权在下列两种情况下可以转让:一是经有批准权的人民政府审批,由受让人办理土地使用权的出让手续,并依照国家有关规定缴纳土地使用权出让金;二是有批准权的人民政府按照国务院规定决定可以不办理土地使用权出让手续的,转让方应当按照国务院规定将转让房地产所获收益中的土地收益上缴国家或做其他处理。

以上三种方式,无论其合同何时生效,一旦土地使用权转移,即为办理土地登记完毕。

五、土地使用权出让与转让的比较

土地使用权的出让与转让是土地市场中的两个层次。在行为主体上,出让的主体是政府及土地管理部门,转让的主体是市场中的经济实体及个人;在法律关系上,出让形成的法律关系不是完全平等的,出让方占据着垄断地位,转让形成的法律关系是双方平等的;在市场层次上,出让属于土地一级市场行为,转让属于土地二级市场行为;在年限上,出让年限按照合同约定,但不得超过国家法定年限,转让年限为出让合同年限减去已使用年限后的剩余使用年限;在土地转移方式上,出让方式包括协议、招标、拍卖、挂牌,转让方式包括买卖、交换、赠与。土地使用权出让与转让的区别如表3-1所示。

表3-1 土地使用权出让与转让的区别

区别	出让	转让
行为主体	政府及土地管理部门	市场中的经济实体及个人
法律关系	法律关系不平等,形成土地一级市场,具有垄断性地位	法律关系平等,是二级市场的重要组成和体现
在市场中所处层次不同	一级市场,受让土地可以转让	二级市场,未经出让方式取得及未按出让合同投资开发不得进行转让
年限	按合同规定,不得超过国家规定	合同年限-已使用年限=剩余使用年限
土地转移方式	协议、招标、拍卖、挂牌	买卖、交换、赠与

第四节　土地征收与补偿

一、土地征收原则及其管理

我国为了加强土地管理，维护土地的社会主义公有制，保护、开发土地资源，合理利用土地，切实保护耕地，促进社会经济的可持续发展，制定了《中华人民共和国土地管理法实施条例》。在《中华人民共和国民法典》第一百一十七条中规定，为了公共利益的需要，依照法律规定的权限和程序征收、征用不动产或者动产的，应当给予公平、合理的补偿。在《中华人民共和国民法典》第二百四十三条中规定，为了公共利益的需要，依照法律规定的权限和程序可以征收集体所有的土地和组织、个人的房屋以及其他不动产。

土地征收是指国家为了公共利益的需要，在依法进行补偿的条件下，将集体所有土地及其上权利移转为国家所有的行为。土地征收是将农业用地转化为建设用地的重要制度，许多国家的法律均有相关规定。英国法律称之为"强制收买"，德国法律称之为"征收"，美国法律称之为"最高土地权的行使"。

各级人民政府必须贯彻执行十分珍惜和合理利用土地的方针，全面规划，加强管理，保护、开发土地资源，制止乱占耕地和滥用土地的行为。国务院自然资源主管部门统一负责全国土地的管理和监督工作。县级以上地方人民政府自然资源主管部门主管本行政区域内的土地的统一管理工作。

土地征收关系的主体是国家和被征地集体单位，不包括土地使用者。作为征地的主体，在土地征收关系中，房地产开发企业作为土地使用者支付的费用，在本质上是国家出让土地使用权的费用，相当于国家与房地产开发企业之间建立的一种土地使用权的出让关系。国家征收土地有一定的强制性：凡是按照有关法律规定，尤其是经县（市）以上人民政府规定的用地指标范围内批准的城乡建设用地，任何单位和个人都必须认真贯彻执行。

二、土地征收的基本程序

根据2021年修订的《中华人民共和国土地管理法实施条例》的有关规定，需要征收土地，县级以上地方人民政府认为符合《中华人民共和国土地管理法》第四十五条规定的，应当发布征收土地预公告，并开展拟征收土地现状调查和社会稳定风险评估。

从《中华人民共和国土地管理法实施条例》的规定可以看出，国家对土地征收程序进行了调整，将原来的"告知、确认、听证"三步程序调整为"预公告、调查、评估、拟定安置方案、公告、听证、协议"。具体如下：

（一）预公告

征收土地预公告应当包括征收范围、征收目的、开展土地现状调查的安排等内容。征收土地预公告应当采用有利于社会公众知晓的方式，在拟征收土地所在的乡（镇）和村、村民小组范围内发布，预公告时间不少于十个工作日。

（二）开展土地现状调查

开展拟征收土地现状调查，应当查明土地的位置、权属、地类、面积，以及农村村民住宅、其他地上附着物和青苗等的权属、种类、数量等情况。

（三）开展社会稳定风险评估

开展社会稳定风险评估，应当对征收土地的社会稳定风险状况进行综合研判，确定风险点，提出风险防范措施和处置预案。社会稳定风险评估应当有被征地的农村集体经济组织及其成员、村民委员会和其他利害关系人参加，评估结果是申请征收土地的重要依据。

（四）拟定征地补偿安置方案

县级以上地方人民政府应当依据社会稳定风险评估结果，结合土地现状调查情况，组织自然资源、财政、农业农村、人力资源和社会保障等有关部门拟定征地补偿安置方案。征地补偿安置方案应当包括征收范围、土地现状、征收目的、补偿方式和标准、安置对象、安置方式、社会保障等内容。

（五）公告

征地补偿安置方案拟定后，县级以上地方人民政府应当在拟征收土地所在的乡（镇）和村、村民小组范围内公告，公告时间不少于三十日。征地补偿安置公告应当同时载明办理补偿登记的方式和期限、异议反馈渠道等内容。

《中华人民共和国土地管理法实施条例》第二十六条明确规定：自征收土地预公告发布之日起，任何单位和个人不得在拟征收范围内抢栽抢建；违反规定抢栽抢建的，对抢栽抢建部分不予补偿。

（六）听证

多数被征地的农村集体经济组织成员认为拟定的征地补偿安置方案不符合法律、法规规定的，县级以上地方人民政府应当组织听证。

（七）签订协议

县级以上地方人民政府根据法律、法规规定和听证会等情况确定征地补偿安置方案后，应当组织有关部门与拟征收土地的所有权人、使用权人签订征地补偿安置协议。征地补偿安置协议示范文本由省、自治区、直辖市人民政府制定。对个别确实难以达成征地补偿安置协议的，县级以上地方人民政府应当在申请征收土地时如实说明。

县级以上地方人民政府完成相关征地前期工作后，方可提出征收土地申请，依照《中华人民共和国土地管理法》第四十六条的规定报有批准权的人民政府批准。

三、土地补偿

除前面提到的拟定征地补偿安置方案外，《中华人民共和国土地管理法实施条例》第三十二条规定，省、自治区、直辖市应当制定公布区片综合地价，确定征收农用地的土地补偿费、安置补助费标准，并制定土地补偿费、安置补助费分配方法。

地上附着物和青苗等的补偿费用，归其所有权人所有。

社会保障费用主要用于符合条件的被征地农民的养老保险等社会保险缴费补贴，按照省、自治区、直辖市的规定单独列支。

申请征收土地的县级以上地方人民政府应当及时落实土地补偿费、安置补助费、农村村民住宅以及其他地上附着物和青苗等的补偿费用、社会保障费用等，并保证足额到位，专款专用。有关费用未足额到位的，不得批准征收土地。

《中华人民共和国土地管理法》第四十八条规定，征收土地应当给予公平、合理的补偿，保障被征地农民原有生活水平不降低、长远生计有保障。

征收土地应当依法及时足额支付土地补偿费、安置补助费以及农村村民住宅、其他地上附着物和青苗等的补偿费用，并安排被征地农民的社会保障费用。

征收农用地的土地补偿费、安置补助费标准由省、自治区、直辖市通过制定公布区片综合地价确定。制定区片综合地价应当综合考虑土地原用途、土地资源条件、土地产值、土地区位、土地供求关系、人口以及经济社会发展水平等因素，并至少每三年调整或者重新公布一次。

征收农用地以外的其他土地、地上附着物和青苗等的补偿标准，由省、自治区、直辖市制定。对其中的农村村民住宅，应当按照先补偿后搬迁、居住条件有改善的原则，尊重农村村民意愿，采取重新安排宅基地建房、提供安置房或者货币补偿等方式给予公平、合理的补偿，并对因征收造成的搬迁、临时安置等费用予以补偿，保障农村村民居住的权利和合法的住房财产权益。

县级以上地方人民政府应当将被征地农民纳入相应的养老等社会保障体系。被征地农民的社会保障费用主要用于符合条件的被征地农民的养老保险等社会保险缴费补贴。被征地农民社会保障费用的筹集、管理和使用办法，由省、自治区、直辖市制定。

【案例分析】

某工厂为扩大生产规模，投资 80 万元建一座分厂，向某县级人民政府申请用地 2 亩（1 亩 =666.7 m^2）（以出让方式取得土地使有权），经县级人民政府批准使用城市规划区内属于 A 村集体所有的土地（非耕地）2 亩。为保证按时使用土地，工厂与 A 村签订了土地使用权合同。合同规定 A 村向工厂出让土地 2 亩，土地使用权出让金 30 万元，土地用途为工业用地，土地使用权出让年限为 70 年。有关合同的其他内容均参照国家出让土地使用权的标准合同写明。

据此，请回答以下问题：

（1）该土地使用权出让合同是否有效，为什么？

（2）县级人民政府批准的该工厂用地 70 年是否合法，为什么？

（3）按照有关法律规定，该工厂应该怎样取得土地使用权？

思考题

1. 土地使用权转让的形式有哪些？
2. 土地使用权出让有哪几种形式？
3. 各种土地使用权出让方式的程序有哪些？
4. 土地的补偿费用具体包括哪些内容？
5. 我国的土地使用权有哪些限制？
6. 什么是土地征收？土地征收的程序是什么？

第四章　房地产项目策划

第四章　房地产项目策划

【案例导入】

日照市房地产开发项目建设条件意见书实施办法

第一条　为进一步加强房地产开发项目管理，提升住房品质和居住环境，促进房地产市场平稳健康发展，根据《山东省城市房地产开发经营管理条例》《山东省物业管理条例》《山东省人民政府办公厅关于印发<山东省房地产业转型升级实施方案>的通知》（鲁政办字〔2015〕151号）及《日照市物业管理条例》等有关规定，结合我市实际，制定本办法。

第二条　在我市城市、县域规划区范围内国有土地上从事房地产开发和经营活动，应当执行本办法。

第三条　本办法所指《房地产开发项目建设条件意见书》，是指在国有土地使用权出让前，对拟开发项目的性质、开发期限，基础设施和公共服务设施的建设要求，绿色建筑与住宅性能认定，建筑节能、装配式建筑，海绵城市建设等方面提出的建设条件意见，是房地产开发项目建设的依据。

第四条　市住房城乡建设部门负责全市落实房地产开发项目建设条件意见书制度的指导、管理、监督工作，负责主城区内（包括日照街道、石臼街道、秦楼街道、卧龙山街道）房地产开发项目建设条件意见书制度的实施、管理工作。

东港区（不含日照街道、石臼街道、秦楼街道）、日照经济技术开发区、山海天旅游度假区（不含卧龙山街道）、岚山区、莒县、五莲县住房城乡建设部门负责本行政区域内房地产开发项目建设条件意见书制度的实施、管理工作。

自然资源和规划、城市管理部门按照职责分工，做好落实房地产开发项目建设条件意见书制度的指导、实施、管理相关工作。

第五条　《房地产开发项目建设条件意见书》包含以下内容：

（一）宗地（项目）概况：包括宗地（项目）位置、用地规模和用地性质，以及开发期限等要求；

（二）基础设施配套要求：包括供水、排水（雨水、污水）、供电、通信、燃气、供热、道路、路灯、绿化、环卫、车库、车位等设施的建设期限、建设时序，有关管线布置等要求；

（三）公共服务设施配建要求：包括物业服务、社区管理服务用房以及教育、养老、卫生等设施的建设期限、建设时序等要求；

（四）住宅产业化、住宅性能认定，建筑节能、装配式建筑，绿色建筑和海绵城市建设要求；

（五）其他需要明确的要求。

第六条　《房地产开发项目建设条件意见书》中的道路、基础设施和公共服务设施建设标准应当符合自然资源和规划部门出具的《建设用地规划条件》要求，其他建设条件由住房城乡建设部门会同有关部门出具。

第七条 自然资源和规划部门在编制国有土地使用权出让方案前，应当书面征求住房城乡建设部门的《房地产开发项目建设条件意见书》，并提供该宗土地的位置、用途、面积等基本信息。

第八条 住房城乡建设部门在收到自然资源和规划部门的书面通知后，对拟开发建设地块，向城市管理、人防、教育、公安、民政、卫生、商务等相关部门征求开发建设条件意见。

相关部门在收到住房城乡建设部门的书面通知后，根据各自职能，在7个工作日内提出房地产开发项目的建设条件。

第九条 住房城乡建设部门汇总各部门意见，在7个工作日内向自然资源和规划部门出具《房地产开发项目建设条件意见书》。

住房城乡建设、自然资源和规划、城市管理等部门要建立协商机制，及时协调解决相关部门提出的建设条件不一致的问题。

第十条 自然资源和规划部门应当将《房地产开发项目建设条件意见书》内容纳入国有土地使用权出让公告或出让须知中。

第十一条 房地产开发项目建设条件意见一经确定，不得擅自变更。确需变更的，须经住房城乡建设部门同意；建设条件变更涉及相关税费的，应当补缴税费。

第十二条 经自然资源和规划部门核准，土地使用权发生转让的，受让人应当将土地转让等有关情况书面报告住房城乡建设部门，并继续严格落实该宗土地《房地产开发项目建设条件意见书》的有关要求。

第十三条 初步设计审查机构和施工图审查机构进行审查时，应当对《房地产开发项目建设条件意见书》要求落实情况进行审查。

第十四条 开发建设单位应当按照《房地产开发项目建设条件意见书》的要求，进行房地产开发项目规划、设计和建设。项目宗地范围内的基础设施和公共服务设施，应当与开发项目同步规划、同步设计、同步建设、同时竣工和同时交付使用。分期建设的，应当在首期项目中开发、建设并满足居住使用条件。

未按《房地产开发项目建设条件意见书》进行开发建设的，自然资源和规划部门不予办理竣工规划核实手续，住房城乡建设部门不予办理竣工综合验收备案。

第十五条 对于违反《房地产开发项目建设条件意见书》进行开发建设的房地产开发企业，住房城乡建设部门应当将其记入房地产开发企业信用档案不良行为记录，向社会公布。

第十六条 开发建设单位应当将《房地产开发项目建设条件意见书》在房地产开发项目销售现场进行公示。公示的内容应当作为《商品房买卖合同》的重要组成部分，并作为项目竣工综合验收依据。

第十七条 行政主管部门相关工作人员在实施房地产开发项目建设条件意见书制度中玩忽职守、滥用职权、徇私舞弊，构成犯罪的，依法追究刑事责任；不构成犯罪的，给予相应政务处分。

第十八条　城市、县城规划区范围外国有土地上房地产开发项目参照本办法执行。

第十九条　东港区、日照经济技术开发区、山海天旅游度假区、岚山区、莒县、五莲县可参照本办法制定实施细则。

第二十条　本办法自2020年11月1日起施行,有效期至2025年10月31日。

第一节　房地产项目策划的概述

一、房地产项目策划的概念

对于房地产项目策划,有两种不同的理解:一种观点认为,房地产项目策划就是促销策划,也就是如何想方设法地把楼卖出去,这是一种狭义的理解;另一种观点认为,房地产项目策划是根据房地产开发项目的具体目标,以客观的市场调查、准确的可行性研究和市场定位为基础,以独特的概念设计为核心,综合运用各种手段(如投资策划、建筑策划、营销策划等),发挥主观能动性,按一定程序对未来的房地产开发项目进行筹谋和规划,并以可操作的策划文案作为结果的活动,也就是业界人士所说的房地产项目全程策划。本书中讲述的房地产项目策划认同后一种观点。

这里的房地产项目策划强调"全程"的概念,就是要对房地产项目进行全过程的策划,也就是对市场调研、土地取得、投资分析、项目定位、规划设计、建筑方案制定、建筑施工、项目形象打造、项目营销、品牌培植及物业服务等各个环节都进行全方位策划,使项目的开发价值得到最理想的提升。

对房地产项目策划的理解应当从以下六个方面进行:

(1)房地产项目策划应当具有明确的目标。

(2)房地产项目策划是在客观真实的市场调研的基础上进行的。

(3)房地产项目策划要优选最佳的项目市场定位。

(4)房地产项目策划要综合运用各种策划手段以及创新性思维。

(5)房地产项目策划要遵循特定的科学程序。

(6)房地产项目策划最终要提供具有可操作性的策划文本。

二、房地产项目策划的特征

房地产项目策划具有前瞻性、地域性、市场性、多样性和效益性等特征。

(一)前瞻性

由于房地产项目的开发经营期较长,因此项目策划必须具备超前的、预见性的理念、创意、手段等。房地产项目策划的前瞻性应贯穿房地产市场分析、项目定位、项目选址、规划设计、可行性研究、市场营销等阶段和内容。

(二)地域性

房地产项目策划的地域性特征主要表现在以下几个方面:第一,要考虑房地产开发项目的区域经济情况。在我国,由于各区域的地理位置、自然环境、经济条件、市场状况很不一样,要进行房地产项目策划就要对这些情况进行具体分析。第二,要考虑房地产开发项目周围的市场情况。从房地产市场的角度来讲,房地产项目策划要重点把握市场的供求情况、市场的发育情况及市场的消费倾向等。第三,要考虑房地产项目的区位情况,如房地产项目所在地的自然区位、经济区位等因素。

(三)市场性

房地产项目策划要符合市场的需求,以市场为导向,根据市场的变化而变化。房地产市场情况发生变化,策划思路、项目定位也应及时调整。房地产项目策划的市场性也体现在引导市场、创造市场、引领房地产开发潮流等方面。

(四)多样性

房地产项目策划存在多种方案比选的过程。在实际项目开发中,一般存在多个开发方案可供选择,项目策划应当对多种方案进行优选,结合开发商的经济实力、开发经验和规划限制条件、社会人文、市场前景等选择最合理并具有可操作性的一种。同时,项目策划方案应当注意保持“动态的稳定性”,根据房地产市场环境的变化,不断对策划方案进行改进和调整,以保证策划方案与现实情况的最佳适应。

(五)效益性

房地产项目策划的效益性是指策划能给项目投资方带来经济上的最大回报。效益性是项目策划要实现的目标,是策划的基本功能之一,也是项目策划存在的前提。

三、房地产项目策划的分类

房地产项目策划的分类方法很多,本书从实践角度把它分为三类:一是已有明确项目的房地产全过程策划;二是还没有明确项目的投资策划;三是整体下的单项策划。

(一)已有明确项目的房地产全过程策划

这类策划适用范围是已经有项目批文,已经拿到土地的项目。这种类型的策划一般是从项目分析开始直至项目结束。其主要内容包括项目投资策划、项目规划策划、项目开发建设策划、项目营销策划和项目后期策划。

(二)还没有明确项目的投资策划

这类策划范围往往是投资者还没有明确项目时所进行的策划。它和已有明确项目的全过程策划的主要区别是土地是否已经获取,前者是针对项目宏观性投资方向的策划,后者是针对具体项目的具体策划。还没有明确项目的投资策划的主要内容包括投资开发区位的分析与选择、投资开发方向及内容的分析与选择、投资规模分析与选择、投资开发合作方式的分析与选择、项目融资方式的分析与选择、开发完成后的产品经营方式的分析与选择。

（三）整体下的单项策划

这类策划指的是对项目策划中一个具体环节的策划，比如营销策划、融资策划、销售策划等。在单项策划中，更多地体现出该环节的实施可行性。

四、房地产项目策划的作用

房地产项目策划在房地产企业中充当着智囊团和思想库的角色，是企业决策者的重要助手。在项目开发建设的每一个环节，房地产项目策划都参与其中，通过概念设计及各种策划手段，提升产品价值，促进市场销售，提升企业品牌，创造经济效益和社会效益。其作用主要表现在以下四个方面。

（一）房地产项目策划能提高决策的准确度

房地产项目策划是人的想象力对现实的合理预见。它通过对房地产项目市场进行深入而细致的调研，经过创造性思维和科学运作程序设计制作方案，是策划人不断地面对市场而总结出来的智慧结晶，是一种理性行为。因此，它可以作为房地产企业的参谋，充当企业家的智囊团、思想库，为企业决策提供前馈分析并谋划和设计备选方案，使得企业及企业家的决策更为准确，避免项目在运作中出现偏差，使项目运作获得成功。策划的“谋”与决策的“断”科学分离，确保了企业领导的决策理智化，是现代社会的一大进步。

（二）房地产项目策划能有效地整合资源

要开发好一个房地产项目，需要调动很多资源，如概念资源、人力资源、物力资源和社会资源等。这些资源在房地产项目策划尚未参与前，往往是分散的、凌乱的。这些资源中的任何一个出现问题，都会影响项目的开发进程，甚至可能会使得项目变成“半拉子”工程。房地产项目策划能参与到各种资源中，参与到项目的每个环节中，厘清各种资源之间的关系，分析它们的功能，通过概念设计及各种策划手段，使之创新地结合起来，并形成一种前所未有的优势。

（三）房地产项目策划能增强竞争力

项目策划的灵魂在于把握市场。房地产项目开发周期长、不确定性因素多，导致盈利风险大，特别是随着房地产市场竞争越来越激烈，项目开发模式与产品理念在不断创新，不断发现新的物业需求。策划在深入调查市场的基础上，全面考虑可能对房地产市场供求产生影响的政治、经济、心理、文化、气候等因素的变动，对市场发展趋势做出判断，并找到项目资源与物业市场需求相互联系的信息，增强项目的竞争力，使企业在市场中赢得主动地位。

（四）房地产项目策划能创造显著的经济效益和社会效益

在新知识经济时代，房地产策划属于典型的创意产业，能产生极高的经济附加值，为房地产企业创造显著的经济效益和社会效益。

此外,房地产项目策划还有预测未来市场、满足购房者需求等作用。

第二节　房地产项目策划的过程

房地产项目策划一般要经历三个阶段:前期策划阶段、营销执行阶段及策划总结阶段,在不同的策划阶段有不同的侧重点。前期策划阶段侧重于项目区位分析、项目定位、规划设计与物业发展建议、资金运作与经济分析等;营销执行阶段侧重于项目筹备期、项目入市期及持续热销期的主要工作安排;策划总结阶段是在项目全部售完后进行的工作总结,包括整个项目过程的描述、全过程的销售走势及策略分析,并进行效果评估及总结本项目值得借鉴的地方。

房地产项目策划组织主要有两种方式:一是开发商内部组建,二是外聘专业房地产策划机构。随着房地产业内社会化分工越来越精细,越来越多的开发商开始与专业化的房地产策划机构合作,来充分发挥专业策划机构熟悉市场、精于策划的优势。房地产项目策划的过程如图 4 -1 所示。

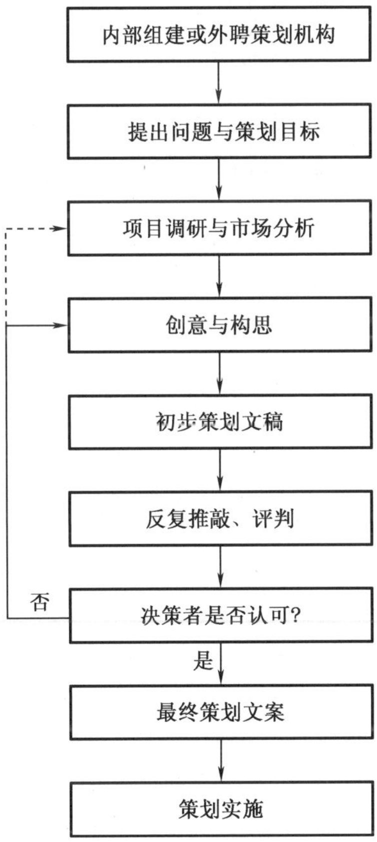

图 4 -1　房地产项目策划的过程

第三节　房地产项目策划的内容

房地产项目策划的内容主要包括项目区位的分析与选择、项目开发合作方式与开发时时策划、项目定位与主题策划、项目资金运作策划、项目市场推广策划、项目经营方式策划。

一、项目区位的分析与选择

房地产项目区位的分析与选择，包括地域的分析与选择和具体地点的分析与选择。地域的分析与选择是战略性选择，是对项目宏观区位条件的分析与选择，主要考虑项目所在地区的政治、法律、经济、文化教育、自然条件等因素。具体地点的分析与选择，是对房地产项目坐落地点和周围环境、基础设施条件的分析与选择，主要考虑项目所在的交通、城市规划、土地取得代价、拆迁安置难度、基础设施完备程度以及地质、人文、噪声、空气污染等因素。

开发商根据自己对房地产市场的分析及认识，寻找投资机会，将投资设想落到一个或若干个具体地块上。开发商与策划人在开发用地选择上进行深入研究，主要工作内容有研究城市规划并了解当地房地产市场的情况；研究地块的开发价值；研究如何获得土地使用权以及了解地块所在地的政策法规；通过市场分析和拟选项目的财务评估进行决策。这一阶段需要提出项目投资建议，编制项目初步投资估算，这是房地产整个开发过程中最为重要的一个环节。

二、项目开发合作方式与开发时间策划

房地产项目开发合作方式策划，主要应该考虑开发商自身在土地、资金、开发经营专长、经验和社会关系方面的实力或优势程度，并从分散风险的角度出发，对独资、合资、合作（包括合建）、委托开发等开发合作方式进行选择，同时确定合作各方在项目资本金中所占的份额。

房地产项目开发时间策划，应充分考虑开发完成后的市场前景，再据此倒推出应获取开发场地和开始建设的时间，并充分估计办理前期手续和征地拆迁的难度等因素对开发进度的影响。大型房地产开发项目可考虑分批开发（滚动开发）。

三、项目定位与主题策划

在获得土地使用权之后，由于用地性质已经明确，因此，开发商对项目发展方向已经有了一定的考虑。为了使决策更科学、项目定位更准确，必须通过市场调查深入了解消费者心理，寻找目标客户。在充分的市场调查和市场细分的基础上可以对房地产项目定位和主题概念进行策划和研究，这是项目策划工作的重要组成部分。

项目定位的内容包括客户定位、产品定位和形象定位。主题策划是贯穿于上述三个基本定位之中的开发哲学和所倡导的生活理念。房地产项目的主题策划是对拟建项目提出一种概念、精神和思想，它是贯穿于整个项目的主题。成功的主题策划给项目赋予更多的

精神内涵，引领一种新的生活理念和生活方式。

值得注意的是，在项目定位与主题策划工作完成之后应当提出物业发展建议，如规划方案建议、产品建议、相关配套建议、园林景观建议、项目展示建议、分期开发建议等，这样项目策划工作才能真正落到实处。

四、项目资金运作策划

房地产项目资金运作策划是整个项目开发过程中不可缺少的一个重要环节，需对项目进行全面、详细、深入的技术经济分析论证，评价选择拟建项目的最佳资金方案。

项目资金运作策划主要是结合项目开发方案设计资金结构、分析可能的资金来源渠道、不同来源资金的比例，分析短期和长期资金的需求计划，确定项目不同时段的资金投入与筹措方案，并结合资金筹措方案对项目预期经济效益进行评价，以便在策划总阶段对项目实际发生值与策划阶段预测的经济效益指标进行比较和分析，找出产生差距的原因，作为下一个项目策划的借鉴之处。

五、项目市场推广策划

一般在房地产项目开发前期，开发商要对项目市场推广是采取自行销售方式还是采取委托销售方式做出选择，即对整个项目进行市场推广策划。市场推广策划的主要内容有市场推广的渠道安排；广告时机选择和节奏控制，广告商的选择，广告创意分析，卖点及产品诉求点，广告费用预算；销售分期的安排及不同阶段的推广主题；不同销售期的项目定价及调整策略；市场推广前的准备工作，市场推广过程的控制与管理；活动推广及客户关系管理的策划等。从未来的发展趋势看，房地产企业委托销售方式在房地产市场中将占主流，这也是社会分工更加精细化的结果。

六、项目经营方式策划

房地产项目经营方式策划主要指对项目效益实现的方式进行策划，如产品是出售、出租或自营，出售或出租的进度安排和现金流的实现计划等，当然也包括物业管理的前期介入策划和如何实现物业的保值、增值，以及如何通过恰当的投资组合来降低投资风险等。

思考题

1. 房地产项目策划的含义是什么？
2. 房地产项目策划的内容是什么？
3. 房地产项目策划的特征有哪些？
4. 房地产项目策划的类型有哪些？

第五章　房地产开发项目可行性研究

第五章　房地产开发项目可行性研究

【案例导入】

企业的成功来自对顾客的调查

纺织企业家乔·海曼于20世纪60年代接管了一家纺织厂。正当他对工厂进行改造时，收到了许多不同颜色、不同品种的布料的订货单。当工厂经过改造快要投产时，他收到了政府部门的通知，必须减掉两个染缸中的一个，因为排水系统承受不了。

对企业来讲，这是一场灾难，如果没有两个染缸就不能调配出那么多的颜色。在绝望之中，乔·海曼决定采用面谈访问的方式来了解顾客对改变颜色的看法，并希望通过当面的解释使已订货的顾客接受现实。通过有效的面谈访问，已订货的顾客接受了解释，改变为预订其他颜色，而更多的顾客也接受了企业可以生产的这些颜色。这样企业不仅没有减少订单，反而由于只设一个染缸而大大降低了生产成本。

思考：请问乔·海曼用的是什么调查方法？

答案：用的是访问法。这种方法对访问者自身的要求较高，访问者必须具备建立良好人际关系的能力和社会交往能力。

第一节　房地产开发项目可行性研究概述

房地产项目具有投资额大、周期长、不确定性因素多等特点，在项目投资之前，必须进行可行性研究，要对房地产开发项目在技术上是否先进适用、在经济上是否合理有利、在社会上能否创造效益、在环境上能否被允许、在建造能力上是否具备等方面进行全系统的分析、论证，提出开发项目是否值得投资建设和怎样建设的意见，为项目投资决策提供可靠的依据。

一、房地产开发项目可行性研究概述

（一）可行性研究的概念

可行性研究是我国于20世纪70年代末从国外引进的一门新兴学科，它最早应用于20世纪30年代，并从那时起逐步为人们所接受。20世纪50年代，新技术不断涌现，企业开始将可行性研究用于新技术项目开发的可行性论证。20世纪60年代，人们越来越重视可行

性研究的作用,可行性研究成为在投资决策前必须认真完成的工作。随着在经济建设各个领域的应用和推广,以及在实践过程中不断地充实完善,可行性研究已经具有一套完整的方法体系。

可行性研究就是指在投资决策前,对与建设项目有关的市场、资源、工程技术、经济、社会等各方面问题进行全面的分析、论证和评价,并对多个方案进行优选的科学方法。

可行性研究也叫可行性分析,是一项政策性、科学性、系统性很强的工作。可行性研究也是一种全面的技术经济分析,还是建设前期准备工作的重点、房地产开发项目整个建设过程中的重要环节和决定项目投资开发成败的关键。房地产投资项目具有投资数额大、投资回收期长的特点,而且存在着投资时空的选择性和投资收益的不确定性。如果决策失误会使大量投资付诸东流,造成投资项目的失败,给投资者、社会乃至国民经济造成损失。因此,客观上需要在房地产投资项目的建设前期对房地产项目的投资数额、投资效益、资源状况、市场供需状况等方面进行全方位的分析和论证。可行性研究正是适应这种需要而产生的。可行性研究,以论证建设项目的必要性和可行性开始,以确定建设方案、方法、措施,并制定出各类计划而终结。可行性研究的主要目的是提供一个充分有据的科学可靠的决策依据,所以,它是一种综合的、科学的计划研究方法。

(二)可行性研究的任务

可行性研究有两个主要的任务:一是要确定项目实施的必要性;二是要研究以何种方案实施才能取得最佳投资收益。可行性研究的内容是以市场供需为出发点,以经济资源(生产资料和劳务)的投入为基础,以经济评价为结果。也就是说,可行性研究需要搞清楚的主要问题是投资项目的产品能否以有利的价格卖出去;项目的建设生产有没有最经济合理的资源供应和技术运用。它涉及市场供应、工艺技术、经济财务三个方面。其中市场是前提、技术是手段,核心问题是投资效益。

可行性研究具有极强的综合性、系统性和科学性。虽然世界各国的研究程序和方法不尽相同,但都具有共同的研究特征。这些特征表现为科学的市场调查和预测、丰富的技术内容和高度的技术水平、贴紧实践的逻辑方法、详细准确的投资测算,以及允分的风险分析。

(三)可行性研究的目的

可行性研究是投资决策的依据,目的是把投资决策建立在科学、可靠的基础上,避免投资决策的盲目。可行性研究的重要任务是研究一个新建或改建项目是否可行,也就是要综合论证这个项目在技术上是否先进,是否实用可靠;在经济上是否合理;在财务上是否盈利,是否值得投资兴建;在方案上是否可取等。由此可见,可行性研究的根本目的就是要实现决策的科学化、民主化,减少或避免投资决策的失误,提高开发建设项目的经济效益、社会效益和环境效益。

(四)房地产开发项目的可行性研究

所谓房地产开发项目的可行性研究,是在房地产投资决策之前,对拟开发的房地产项目在技术的先进性、经济的合理性、财务的营利性、工程的可行性方面进行全面的、系统的调查、研究分析和预测、评价，并在此基础上从环境保护、公众安全、社会福利等角度进一步对拟建项目的必要性、财务上的营利性和经济上的合理性、技术上的先进性和适用性，以及建设条件上的可能性和可行性做出科学公正的综合评价和论证，从而为房地产开发项目决策提供科学依据。同时，制定出实施房地产开发项目的最佳方案。简言之，房地产开发项目的可行性研究就是对房地产项目能否投资的分析和论证。

房地产开发项目可行性研究的任务主要是通过对拟建项目进行投资方案规划、工程技术论证、经济效益分析和预测，经过多个方案的比较和评价，为项目决策提供可靠依据和可行的建议，一般要回答以下几个问题：

(1)为什么要投资开发这个房地产项目?

(2)资源及市场需求情况如何？建多大的规模比较合适?

(3)该房地产项目建设地点选在哪里最佳?

(4)该房地产项目建设需要采用什么样的技术方案？有什么特点?

(5)与该房地产项目建设配套的外部条件如何?

(6)该房地产项目总的建设时间多长？需要投入多少资金?

(7)该房地产项目所需资金如何筹措？是否能够落实?

(8)该房地产项目建成后，其经济效益和社会效果如何?

通过房地产开发项目可行性研究，可以避免或减少项目投资决策的失误，强化投资决策的科学性和客观性，提高房地产开发项目的综合效益。

(五)房地产开发项目可行性研究的作用

我国房地产开发实践表明，开发项目成败的关键是决策，而决策的依据是可行性研究报告。但是，在改革开放初期，我国房地产业刚刚起步，开发商并没有重视可行性研究的作用，这是因为在当时的环境下，开发商没有意识到房地产的风险，靠"投机"获取收益。随着房地产市场的逐步规范，只有依靠合法的房地产经营，不断提高决策水平，才能保证获取开发收益的可靠性。因此，项目可行性研究非常重要，其作用如下：

(1)可行性研究是投资决策的重要依据。项目投资决策，尤其是大型项目的投资决策的科学性，是以可行性研究报告中详细可靠的市场调研、预测、成本分析、效益估算和准确的项目评价分析为重要依据的。

(2)可行性研究是项目审批的依据。在我国，房地产项目要经过政府相关职能部门立项审批，而立项审批的依据之一就是可行性研究报告。

(3)可行性研究是项目资金筹措的依据。根据项目可行性研究报告的有关数据，不仅开发商可以了解项目所需资金的种类和数量，而且金融机构可以了解项目的清偿能力和盈利能力，并结合贷款的收益性和安全性原则，确定项目的贷款额度。因此，项目可行性研究报告可以作为企业筹措资金和金融机构提供信贷的依据。

(4)可行性研究是编制设计任务书的依据。可行性研究对开发项目的建设规模、建设标准等做出了安排，而这些都是项目设计任务书需要明确的内容。

(5)可行性研究是开发商与项目参与各方签订合同的依据。开发商在可行性研究确定的项目实施方案框架内,落实项目的各项工作,并与设计、监理、施工、供应、资金融通等单位签订有关合同。有关技术引进和建设设备进口必须在可行性研究报告审查批准后,才能据此报告同国外厂商正式签约。

二、房地产开发项目可行性研究的内容

房地产开发项目可行性研究的具体内容因项目的复杂程度、环境状况的不同而有所不同,但一般包括项目的必要性分析、实施的可能性分析和技术经济评价。其具体内容如下。

(一)项目概况

项目概况主要包括项目的名称、背景、宗旨等基本情况,还包括开发项目的自然、经济、水文地质等基本条件,项目的规模、功能和主要技术经济指标等。

(二)市场分析和需求预测

在深入调查和充分掌握各种资料的基础上,对拟开发项目的市场需求及市场供给状况进行科学分析、客观预测,包括开发成本、市场售价、销售对象以及开发周期、销售期等。

(三)规划方案的优选

在对可供选择的规划方案进行比较分析的基础上,优选出最为合理、可行的方案作为最后方案,并对其进行详细描述,包括选定方案的建筑物布局、功能分区、市政基础设施分布、项目的主要技术参数和技术经济指标、控制性规划技术指标等。

(四)开发进度安排

对开发进度进行合理的时间安排,可以按照前期工程、主体工程、附属工程、交工验收等阶段进行。人型开发项目的建设期长、投资额大, 般需要进行分期开发,这就需要对各期开发的内容同时做出统筹安排。

(五)项目投资估算

项目投资估算即对开发项目所涉及的成本费用再进行分析估计。房地产开发项目涉及的成本费用主要有土地费用、前期工程费、建筑安装工程费、市政基础设施费用、公共配套设施费用、期间费用及各种税费等。估算的精度要求不高,但应充分注意各项费用在不同建设期的变化情况,力争与未来事实相符。

(六)资金的筹措方案和筹措资金成本估算

根据项目的投资估算和投资进度安排,合理估算资金需求量,拟定筹资方案,并对筹措资金成本进行计算和分析。房地产开发项目投资额巨大,开发商必须在投资前做好资金的安排,并通过不同方式筹措资金,保证项目的正常运行。

（七）财务评价

财务评价是依据国家现行财税制度、现行价格和有关法规，从项目角度对项目的盈利能力、偿债能力和外汇平衡等项目财务状况进行分析，借以考察项目财务可行性的一种方法。其内容包括项目的销售收入和成本预测，预计损益表、资产负债表、财务现金流量表的编制，债务偿还表、资金来源与运用表的编制，财务评价指标和偿债指标的计算，如财务净现值、财务内部收益率、投资回收期、债务偿还期、资产负债率等。

（八）风险分析

风险分析是可行性研究的一项重要内容，主要包括盈亏平衡分析、敏感性分析和概率分析等内容。风险分析通过对影响投资效果的社会、经济、环境、政策、市场等因素的分析，了解各因素对项目的影响性质和程度，为控制项目运作过程中的关键因素提供依据，也为投资者了解项目的风险大小和来源提供参考。

（九）国民经济评价

国民经济评价是按照资源合理配置的原则，从国家、全社会的角度考察项目的收益和费用，用资源的影子价格、影子工资、影子汇率和社会折现率等经济参数，分析计算项目对国民经济的净贡献，并评价项目的经济合理性。它是项目评价的重要组成部分，也是投资决策的重要依据之一。因此，在房地产项目开发过程中，要综合考虑项目对社区、城市的环境、资源有效配置的影响，进行项目的国民经济评价。国民经济评价包括社会效益、经济效益和环境效益评价。

财务评价和国民经济评价都属于项目的经济评价，但两者的评价角度不同。财务评价侧重于项目本身的获利能力；国民经济评价侧重于项目对于国民经济的贡献，即按照资源合理配置的原则，从国家整体角度考察分析项目的效益和费用，从而评价项目的经济合理性。所以，国民经济评价又称为费用效益分析。

（十）结论及建议

运用可行性研究的各种指标数据，从技术、经济和财务各方面论述项目的可行性，分析项目可能存在的问题，提出有效的项目建设建议。

以上（七）、（八）、（九）三项是可行性研究的重要内容，是形成整个可行性研究过程的主体。

三、房地产开发项目可行性研究的工作阶段

可行性研究是在投资前所做的工作，主要分为以下四个阶段。

（一）投资机会研究

该阶段的主要任务是对投资项目或投资方向提出建议，也就是在一定的地区和部门

内，以自然资源和市场的调查预测为基础，寻找最有利的投资机会。

投资机会研究相当粗略，主要依靠笼统地估计而不是依靠详细地分析，该阶段投资估算精度为±30%，研究费用一般占总投资的0.2%～0.8%。如果投资机会研究认为该房地产开发项目是可行的，就可以进行下一阶段的工作。

（二）初步可行性研究

这一阶段也称为预可行性研究，指的是在投资机会研究的基础上，进一步对项目建设的可靠性与潜在效益进行论证分析。初步可行性研究阶段的投资估算精度可达±20%，所需费用占总投资的0.25%～1.5%。

（三）详细可行性研究

这一阶段就是通常所说的可行性研究。详细可行性研究是开发建设项目投资决策的基础，是在分析项目技术上、财务上、经济上的可行性后做出的投资与否决策的关键步骤。

这一阶段对建设投资估算精度为±10%，所需费用：小型项目占总投资的1.0%～3.0%，大型复杂项目占总投资的0.2%～1.0%。

（四）项目的评估和决策

按照国家有关规定，大中型项目、限额以上的项目及重要的小型项目，必须经有权审批单位委托有资格的咨询评估单位就项目可行性研究报告进行评估论证。未经评估的建设项目，任何单位不准审批，更不准组织建设。

四、可行性研究的步骤

（一）组织准备

在项目建议被批准之后，通常采取的方法是委托咨询评估公司对拟开发项目进行可行性研究。开发商也可组织专业技术人员，成立专家项目小组，具体研究可行性研究的构想，筹措经费，讨论可行性研究的范围，确定研究目标及预期效益。

（二）资料收集及市场调研

收集的资料包括房地产开发建设的有关方针政策、房地产市场分析资料以及社会经济发展、交通、地质和气象等方面的技术资料；市场调研应调查和预测市场的供给量和需求量、价格、竞争能力等。在资料收集和市场调研的基础上规划方案设计，进行技术经济分析，确定项目的经济规模和项目构成。

（三）方案设计与选址

根据研究内容及调查后得来的各种有关信息和资料，认真、仔细地进行市场预测分析、经济研究、技术研究，设计若干可供选择的开发方案，进行反复的方案论证和比较，采用技术经济分析的方法，选出最佳方案。

（四）财务评价和国民经济评价

对选取的最佳方案进行详细的财务评价和国民经济评价，在估算项目投资、成本、价格、收入等基础上，研究论证项目在经济上的合理性和盈利能力，制定方案的实施计划书。

（五）编制可行性研究报告

经过对项目进行了全面、详细的分析研究之后，根据项目的性质、用途、规模等具体情况，编制可行性研究报告。

（六）专家论证

可行性研究报告需要经过专家论证。房地产开发投资量大，建设工期长，投资风险高，对环境影响大，设计因素多而复杂，因此，其可行性研究报告应邀请城市规划、环境保护、技术经济及财务分析方面的专家从政治、社会、经济、技术、环境和收益等方面进行详细论证，对可行性方案提出实施措施和建议，以供决策者参考。

第二节　房地产市场调研

房地产市场调研是房地产开发项目可行性研究的重要组成部分。

目前，商品房大量空置的问题已经引起社会各界的广泛重视，从政府领导、专家学者到开发商无不从各个层面积极探讨它的成因及解决方法。在众多原因中，有一条重要原因是开发商的决策层缺乏必要的市场调研，没有掌握足够的市场信息，从而导致决策失误，使项目开发出现选址不准和市场定位不当。因此，房地产开发的前提就是做好市场调研，否则，就不能在残酷的市场竞争中获胜。但是很遗憾，不少房地产开发企业并没有一套完善的、可操作的、关于项目开发前期的市场调研方案，往往接到一个项目后总是凭国土、规划、税务等部门的要求和几个楼盘的数据就凭经验写出项目的可行性研究报告，其科学性、准确性不高。

一、房地产市场调研的含义与作用

市场调研是房地产投资决策的前提和基础。重视房地产市场调研，不仅是房地产投资决策活动的需要，也是房地产项目管理现代化程度的重要标志之一。

（一）房地产市场调研的含义

市场调研也称为营销调研，是现代市场营销理论的重要组成部分，是适应市场经济、市场营销发展需要的产物。

房地产市场调研是以科学方法，通过系统地收集、记录大量与市场营销相关的信息，加以整理和分析，从中寻找商品市场供求变化趋势和规律，从而为企业决策提供依据。

房地产市场调研有广义和狭义之分。狭义的市场调研是把市场理解为房地产产品消费对象,针对消费者购买行为所做的调查,即对消费者及其行为的研究。广义的市场调研则把市场理解为商品交换关系的综合,即为一个由各种市场要素构成的、有结构的体系,也就是市场调研不再只局限于消费者的购买行为,而是将其调研范围扩大到房地产营销的每一个阶段。只要是市场要素所涉及的内容,均可视为调查研究的对象。

要理解房地产市场调研的含义,以下三点必须注意:

(1)市场调研的基础是收集资料。只有做到有目的、有步骤、系统地收集真实的资料,并予以实事求是地分析研究,才能及时地为经营决策者提供客观而准确的情报,从而保证预测和决策的客观性与精确性。

(2)市场调研的内涵广泛。市场调研不仅包括信息资料的收集,还包括信息资料的分析研究;不仅包括对消费者需求即竞争者情况的市场调研,还包括对市场营销活动四大环节即产品、定价、分销及促销的调研,以取得完整的市场营销资料。

(3)市场调研的方法必须科学。经过精心选择的市场调研方法必须依据不同的市场客观情况,有计划、有目的、系统地实施,以做到高效地解决实际问题。

(二)房地产市场调研的作用

市场调研既是房地产开发企业整体活动的起点,又贯穿于企业整体营销活动的全过程。市场调研的重要作用,具体表现在以下五个方面:

(1)有助于房地产开发企业确定正确的投资方向。

市场调研可以使房地产开发企业了解房地产市场的现状及其未来变化趋势;了解市场的需求、资源供求情况、竞争对手的活动状况,从而确定企业今后的经营方向,从错综复杂的房地产市场中寻找企业生存和发展的立足点。

(2)有助于房地产开发企业适时地进行产品更新换代。

房地产产品如同其他各类产品一样,也有着特定的市场生命周期。市场调研可以帮助经营者随时掌握本企业的产品处于市场生命周期的哪一个阶段,从而制定正确的产品策略:淘汰哪些老产品,继续经营哪些老产品,开发哪些新产品。

(3)有助于项目投资者制定科学的营销和开发计划。

市场调研可以使项目投资者准确地把握市场的供求状况,据此制定出产品营销计划。然后,根据营销计划确定年度、季度甚至月度开发计划。在此基础上,又可制定出科学的资金、资源计划,提高房地产开发活动的效率。

(4)有助于项目投资者实施正确的价格策略。

房地产产品的价格取决于市场需求状况,同时土地价格、建筑成本及竞争状况等多种因素也对房地产价格产生重大影响。市场调研可以帮助项目投资者依据消费需求及承受能力,考虑成本及竞争情况,制定合理、可行的市场价格,从而确保销售成功。

(5)有助于房地产开发企业改善经营管理,提高经济效益。

不少房地产开发企业经营不善的症结就在于对市场的背离,以至于在瞬息万变的市场竞争条件下或束手无策,或盲目经营。重视市场调研,才能按市场需求改善企业经营管理水平,促进经济效益的提高。

二、房地产市场调研的原则

市场调研是一项细致的工作过程,在市场调研过程中建立一套系统科学的程序,是市场调研工作顺利进行、提高工作效率和品质的重要保证。市场调研的步骤应按照调研内容的繁简、精确程度和调研的时间、地点、预算、方式,以及调研人员的学识、经验等条件具体确定。但不论市场调研的规模大小,内容多少,都应该遵循以下基本原则。

(一)准确性原则

调研资料必须真实、准确地反映客观实际。科学的决策建立在准确预测的基础上,而准确预测又应依据真实的市场调研资料。只有在准确的市场调研资料的基础上尊重客观事实,实事求是地进行分析,才能瞄准市场,把握市场,做出正确的决策。

调研资料的准确性取决于三个方面:

(1)市场调研人员的技术水平。

调研人员的技术水平决定了他们在调研中使用技巧的水平,对问题的敏锐程度,对整体调研方案的理解程度,以及对资料的筛选、整理和分析水平等。

(2)市场调研人员的敬业精神。

市场调研在大多数情况下是一项很辛苦的工作,并不是简单地翻阅报纸、发放问卷,或者随便找个人谈谈话那样轻松。大多数情况下,市场调研的需求都是在影响决策的诸多因素均不明朗的情形下产生的,因而市场调研人员必须具备一种科学的态度、敬业的精神才能做好这项工作。

(3)调研对象是否持客观态度。

调研对象是否持客观态度,是否说出他们内心真实的想法,会直接影响调研结果的准确性。在现实生活中,人们有时会言行不一。而市场调研人员往往并没有考虑到这一点。有时消费者的意见可能会有欺骗性,但又不能忽视消费者的意见,怎么办?解决问题的关键是要很好地理解消费者,清楚地判断他们所说的话是否是他们内心的真实想法。具体方法就是最大限度地利用多种信息渠道,利用多方面的资料信息进行相互验证,并予以科学判断,以提高调研资料的真实性和准确性。

(二)时效性原则

一份好的调研资料应该是最新的。因为只有最新的调研资料,才能反映市场的真实情况,并成为企业制定市场经营策略的客观依据。在市场调研工作开始后,调研人员要充分利用有限的时间,尽可能在较短的时间里收集更多的所需资料和信息,避免调研工作的拖延。否则不但会增加费用支出,而且会使决策滞后,贻误时机。因此,市场调研应该顺应瞬息万变的市场形势,及时反馈信息,以满足各方面的需要。

(三)全面性原则

这一原则是根据调查目的,全面、系统地收集有关市场经济的信息和资料。影响市场环境的因素很多,既有人为因素,也有经济因素、政治因素等,甚至有时国际大环境对市场环境也有较大影响。由于各因素之间是互为因果的,如果单纯就事论事地调研,而不考虑周围环境等因素的影响,就不能把握事物发生、发展甚至变化的本质,就难以抓住关键因素并得出正确的结论。这一点在房地产市场调研方面体现得尤为突出。房地产开发不可能离开一个城市的社会、经济发展,因此一个完整全面的市场调研应包括宏观的背景情况,如社会政治经济环境、自然环境、区域因素以及整个市场的物业开发量、吸纳量、需求量、总体价格水平、空置率等,还应包括对消费者的调研、对竞争对手与竞争楼盘的调研等内容。

(四)针对性原则

对于特定项目的市场调研,还应遵循针对性原则。比如在房地产市场调研中,不同物业的目标客户群体是不同的,不同客户群体对房屋的偏好各异,比如中等收入家庭在购房时更关注价格,而高收入家庭在购房时则会更注重环境与景观等。市场调研的目的就是要准确把握住不同客户群体间方方面面的显著或细微的差别,最终抓住目标客户群体,这也是物业销售成功的关键之一。

三、房地产市场调研的步骤

房地产市场调研的步骤是从调研准备到调研结束的全过程工作的先后次序。在房地产市场调研中,建立一套系统、科学的程序,有助于提高调研工作的效率和质量。通常,房地产市场调研的全过程分为准备、实施、分析和总结三个阶段。

(一)准备阶段

房地产市场调研的准备阶段是调研工作的开端。准备是否充分对于实际调研工作质量的优劣影响很大。一个良好的开端,往往可达到事半功倍的效果。在调研准备阶段,重点是解决调研的目的、要求,调研的范围和规模,调研力量的组织等问题。在此基础上,制定切实可行的调研方案。这个阶段的具体工作步骤如下:

(1)提出问题,明确目标。市场调研意义重大,其中一个重要的作用就是帮助人们确定需要解决的问题。只有当需要研究的问题被仔细、准确地定义以后,才能制定研究计划,获取切合实际的信息。在对需要研究的问题进行定义的过程中,确定研究项目的目标也是一项重要的工作。每一项目应含有一个或多个目标,在这些目标未被明确建立之前,是无法进入下一步研究的。

房地产市场调研也不例外,市场调研的任务是为营销决策提供信息,帮助决策者们发现并解决营销问题,所以调研人员必须牢记调研是为营销服务的,其目的是发现问题并解决问题,任何偏离主题的调研都不能成为有效的调研。因此,在每次起草调研提案之前,调研人员首先要知道自己要做什么,要对调研目的与目标十分明确。

(2)初步情况分析和非正式调研。调研人员针对初步提出来需要调研的课题,收集有关资料进一步分析研究,必要时还可以组织非正式的探测性调研,以判明问题的症结所在,弄清究竟应当调研什么。探测性调研资料的收集具有较大的灵活性,已经出版的材料、个人访谈、反面佐证案例等都可作为资料来源。此外，如果研究的问题能够准确、清晰地得到定义，就可以直接做描述性或因果性关系研究。同时，要根据调研的目的，考虑调研的范围和规模大小，调研的力量、时间和费用是否有保证。如果原来提出的课题涉及面太宽或者不切实际，调研的范围和规模过大、内容过多，无法在限定时间内完成，就应当实事求是地加以调整。

(3)制定调研方案和工作计划，拟定调研计划书。对房地产市场调研课题进行上述分析研究之后，如果决定要进行正式调研，就应制定调研方案和工作计划，也就是需要拟定调研计划书。

房地产市场调研方案是针对某项调研本身的设计，目的是使调研有序、有目的地进行。它是指导调研实施的依据，对于大型的市场调研显得更为重要。调研方案设计的内容如下:为完成调研的课题需要收集哪些信息资料;如何运用数据分析问题;明确获得答案及证明答案的做法;信息资料从哪里获得，用什么方法获得;评价方案设计的可行性及说明调研费用;进一步实施方案的准备工作等。

房地产市场调研工作计划是指在某项调研开始之前，对组织领导、人员配备、考核、工作进度、完成时间和费用预算等做出安排，使调研工作能够有计划、有秩序地进行，以保证调研方案的实现。

总之，市场调研计划书必须具有可操作性，对调研对象、调研范围、调研内容、调研方法、调研经费预算、调研日程安排等都应给出明确的界定。

(二)实施阶段

在论证确定房地产市场调研方案和调研计划后，就进入了调研实施阶段。这个阶段的主要任务是组织调研人员深入实际，按照调研方案或调研提纲的要求，系统地收集各种资料和数据，听取被调研者的意见。这一阶段的具体步骤如下:

(1)建立调研组织。房地产市场调研部门应当根据调研任务和调研规模的大小，配备好调研人员，建立房地产市场调研组织。调研人员确定后，需要集中进行学习，对于临时吸收的调研人员更需要进行短期培训。学习和培训的内容包括明确房地产市场调研方案;掌握房地产市场调研技术;了解与房地产有关的方针、政策、法律法规;学习必要的经济知识和业务技术知识等。

(2)收集第二手资料。房地产市场调研所需的资料可分为第一手资料和第二手资料两大类。第一手资料是指需要通过实地调研才能获得的资料，获得这部分资料所花的时间比较长，费用比较高。第二手资料是指企业内部记录或已经出版的外部记录，获得这部分资料比较容易，花费较少。在实际调研中，应当根据调研方案提出的内容，尽可能组织调研人员收集第二手资料。收集第二手资料时，必须保证资料的时效性、准确性和可靠性。对于统计资料，应该弄清楚指标的含义和计算的口径，必要时应调整计算口径，使之符合调研项目的要求。对于某些估计性的数据，要了解其估算方法、依据及可靠程度。对于某些保密的资料，应当根据有关保密的规定，由专人负责收集、保管。

(3)收集第一手资料。经常遇到的情况是解决问题所需的资料不能完全地从内容记录或已出版的外部记录中获得，即不能完全地从第二手资料中获得，因此研究必须以第一手资料为基础。收集第一手资料常要回答下面几个问题：是通过观察试验还是询问来获得资料的；问卷采取封闭式结构还是采取开放式结构；是将研究的目的直截了当地告诉被访者还是对他们隐瞒研究的目的。类似的问题还有很多，上述几个问题是在研究过程中必须回答的基本问题。

在收集第一手资料的过程中，还必然伴随着对调研样本的设计和样本的采集。在房地产市场调研中，广泛采用的是抽样调查法。因此，调研人员在样本设计过程中必须考虑调研总体、样本单位、抽样设计、样本规模等因素。

（三）分析和总结阶段

房地产市场调研资料的分析和总结阶段，是得出调研结果的阶段。这一阶段的工作如果抓得不紧或者草率从事，会导致整个调研工作功亏一篑，甚至前功尽弃。它是调研全过程的最后一环，也是调研能否发挥作用的关键环节。这一阶段有以下具体步骤。

（1）数据的分析与解释。数据分析包括对采用的抽样方法进行统计检验，以及对数据的编辑、编码和制表。编辑就是对问卷表进行纵览的过程，以保证问卷的完整、连续；编码就是对问题加以编号，以使资料更好地发挥分析作用；制表就是根据某种指标对观察得到的数据进行分类和交叉分类。

大多数研究都要涉及编码、编辑和制表程序。统计检验作为一种独特的抽样过程和数据搜集工具，往往应用于某些特殊的研究。在可能的情况下，统计检验一般都在数据搜集和分析之前进行，以保证所得到的数据与意欲研究的问题密切相关。

（2）编写调研报告。调研报告主要归纳调研结果并得到结论，提交给管理人员决策使用。很多管理人员都十分关心这一报告，并将它作为评价调研成果好坏的标准。因此，调研报告必须写得十分清楚、准确。无论你的调研做得多么深入、高明，如果没有一份好的调研报告，都将会前功尽弃。

调研报告的主要内容包括调研目的、方法、步骤、时间等的说明；调研对象的基本情况；所调研问题的实际材料与分析说明；对调研对象的基本认识，得出结论；提出建设性的意见和建议；统计资料、图表等必要附件。

房地产市场调研报告的结构多种多样，没有固定的格式，一般由导言、主体、建议与附件组成。导言部分介绍调研课题的基本情况，是对调研目的简单而基本的说明；主体部分应概述调研的目的，说明调研所运用的方法及其必要性，对调研结果进行分析并进行详细说明；附件部分是用来论证、说明主体部分有关情况的资料，如资料汇总统计表、原始资料来源等。

编写房地产市场调研报告时还应当注意：坚持实事求是的原则，调研报告要如实反映市场情况和问题，对报告中引用的事例和数据资料要反复核实，必须确凿、可靠。要突出重点，调研报告的内容必须紧扣调研主题，突出重点。结构要条理清楚，语言应准确精练，务必把所说的问题写得清楚透彻。结论明确，调研结论切忌模棱两可，不着边际。要善于发现问题，敢于提出建议，以供决策参考，结论和建议可归纳为要点，使之更为醒目。印刷精美，调研报告应装订完整、整齐，印刷清楚、精致美观。

(3)总结反馈。房地产市场调研全过程结束后，要认真回顾和检查各个阶段的工作，做好总结和反馈，以便改进今后的调研工作。总结的内容主要有调研方案的制定和调研表的设计是否切合实际；调研方式、方法和调研技术的实践结果如何，有哪些经验可以推广，有哪些教训应当吸取；实地调研中还有哪些问题没有真正搞清，需要继续组织追踪调研；对参加调研工作的人员做出绩效考核，以促进调研队伍的建设，提高调研水平和工作效率。

值得注意的是，在上述房地产市场调研的步骤中，除了提出问题这一步骤之外，其他调研步骤并不能完全依照设想的程序进行，并且这些步骤也不是僵化不变的，实际运用时可视调研内容、环境条件及要求的不同，灵活运用，有的步骤可以省去，有的步骤可以强化，有的步骤可以重复。例如，在制定某项调研方案时，我们也许会发现要调研的问题并没有很好地定义，这样调研人员也许需要重新回到第一步，对需要调研的问题再做仔细的界定。再如，进入数据收集阶段时，可能会发现原计划的方法成本太高，这时为了保持预算平衡，就可能需要对原来的调研设计进行改变，减小资料规模或以其他资料来代替(也可以依靠第二手资料)。但当资料已经收集得差不多时，调研人员要再对调研方案做改动的话，所花费的代价就非常大了，这样将会影响调研的进行。正因如此，在进行资料收集之前，就应对调研设计进行十分认真的考虑，以免造成不必要的损失。

四、房地产市场调研的方法

房地产市场调研方法可以分为两大类：一类是按调研对象划分，有全面普查、重点调研、抽样调研等；另一类是按调研方法划分，有访问法、观察法、实验法。市场调研人员可根据具体的情况选择不同的方法。

(一)按调研对象划分

1. 全面普查

普查是对调研对象总体所包含的全部单位进行调研，即对一个城市人口的年龄、家庭结构、职业分布、收入分布等情况进行系统调研。由于普查工作量很大，要耗费大量人力、物力、财力，调研周期较长，所以全面普查一般只在较小的局部范围内采用。当然，有些资料可以借用国家权威部门的普查结果，如可以借用全国人口普查所得到的有关数据资料等。全面普查主要用于了解、掌握市场的一般性需求特征，然而房地产具有区域性特点，因此全面普查只能是初步的，针对性比较差。

2. 重点调研

由于房地产的特殊性，对于房地产开发的所有区域必须进行重点调研。重点调研是以有代表性的单位或消费者作为调研对象，进而推断出一般结论。采用这种调研方式时，由于重点调研对象的数目不多，企业可以用较少的人力、物力、财力在很短时期内完成。如调研高档住宅需求情况时可选择一些购房大户作为调研对象，往往这些购房大户对住宅的需求量占整个高档商品住宅需求量的绝大多数，据此可推断出整个市场对高档住宅的需求量。当然，由于所选对象并非全部，调研结果难免有一定误差，市场调研人员应引起高度重视,特别是当外部环境发生较大变化时,所选择的调研对象可能就不具有代表性了。在这种情况下,调研人员应及时调整调研计划,重新选取对象,并对调研结果认真分析,只有这样才能为企业制定策略提供有用的依据。

3. 抽样调研

抽样调研就是从调研对象全体(总体)中选择若干个具有代表性的个体组成样本,对样本进行调研,然后根据调研结果来推断总体特征的方法。从调研对象总体中抽取样本的技术就是抽样技术。抽样技术的优劣将直接影响样本的代表性,影响调研结果的可靠性。抽样调研大体上可以分为两大类:一是随机抽样;二是非随机抽样。

(1)随机抽样

随机抽样最主要的特征是从母体中任意抽取样本,每一个样本有相等的机会被抽取,这样的事件的发生概率是相等的,这样可以根据样本调研的结果来推断母体的情况。随机抽样可以分为三种具体方法。

①简单随机抽样,也就是整体中所有个体都有同等的机会被选作样本。

②分层抽样,就是对总体按某种特征(如年龄、性别、职业等)分组(分层),随后从各组中随机抽取一定数量的样本。

③分群随机抽样,就是将总体按一定特征分成若干群体,随机抽取其中一部分作为样本。

分群抽样与分层抽样是有区别的:分群抽样是将样本总体划分为若干不同的群体,这些群体的性质相同,随后再对每个群体进行随机抽样,这样每个群体内部都存在性质不同的样本。而分层抽样是将样本总体划分为几大类,这几大类的性质是有差别的,而每一类则由性质相同的样本构成。

(2)非随机抽样

非随机抽样是指市场调研人员在选取样本时并不是随机选取的,而是先确定某个标准,然后再选取样本数。这样每个样本被选择的机会并不是相等的。非随机抽样具有速度快、费用低的优点,缺点是难以估计误差,它分为三种具体方法。

①就便抽样,也称为随意抽样调研法,即市场调研人员根据最方便的时间、地点任意选择样本,如在街上任意找一些行人来询问其对某产品的看法和印象。这在商圈调研中是常用的方法。

②判断抽样,即市场调研人员根据自己的以往经验来判断将哪些个体作为样本的一种方法。当样本数目不多、样本之间的差异又较为明显时,采用此方法能达到一定的效果。

③配额抽样,即市场调研人员通过确定一些控制特征,将样本总体进行分类,然后由调研人员从各组中任意抽取一定数量的样本。

(二)按调研方法划分

1. 访问法

访问法是最常用的市场调研方法。事先设计好调研问卷和调研表,以不同方式向调研者提问,从对方的回答中收集有关信息。

(1)设计调研表或调研问卷。调研表(问卷)反映了企业决策的思想,是本企业营销部门最关心、最想得到的重要信息来源之一。因此,要想做好调研就必须设计调研表。

设计调研表的步骤:一是根据整个调研计划的目的,明确列出所需收集的信息。例如,对房地产开发公司来说,需要得到的信息包括消费者对购房的兴趣、消费者的收入、购房时所能承受的价格,以及消费者对住房标准的要求等。二是按照所需收集的信息列出一系列问题,并确定每个问题的类型。房地产开发公司要想占领市场,既要了解目前该城市的人口分布、年龄状况、家庭结构、住房面积、消费者拥有房子数量的情况,又要了解消费者的收入水平(基本工资、奖金收入、可随意支配的资金数额)、目前是否有存款,还要了解消费者对购房的兴趣及对住房的最低要求(设计方案、周边环境、建筑套型等),当地政府关于房地产的政策,银行金融系统与消费者购房有关的政策等。三是按照问题的类型、难易程度选择题型(单选填充、多选填充)并安排好询问问题的次序。四是选择一些调研人员做调研表的初步测试,请他们先做题,然后召开座谈会或进行个别谈话,征求意见。五是按照测试结果再对调研表做必要的修改,最后得出正式调研表。

设计调研表应注意下列问题:一是问题要短,因为较长的问题容易使调研对象混淆。二是调研表上的每一个问题只能包含一项内容。三是问题中不要使用太专业的术语,因为一般的消费者不理解这些专门术语。四是问题的答案不宜太多,问题的含义不要模棱两可。一个问题只代表一件事,只有一种答案。五是要注意询问问题的方式。有时直接询问问题并不见得是最好的调研方式,采用间接方法反而会得到更好的答案。例如,某房地产开发公司为销售某一处商品房做了不少广告,调研人员若想知道这些广告的效果,与其直接询问调研对象的看法如何,还不如用迂回的方式去了解他们有多少人知道该处房产的情况。

(2)访问法分类。按调研人员与调研对象的接触方式,可将访问法分为以下三种。

一是问卷调研法。该方法是指调研人员在某些选定的场所将问卷发给行人,或邮寄给被访问者,或将被调研组集中到一起作答。

二是座谈法。市场调研人员与调研对象进行面对面交流,让大家畅所欲言。在座谈会中,调研人员要注意引导谈话的主题,使主题始终围绕设计好的问卷进行。也可以针对重点调查对象进行个别谈话,进行深入调研。

三是电话调研。市场调研人员依据设计好的问题,借助电话对消费者进行调研。房地产开发公司应该有所有购买本公司房地产商品的客户的名单和电话号码,对他们进行跟踪调研,定期对房屋设计、环境、质量、服务等重点内容进行调研。

2. 观察法

观察法是指调研人员不与调研对象正面接触,而是在旁边观察的调研方法。这样调研对象无压力,表现得自然,因此,调研效果也较理想。观察法有下列三种形式。

(1)直接观察法。派人到现场对调研对象进行观察。例如,可以派人到房地产交易所或者工地观察消费者选购房产的行为和要求,调研消费者对本公司的信赖程度。

(2)痕迹测量法。通过观察和收集消费者有关行为后的痕迹,分析消费者的需求。例如,要比较在不同报刊上刊登广告的效果,可在广告下面附一个回执条,请客户剪下来回寄,根据这些回执条便可以知道在哪一家报刊上刊登广告的效果较好。

(3)记录法。在取得调研对象的同意之后,用一些装置记录调研对象的某一行为。例如,在某些家庭电视机里安装监测器可以记录电视机什么时候开,什么时候关,观看哪一个电视台的节目,看了多长时间等。这样可以帮助营销管理人员了解选择哪一家电视台、在什么时间播放广告的效果最好。

调研人员采用观察法主要是为了获得那些调研对象不愿或不能提供的信息。有些消费者不愿意透露他们某些方面的行为,通过观察法便可以较容易地了解到这些方面的信息。但观察法只能观察事物的表面现象,不能得到另外一些信息,如人们的感情、态度、行为动机等,因此,调研人员常将观察法与其他方法组合起来使用。

3. 实验法

实验法是指将调研范围缩小到一个比较小的规模上,进行实验后得出一定的结果,然后再推断出样本总体可能的结果的调研方法。例如,在调研广告效果时,可选定一些消费者作为调研对象,对他们进行广告宣传,然后根据接受的效果来改进广告词语、声调等。实验法是研究因果关系的一种重要方法。例如,研究广告对销售的影响,在其他因素不变的情况下,若销售量增加就可将其看成完全是广告营销带来的。当然,市场情况受多种因素影响,在市场实验期间,消费者的偏好、竞争对手的策略都可能有所改变,从而影响实验结果。虽然如此,实验法在研究因果关系方面能提供访问法、观察法不能供给的材料,因此运用范围较为广泛。

五、房地产市场调研的内容

房地产业是一个综合性非常强的行业,房地产市场调研也是一个综合分析的过程,一般来说,房地产市场调研的内容包括以下六个方面。

(一)国内外市场环境

(1)政治法律环境。政治法律环境包括政府的有关方针政策,如政府关于发展住宅产业、原材料工业、能源、交通运输业的政策,价格、关税、外汇、税收、财政、金融方面的政策和对外贸易政策等;政府的有关法律规定,如环境保护法、建筑法、城市房地产管理法、破产法、反对不正当竞争法、保险法与城市拆迁条例等;政局的变化,如政府人事变动以及战争、罢工、暴乱的发生等情况。

(2)经济环境。经济环境包括国民生产总值、国民收入总值以及二者的发展速度;物价水平、通货膨胀率、进出口税率及股票市值稳定情况;城乡居民家庭收入、个人收入水平、城乡居民存款额;通信及交通运输、能源与资源供应、技术协作条件等。一般来说,经济环境对企业的市场营销有直接影响。经济发展速度快,人民收入高,则购买力增强,市场需求增大,反之则减小。一个国家或地区的基础设施完善,投资环境良好,便有利于吸引投资,发展经济。

(3)人口环境。人口是构成市场的三大要素之一。一般来说,人口越多,收入越高,市场需求量就越大。不同地理分布、不同民族、不同城市和不同年龄结构的人,其需求也各不相同。人口迁移流动也直接影响着市场需求。人口环境调研的内容包括人口规模、人口增长率、人口结构、地理分布、民族分布、人口密度、人口迁徙流动情况;出生率、结婚率;家庭规模等。

(4)社会文化环境。社会文化环境包括教育程度、职业构成、文化水平;价值观、审美观、风俗习惯;宗教信仰、社会阶层分布;妇女就业面大小等。企业营销人员综合分析研究社会文化环境对人们生活方式的影响,便于了解不同消费者的行为,以正确细分市场和选择目标市场,制定企业的市场营销策略。

(二)技术发展调研

技术发展调研内容包括新技术、新工艺、新材料、新能源的发展趋势和速度,新产品的技术现状和发展趋势,使用新技术、新工艺、新材料的情况,新产品的国内外先进水平等。

(三)市场需求容量调研

市场需求容量调研内容包括国内外市场的需求动向;现有的和潜在的市场需求量;社会拥有量、库存量;同类产品在市场上的供应量或销售量,供求平衡状况;本企业和竞争企业的同类产品各自占有的市场份额;本行业或有关的其他行业的投资动向;企业市场营销策略的变化对本企业和竞争者销售量的影响等。市场需求容量调研便于企业掌握、分析国内外市场的需求动向和需求供应情况,企业可结合自身的市场份额,预测本企业的销售量,研究如何保持或提高本企业的市场份额等,制定市场营销策略或进一步开拓新的市场。

(四)消费者和消费者行为调研

消费者和消费者行为调研内容包括消费者类型(如个人或企业、社会团体,民族,性别,年龄,职业,爱好,所在地区等)、购买能力(如收入水平、消费水平、消费结构、资金来源、用户的财务状况等),消费者的购买欲望和购买动机(影响消费者的购买决策的因素,消费者不愿购买本企业产品的原因及其对其他企业生产的同类产品的态度)以及主要购买者、最忠实的购买者、使用者、新产品的首用者、购买的决策者、消费者的购买习惯(如购买地点、时间、数量、品牌、挑选方式、支付方式等)。调研了解消费者的情况及其购买行为,主要目的在于使企业掌握消费者的爱好、心理、购买动机、习惯等,以便正确细分市场和选择目标市场,针对不同的消费者和市场,采取不同的市场销售策略。

(五)竞争情况调研

竞争情况调研内容包括竞争者的调研分析(如竞争者的数量和名称、生产能力、生产方式、技术水平,竞争者的价格策略、销售渠道、促销策略及其他竞争策略和手段,竞争者所处地理位置和交通运输条件、新产品开发和企业的特长等;产品的市场份额、销售量及销售地区)和竞争产品的调查分析(如竞争产品的品质、性能、用途、规格、样式、设计、包装、价格、交货期等)。

（六）市场营销因素调研

市场营销因素调研内容包括产品调研、价格调研、分销渠道调研、促销策略调研四种类型。

前五项调研内容均属于不可控制因素的调研，其目的不仅在于分析市场环境，适应市场环境变化，提高企业的应变能力，还在于寻找和挖掘市场机会，开拓新市场。而通过第六项调研，企业可针对不同的市场环境，结合消费者的需求，综合运用企业可以控制的营销手段，制定有效的市场营销组合策略，促进消费者购买和新市场开发，以达到企业预期的营销目标。

第三节　房地产开发项目的财务评价

一、房地产开发项目财务评价概述

（一）财务评价概念

财务评价是在国家现行会计制度、税收法规和市场价格体系下，预测估计项目的财务效益与费用，编制财务报表，计算评价指标，进行财务盈利能力分析和偿债能力分析，考察拟建项目的获利能力和偿债能力等财务状况，据以判别项目的财务可行性。财务评价是房地产投资评价的核心，其评价目标有两个：一是评价项目的盈利能力，这是反映房地产投资项目财务效益的主要指标；二是评价项目的清偿能力，是指项目偿还借款和清偿债务的能力。财务评价应在初步确定的项目建设方案、投资估算和融资方案的基础上进行，财务评价结果又可以反馈到方案设计中，用于方案比选，优化方案设计。

房地产开发项目的财务效益主要表现为生产、经营过程中的经营收入；财务支出（费用）主要表现为开发建设项日总投资、经营成本和税金等各项支出。财务效益和费用的范围应遵循计算标准对应一致的原则。

（二）财务评价的一般步骤

财务评价在已经初步确定的项目建设方案、投资估算和融资方案的基础上进行，主要是指利用有关基础数据，通过基本财务报表、计算财务评价指标和各项财务比率进行财务分析，最终做出财务评价。财务评价大致可以分为以下四个步骤。

1. 选取、计算财务评价基础数据

通过对投资项目所处的市场进行充分调研和投资方案分析，确定项目建设方案，拟定项目实施进度计划等，据此进行财务预测，选取适当的生产价格、费率、税率、利率、基准收益率和计算期等基础数据和参数，获取项目总投资、总成本费用、租售收入、税金、利润等一系列财务基础数据。在对这些财务数据进行分析、审查、鉴定和评估的基础上，完成财务评价的辅助报表。

2. 编制和分析财务评价基本报表

将上述基础数据汇总,编制现金流量表、损益表、资金来源与运用表、资产负债表及外汇平衡表等财务评价基本报表,并对这些报表进行分析评价。在分析评价的过程中,不仅要审查基本报表的格式是否符合规范要求,还要审查所填数据是否准确并保持前后一致。然后利用各基本报表,直接计算出一系列财务评价的指标,包括反映项目的盈利能力、清偿能力和外汇平衡能力等的静态和动态指标,常用的有净现值、内部收益率、投资回收期、资产负债率等。

3. 进行不确定性分析

由于任何方案的构造都建立在一定的假设之上,可能与实际情况不符,也可能采集的数据有误,这些不确定因素都会影响到项目方案的效益,甚至可能使评价方案出现逆转。为了确定和部分消除这些不确定性的影响,对于影响项目财务指标的主要因素还要进行不确定性分析,包括敏感性分析、盈亏平衡分析、概率分析等。

4. 提出财务评价结论

根据上述计算的财务评价的静态和动态指标,以及不确定性分析的结果,将有关指标值与国家有关部门规定的基准值和目标值进行对比,得出项目在财务上是否可行的评价结论。

二、房地产开发项目财务分析方法

对房地产开发项目进行财务分析,要按照国内先行的市场价格和国家规定的财税制度,从投资的角度分析和测算项目的收益和费用,计算项目在财务上的获利能力,以判断项目在财务上的可行性,它是决定投资项目命运的重要决策依据。

房地产投资的收入来源有两个方面:一是房地产持有期间所产生的增值;二是房地产经营所产生的收益,如租金收益。一般而言,在经济情况稳定时,房地产收益的主要来源为其经营所产生的收益而非房地产本身产生的增值。房地产净收益的估计主要在计算未来期间内每年所能产生的总收益,以及为获取那些收益所产生的费用支出,用总收益减去总费用可得净收益。支出的费用包括投资支出、经营支出、保险费、房屋折旧费以及其他管理维护费等。

利用以上测算的成本与收益研究项目的赢利可能性和盈利多少,以确定项目投资活动的财务可行性。投资财务收益分析是财务分析工作的重要任务,其主要目的在于确定投资计划是否可行,因此其分析结果是投资决策的重要依据。

房地产投资财务收益分析方法可分为两大类:确定性分析法和不确定性分析法。前者是在项目未来值给出确定估值的基础上展开分析的,而后者是假定项目未来值是可变的,在项目未来值可变的基础上考察房地产投资经济效益的变化情况。

(一)确定性分析

确定性分析法分为两类:静态分析法和动态分析法。常用的静态分析法有简单投资收益率法、投资利税率法和静态投资回收期法。常用的动态分析法包括动态投资回收期法、净现值法和财务内部收益率法等。静态分析法不考虑资金的时间价值,只是静止地分析项目的盈利能力和投资回收期,该方法简单直观,但是不能反映项目建设及经营期内每一笔资金的收支状况。而动态分析法则考虑了资金的时间价值,将房地产投资项目的建设及经营周期内的每一笔资金收支状况都统一到同一时间上进行考察,比较全面地反映了项目建设经营过程中的资金运行状况,因此又称为现金流量分析法。下面介绍几种常用的财务分析方法。

1. 静态分析法

静态分析法是一种非贴现的、简单的财务分析方法。

(1)投资利润率。投资利润率又称投资收益率,主要用来评价房地产投资项目开发建设完成后正常年度的年利润额与项目总投资额的比率,也就是用来评价项目的获利水平,其计算公式为

投资利润率 = 年利润总额或年平均利润总额/项目总投资 × 100%

式中　年利润总额 = 年产品销售收入 − 年销售税金及附加 − 年总成本费用

年销售税金及附加 = 年产品税 + 年增值税 + 年营业税 + 年资源税 + 年城市维护建设税 + 年教育费附加

项目总投资 = 固定资产投资 + 投资方向调节税 + 建设期利息 + 流动资金

评价标准:将投资利润率与行业平均投资利润率相比,以判别项目单位投资盈利能力是否达到本行业的平均水平。如果投资利润率≥行业平均投资利润率,一般认为项目有盈利。

(2)投资利税率。投资利税率是房地产投资项目开发建设完成后正常年度的利税额与投资额的比值,它也是表示投资效果的一种指标,其计算公式为

投资利税率 = 年利税总额或年平均利税总额/项目总投资 × 100%

式中　年利税总额 = 年产品销售收入 − 年总成本费用

= 年利润总额 + 年销售税金及附加 + 年土地增值税

评价标准:将投资利税率与行业平均投资利税率对比,以判别单位投资对国家积累的贡献水平是否达到本行业的平均水平。如果投资利税率≥行业平均投资利税率,一般认为项目有盈利。

(3)静态投资回收期。静态投资回收期指的是由项目获得净现金收益来回收其投资总额所需要的年限。其计算公式为

投资回收期 = 累计净现金流量出现正值的上一年份 + (上一年累计净现金流量绝对值/出现正值年份的净现金流量)

评价标准:求出的投资回收期与行业的基准投资回收期比较,如果投资回收期≤行业的基准投资回收期,表明项目能在规定的时间内收回。

2. 动态分析法

如果从资金在建设和生产期内的动态运行情况进行分析,就必须考虑货币的时间价值,即把在不同时期发生的项目产生的成本和收益,用同一折现率折现到同一时间点(通常是建设初期)的资金价值,然后用现值进行比较分析。这种方法称为现金流量折现法或者

贴现法，包括净现值法、财务内部收益率法和动态投资回收期法。

(1)净现值(*NPV*)。净现值指的是在建设项目整个寿命期内各年所发生的现金流入量与流出量的差额，用一个固定折现率分别把逐年的现金差额都折现到项目起点的值之和，其计算公式为

$$NPV = \sum_{t=0}^{n} (CI - CO)_t (1 + i_c)^{-t}$$

式中 *NPV*——项目第 t 年的净现金流量；

CI——现金流入量；

CO——现金流出量；

i_c——基准收益率；

n——项目的计算期，即项目的开发或经营周期(年、半年、季度或月)。

如果 $NPV \geqslant 0$，说明项目的获利能力达到或超过了基准收益率的要求，是可以考虑接受的。

净现值是项目寿命期内各年净收益现值的总和，反映了项目获利能力的大小。用净现值指标评价投资项目时，注意以下三种情况：

①若 $NPV > 0$，则项目投资收益率可以达到基准收益率或最低可以接受的收益率，而且会超过基准收益率，获得额外收益。

②若 $NPV = 0$，则项目投资收益率和基准收益率持平。

③若 $NPV < 0$，则项目投资效益达不到基准收益水平。

上述三种情况中，只有在①和②两种情况(即 $NPV \geqslant 0$)时，该房地产开发项目才是可行的，$NPV < 0$ 的项目的方案一般会被淘汰；如果是多项目或多方案进行比较，则 *NPV* 值越大的项目应优先考虑。

净现值法的优点是考虑了项目整个寿命期内年现金流量的现值，也就是考虑了资金的时间价值因素。它的缺点有两点：一是基本收益率不易确定；二是净现值只说明收益率大于、小于或等于基准收益率，但未能算出确切的收益率。有时要配合使用净现值率指标。

(2)财务内部收益率(*FIRR*)。财务内部收益率是指建设项目在计算期内各年净现金流量的现值累计等于0时的折现率。它反映的是投资项目的实际投资收益水平。*FIRR* 是评价项目营利性的基本指标。这里的计算期，对房地产开发项目而言是指从购买土地使用权开始到项目全部售出为止的时间。财务内部收益率的计算公式为

$$\sum_{t=0}^{n} (CI - CO)_t (1 + FIRR)^{-t} = 0$$

式中 *CI*——现金流入量；

CO——现金流出量；

$(CI - CO)_t$——项目在第 t 年的净现金流量；

$t = 0$——项目开始进行的时间点；

n——项目计算期，即项目的开发或经营周期(年、半年、季度或月)。

财务内部收益率的经济含义是项目在这样的贴现率下，到项目寿命终了时，所有投资

可以被完全收回。

财务内部收益率可以通过内插法求得，即先按目标收益率或基准收益率求得项目的财务净现值，如果为正，则采用更高的贴现率使净现值为接近0的正值和负值各一个，最后用内插公式求出，内插公式为

$$FIRR = i_1 + \frac{|NPV_1|(i_2 - i_1)}{|NPV_1| + |NPV_2|}$$

式中 i_1——当净现值为接近0的正值时的贴现率；

i_2——当净现值为接近0的负值时的贴现率；

NPV_1——采用低贴现率时的净现值的正值；

NPV_2——采用高贴现率时的净现值的负值。

式中，i_1和i_2之差不应超过2%，贴现率i_1、i_2和净现值之间不一定呈线性关系，从而使所得的财务内部收益率失真。

财务内部收益率表明了项目投资所能支付的最高贷款利率。如果贷款利率高于财务内部收益率，项目投资就会面临亏损。因此所求出的财务内部收益率是可以接受贷款的最高利率。将所求出的财务内部收益率与部门或行业的基准收益率或目标收益率i_c比较，当$FIRR \geq i_c$时，则认为项目在财务上是可以接受的。

财务内部收益率法的优点是能够将投资项目的收益与其投资总额联系起来，指出这个项目的确切收益率，便于与行业的基准投资收益率对比，确定这个项目是否值得投资。如果用借款进行投资开发经营，在借款利率还不很明确时，可先求得财务内部收益率作为可以接受的借款利率的上限。但同时应该注意在求解财务内部收益率时，数学上有时会出现多个财务内部收益率，甚至不存在财务内部收益率或出现假的财务内部收益率，给出与净现值相矛盾的决策信号。如果不注意这个问题，又单纯依靠这种方法决策，有可能导致投资决策的严重失误。因此，一个拟投资项目在进行多个方案比较选择时，必须将财务内部收益率法与净现值法结合起来研究，有时需要借助外部收益率来综合判断。

(3)动态投资回收期。动态投资回收期是指在考虑了资金的时间价值的基础上，在基准贴现率条件下，从投资开始到项目净收益补偿投资额为止所需的时间。对房地产开发项目来说，动态投资回收期自开发投资起始点算起，累计净现值等于0或出现正值的年份即为投资回收终止年份，其计算公式为

$$\sum_{t=0}^{P_t}(CI - CO)_t(1 + i_c)^{-t} = 0$$

式中 P_t——动态投资回收期。

动态投资回收期以年表示，其具体计算公式为

动态投资回收期 = 累计财务净现值出现正值的上一年份 +

（上一年累计净现值的绝对值/出现正值年份的财务现值）

式中的小数部分也可以折算成月数，以年和月表示，如2年零7个月(2.58年)。在项目财务评价中，动态投资回收期P_t与基准回收期P_c相比较，如果$P_t \leq P_c$，则开发项目在财务上就是可以接受的。动态投资回收期指标一般用于评价开发完结后用来出租或经营的房

地产开发项目。

(二)不确定性分析

房地产开发投资是一个动态过程,具有周期长、资金投入量大等特点,受到各种主客观因素的影响,很难在一开始就对整个开发过程中的有关费用和建成后的收益情况做出精确的估计,即在计算中得到涉及的因素如建造成本和售价、租金水平等都是理想状态下的估计值,而实际上这些值的确定取决于许多变量。如在计算过程中涉及的变动因素有土地价格、土地开发成本、容积率、可出售或出租的建筑面积占总建筑面积的比例(有效面积系数)、房屋开发费、专业人员费用、管理费用、财务费用、租售代理费、广告宣传费、租金或售价、开发期、建造期和租售期、贷款利率、空置率等。其中,土地成本(含地价和土地开发成本)、房屋开发费、租金或售价、开发期、贷款利率等是主要变动因素。这些不确定性因素对房地产开发项目财务评价的结果影响很大。因此,有必要就上述因素或参数的变化对评价结果产生的影响进行深入研究,以使开发项目财务评估的结果更加真实可靠,从而为房地产开发决策提供更科学的依据。

房地产开发项目的不确定性分析就是分析不确定性因素对项目可能造成的影响,进而分析可能出现的风险。不确定性分析是房地产开发项目财务评价的重要组成部分,对房地产开发项目决策有着重要的影响。房地产开发项目的不确定性分析可以帮助投资者根据房地产开发项目投资风险的大小和特点,确定合理的投资收益水平,提出控制风险的方案,有重点地加强对投资风险的防范和控制。

房地产开发项目的不确定性分析主要包括盈亏平衡分析、敏感性分析和概率分析。

1. 盈亏平衡分析

盈亏平衡分析又称为收支平衡分析,是根据投资项目预计产出、成本和利润之间存在的内在关联性,分析三者之间盈亏平衡的表现,并决定和建立平衡点。由于在平衡点上,投资项目既不亏损也不赢利,因此该分析指标的建立成为对项目经济效益考察的一个基础依据,同时也反映了该项目适应市场需求变化的能力。在房地产投资项目的经济分析中,借助盈亏平衡分析,可以考察市场需求变动和项目经济效益变动情况,以便确定合理的开发、经营规模,降低投资风险。

2. 敏感性分析

敏感性分析是在考察项目利润或财务内部收益率、净现值等时,指出其在影响它们的诸因素单个发生变化时的敏感程度。项目投资敏感度可以表示为某因素按一定比例变化时引起评价指标的变化幅度。通过敏感性分析,可以知道哪些因素变动会对项目的经济效益影响比较大,从而确定房地产投资时的重点控制方面。

进行敏感性分析,首先进行单因素敏感性分析。将项目的主要影响因素如土地价格、成本、容积率等按一定的变化幅度改变数值,计算出这种变化对项目经济评价指标的影响值,并将其与该经济评价指标的初始值相比较,得出变化率,计算出灵敏度。比较各主要因素的灵敏度,数值较大者就是敏感因素。

其次,要进行双因素敏感性分析。在单因素敏感性分析中,当计算某个主要因素对项目收益的影响时，是基于其他影响因素均保持不变的假设前提。但实际上，各种因素的变动可能存在着相互关联性，一个因素的变动往往引起其他因素也随之变动。如投资额的增加可能引起商品房价格的提高，销售价格的提高可能导致空置率的增大等，这时单因素敏感性分析就存在着一定的局限性。双因素敏感性分析是在单因素敏感性分析的基础上，确定出两个敏感因素，然后用作图法分析这两个因素同时变化对项目投资效果的影响。

3. 概率分析

敏感性分析可以掌握投资影响因素发生变化对投资效果的影响程度，但不能提供这种变化和影响的可能性大小。概率分析不同于敏感性分析，是一种同时考虑事件的发生概率及其影响程度，用所谓的期望值指标来估价风险程度，以进行效益评定的分析方法。

概率分析主要有两种方法：解析法和模拟法。前者主要用于解决一些比较简单的风险决策问题，如用决策树法解决建厂决策问题，这类问题一般只有一个或极少几个随机变量。当有多个随机变量时，用解析法就十分困难了，需要采用模拟法求解。常见的模拟法就是蒙特卡洛方法，房地产开发项目经济分析中涉及的变量较多，比较适合于用蒙特卡洛方法进行风险分析。

三、房地产开发项目财务评价中所使用的基本报表

（一）投资计划与资金筹措表

投资计划根据项目投资估算和项目进度计划制定，资金筹措要求满足投资计划中对资金的使用要求。投资计划与资金筹措表如表 5 – 1 所示。

表 5 – 1　投资计划与资金筹措表　　单位：万元

序号	项目名称	合计	建设经营期				
			第 1 期	第 2 期	第 3 期	……	第 n 期
1	项目投资总额						
1.1	开发建设投资						
1.2	流动资金						
小计							
2	资金筹措						
2.1	资金本						
2.2	借贷资金						
2.3	预租售收入						
2.4	其他						
小计							

注：(1)预租售收入来源于投资回收和未分配利润。(2)建设经营期可进一步细分为建设期和经营期。(3)期间可按年、半年、季度、月划分。

（二）营业成本测算表

营业成本主要包括开发成本费用（项目销售时，按销售计划中每期销售的建筑面积分摊；项目出租时，该项费用为固定资产价值或总开发成本的年折旧提取额）、销售费用和经营成本，如表5－2所示。

表5－2　营业成本测算表　　单位：万元

序号	项目名称	合计	建设经营期				
			第1期	第2期	第3期	……	第n期
1	开发成本费用						
2	销售费用						
3	经营成本						
	合计						

（三）营业利润测算表

营业利润测算表主要反映开发项目计算期内各年的利润总额、所得税及税后利润的分配情况，用以计算投资（成本）利润率、投资利税率和资金本利润等指标。营业利润测算表如表5－3所示。

表5－3　营业利润测算表　　单位：万元

序号	项目名称	合计	建设经营期				
			第1期	第2期	第3期	……	第n期
1	租售收入						
2	两税一费						
3	开发成本费用						
4	销售成本						
5	经营成本						
6	土地增值税						
7	开发利润						
8	所得税						
9	税后利润						
10	职工奖励基金						
11	企业发展基金						
12	可供分配利润						
	归还垫支利润						

表 5－3(续)

序号	项目名称	合计	建设经营期				
			第 1 期	第 2 期	第 3 期	……	第 n 期
12.1	盈余公积金						
12.2	应付利润						
12.3	未分配利润						

(四)资金来源与运用表

该表主要用来反映计算期内各年的资金盈余或短缺情况,用以选择资金筹措方案,制定适宜的借款及偿还计划。资金来源与运用表如表 5－4 所示。

表 5－4　资金来源与运用表　　(单位:万元)

序号	项目名称	合计	建设经营期				
			第 1 期	第 2 期	第 3 期	……	第 n 期
1	资金来源						
1.1	开发利润						
1.2	投资回收						
1.3	自有资金						
1.4	贷款						
小计							
2	资金运用						
2.1	开发建设投资						
2.2	流动资金						
2.3	所得税						
2.4	职工奖励基金						
2.5	企业发展基金						
2.6	各期还本付息						
2.7	分配利润						
2.8	盈余资金						
小计							

(五)现金流量表(全部投资)

该表不分投资资金来源,以全部投资作为计算基础,用以计算全部投资所得税后的财务内部收益率、财务净现值及投资回报期等评价指标,考察全部投资的盈利能力,为各个投资方案

(不论其资金来源及利息多少)进行比较建立共同基础。其表格内容如表5-5所示。

表5-5　现金流量表(全部投资)　　单位:万元

序号	项目名称	合计	建设经营期				
			第1期	第2期	第3期	……	第 n 期
1	现金流入						
1.1	租售收入						
1.2	回收流动资金						
1.3	其他收入						
小计							
2	现金流出						
2.1	开发建设投资						
2.2	销售费用						
2.3	经营成本						
2.4	流动资金						
2.5	两税一费						
2.6	土地增值税						
2.7	所得税						
2.8	职工奖励基金						
小计							
净现金流量							
财务内部收益率＝　　%;财务净现值＝　　万元;动态投资回收期＝　　年							

第四节　房地产开发项目的国民经济评价

所谓房地产开发项目的国民经济评价,是指根据国民经济长远发展目标和社会需要,衡量房地产开发项目对社会经济发展战略目标的实际贡献。它不仅是经济评价的主要内容,也是整个项目可行性研究的核心部分。它是从整个国民经济发展的角度来分析评价房地产开发项目需要国家付出的代价和对国家做出的贡献,是从国家宏观经济角度分析项目的微观经济效益。当然,对于一般房地产开发项目,如果投资额≤10亿元,则不用做国民经济评价。

进行房地产开发项目的国民经济评价的目的是有效合理地分配和利用资源,提高项目的整体经济效益,保证项目在宏观方面的科学性和准确性。

一、国民经济评价的基本原理

房地产开发项目的国民经济评价使用基本的经济评价理论,采用费用－效益分析方法，即费用与效益比较的理论方法，寻求以最小的投入（费用）获得最大的产出（效益）。国民经济评价采用“有无对比”方法识别项目的费用和效益；采用影子价格理论方法估算各项费用和效益；采用现金流量分析方法，使用报表分析；采用财务内部收益率、净现值等经济营利性指标进行定量的经济效益分析。

国民经济评价的主要工作包括识别国民经济的费用与效益、测算和选取影子价格、编制国民经济评价报表、计算国民经济评价指标并进行方案比选。

“有无对比”方法是经济评价的基本方法，在房地产开发项目的国民经济评价中，采取对“有”项目与“无”项目两种不同条件下国民经济的不同情况进行对比，识别项目的费用和效益。“对比”方法是经济学中一般的方法，项目的不同方案之间的对比，是识别两种方案的费用和效益的基本方法。实践中，也采取将两种方案分别与“无”方案对比，再对结果进行比较，识别和计算两个方案的费用与效益的差别。

国民经济评价需要遵循“费用和效益的计算范围对应一致”的基本原则。在国民经济评价中，需要计算项目的外部费用和外部效益。在外部费用和外部效益的计算中，计算范围的确定需要仔细分析。容易出现的一种偏差是效益的扩大化。一种谨慎的解决方法是，在衡量一项效益是否应当计入本项目的外部收益时，分析一下带来这种效益是否还需要本项目以外的其他投入（费用）。

在国民经济评价中，方案优化遵循基本的经济分析法则。国民经济评价目标是资源的最优配置、资源使用获得最大的经济效益。实践中通常采用总量效益最大化或单位效率最大化两种方法。从资源最有效利用考虑，总量效益最大化是基本原则。在使用单位效率最大化方法时，需要分析是否会与总量效益最大化的原则相冲突。

二、国民经济评价与财务评价

国民经济评价与财务评价都是经济评价，都使用基本的经济评价理论，即费用与效益比较的理论方法。

国民经济评价与财务评价的区别在于：其一，两种评价的角度和基本出发点不同。财务评价是站在项目的层次上，从项目的经营者、投资者、未来的债权人角度，分析项目在财务上能够生存的可能性，分析各方的实际收益或损失，分析投资或贷款的风险及收益。国民经济评价则是站在国家和地区的层次上，从全社会的角度分析、评价、比较项目对国民经济的费用和效益。其二，由于分析的角度不同，项目的费用和效益的含义和范围划分不同。财务评价只根据项目直接发生的财务收支，计算项目的直接费用和效益。国民经济评价则从全社会的角度考察项目的费用和效益，考察项目所消耗的有用社会资源和对社会提供的有用产品，不仅要考虑直接的费用和效益，还要考虑间接的费用和效益。而项目的有些收入和支出从全社会的角度考虑，不能作为社会费用或效益，如税金和补贴、国内银行贷款利息。其三，财务评价与国民经济评价所使用价格体系不同。财务评价使用预测的财务收支价格，国民经济评价则使用一套专用的影子价格体系。其四，财务评价有两个方面，一方面是营利性分析，另一方面是清偿能力分析，也就是要分析项目财务收支预算的松紧程度，分析项目的借款偿还能力。而国民经济评价只有营利性分析，即只有经济效益的分析，没有清偿能力分析。

财务评价与国民经济评价之间的联系是很密切的,在很多情况下,国民经济评价是在财务评价的基础上进行的。国民经济评价利用财务评价中已经使用过的数据资料,以财务评价为基础进行所需要的调整计算,得到国民经济评价的结论。国民经济评价也可以独立进行,在项目的财务评价之前进行。

三、效益和费用

(一)效益的识别

房地产开发项目国民经济评价中的效益是指项目对国民经济所做的贡献,包括项目本身得到的直接效益(内部效益)和由项目引起的间接效益(外部效益)。

直接效益(内部效益)是指由项目产出物产生并在项目范围内计算的经济效益。一般表现为增加该产出物满足国内需求的效益;替代其他相同或类似企业的产出物,使被替代企业减产以减少国家有用资源耗费(或损失)的效益;增加出口(或减少进口)所增收(或节支)的外汇等。间接效益(外部效益)是指项目的运营使配套项目和相关部门因增加产量和劳务量而获得的收益。间接效益除包括经济效益外,还包括社会效益、环境效益、政治效益、资源利用效益及军事效益等。

(二)费用的识别

房地产开发项目国民经济评价中的费用是指国民经济为项目付出的代价,也就是国家为项目建设和生产所付出的真实经济代价,分为直接费用(内部费用)和间接费用(外部费用)。

直接费用(内部费用)是指用影子价格计算的项目投入的经济价值。一般表现为其他部门为供应本项目投入物而扩大生产规模所耗费的资源费用;减少对其他项目投入物的供应而放弃的效益;增加进口(或减少出口)所花费(或减少)的外汇等。间接费用(外部费用)是指社会为项目需付出的代价而项目本身并不需要支付的那部分费用。

简单地说,任何导致社会最终产品增加的都是效益;任何导致社会最终产品减少的都是费用。

(三)外部效果

房地产开发项目的外部效果是指由房地产开发项目的开展导致的项目以外所发生的成本和效益,也就是房地产开发项目国民经济评价中的间接费用和间接效益。要精确衡量项目的外部效果通常是比较困难的,有时甚至无法做定量分析而只能做定性分析。对于一个房地产开发项目,要注意考虑的外部效果及对其的处理方法如下:

(1)技术扩散效果。假设一个技术先进的项目,技术的推广和扩散、人才的流动等会给社会的其他企业带来好处,从而产生外部效果,但由于计量上的困难,对其只能做定性的说明。对于一个房地产开发项目来说,项目的建设能为社会培养一些高水平的工程设计人才和管理人才。

(2)环境效果。环境效果也是一种比较难以计量的外部效果。对于一个房地产开发项目来说,环境效果可以是间接费用,也可以是直接效益。如住宅小区的开发占用了林地和绿地,其外部效果就表现为间接费用;而如果在开发的小区中建设了大片的绿地,其外部效果就表现为直接效益。

(3)乘数效果。乘数效果是指由项目的开展导致的一系列相关部门启用过剩生产能力以及带来的连锁的资源节约效果。相关部门因利用剩余生产能力所导致的固定成本的降低就成为该项目的外部效益。例如,在一定的条件下,房地产项目的开发,能促使其上游的建材生产厂、下游的物业管理公司启用过剩的生产资源,而建材生产厂、物业管理公司的上下游企业也因此能够获得同样的效果,这就是该项目开发所导致的乘数效果。

(4)无形效果。无形效果是指难以用货币来计量,没有市场价格的一种效果。几乎所有的开发项目都存在无形效果。无形效果不存在相应的市场和价格,一般很难赋予其货币价值。当无形效果是不容忽视的重要效果时,应当努力尝试用货币形态来计量;难以货币化的,应当尽力采用非货币化单位进行计量;无法量化的,应当尽量通过文字、图形、图标等方式对其进行定性描述。

(5)直接转移支付。直接转移支付是指资源占有权在社会中发生的转移,是一种不引起实际资源增减的、纯货币意义上的转移,这类转移支付在国民经济评价中既不是效益,也不是费用。房地产开发项目的直接转移包括税金、补贴、国内贷款及国外贷款利息等。

四、房地产开发项目国民经济评价中的调整参数

(一)影子价格

所谓的影子价格指的是在完善的市场经济条件下,资源的分配和利用达到最优状态,也就是供求均衡时的均衡价格。影子价格在我国也称为修正价格或经济价格。

确定影子价格时,把项目投入物和产出物分为外贸货物、非外贸货物及特殊投入物三种类型。针对不同的类型使用不同的方法。

1. 外贸货物

外贸货物是指其生产和使用将直接或间接影响国家进出口的货物,包括项目产出物中的外贸货物和项目投入物中的外贸货物。项目产出物中的外贸货物是指项目产出物中直接出口的和项目产出物中间接出口的,以及项目产出物中替代进口的货物。项目投入物中的外贸货物是指项目投入物中直接进口的和项目投入物中间接进口的,以及项目投入物中减少出口的货物。

2. 非外贸货物

非外贸货物是指生产或使用不影响国家进出口,只影响国内供求关系的货物。除一些"自然型"非贸易货物如建筑、国内运输等基础设施和商业的产品和服务外,还有一些是由于运输费用过高或受国内外贸易政策和其他条件的限制而不能进行外贸的货物。

3. 特殊投入物

特殊投入物主要是指劳动力和土地。特殊投入物的影子价格的确定方法如下:

(1)劳动力的影子价格。在国民经济评价中,劳动力的影子价格是用影子工资来反映的。影子工资是指社会为项目建设使用了劳动力而支付的代价,或者说,是劳动力投入于该项目而使社会为此放弃劳动力原有的效益,以及国家和社会为此而增加的资源消耗。在国民经济评价中,影子工资作为费用计入经营费用。

影子工资可根据财务评价时所用的工资与福利费之和,利用影子工资换算系数求得,影子工资换算系数由国家统一测定发布。

(2)土地的影子价格。土地的影子价格是指以由于房地产开发项目的占用而减少的土地收益(农业年收益、工业年收益、商业年收益等)为基础,按国际市场价格做适当调整,制定出的土地价格。总体而言,就是指拟建项目占用土地而使国民经济为之放弃的效益——土地机会成本,以及国民经济为项目占用土地而新增加的资源消耗(如拆迁费、剩余劳动力安置费用等)。土地的影子价格等于土地机会成本加上新增资源消耗费用。

在房地产开发的过程中,应根据土地征收情况,从实际征地费用中具体区分出以下部分费用后,再计算土地的影子价格:区分属于机会成本性质的费用,如土地补偿费、青苗补偿费等;区分新增资源消耗费用,如拆迁费、剩余劳动力安置费等;区分转移支付,如粮食开发基金、耕地占用税等。

(二)影子汇率

影子汇率是外汇的影子价格,实际上是外汇的机会成本,反映了项目的投入或产出所导致的外汇减少或增加而给国民经济带来的损失或收益。在房地产开发项目的国民经济评价中,凡涉及外贸货物、外币与人民币之间的价格换算时,应采用影子汇率,并将外汇换算成人民币。影子汇率是房地产开发项目国民经济评价中的一个重要参数,它的取值高低直接影响着开发项目中进出口的选择,影响对产品进口替代型项目和产品出口型项目的决策。影子汇率是由政府统一制定和定期调整的。

(三)社会贴现率

社会贴现率是反映社会对资源时间价值的一种估量,在国外称为影子利息率。社会贴现率也是房地产开发项目国民经济评价中的一个重要参数,用于计算经济净现值等指标,并可作为衡量经济内部收益率的基准值。采用合理、适用的社会贴现率,对于引导社会投资方向,调节开发规模和结构,促进资金在短期项目与长期项目之间的合理配置及提高社会开发效益等具有重要意义。

社会贴现率是一个重要的通用参数,由国家根据一定时期内的开发效益水平、资金机会成本、资金供求情况、合理开发规模等因素统一测定发布。社会贴现率的确定不仅要考虑短期的经济效益,而且还要考虑长期的经济效益,因为,如果社会贴现率高,对前期收益大、投资少的项目方案比较有利;如果社会贴现率低,对投资多、能长期发挥效益的项目方案比较有利。

对房地产开发项目进行国民经济评价时要注意:因建筑费用和安装费用占有一定的比重,所以应根据建筑工程消耗的人工、其他大宗材料、电力等用影子工资、货物与电力的影子价格调整建筑费用，或通过建筑工程影子价格换算系数直接调整建筑费用；若安装费中的材料费占有很大比重，或有进口安装材料，则应按材料的影子价格调整安装费用；在计算土地价格时，应用土地的影子价格代替土地的实际价格。

第五节　房地产开发项目的环境影响评价

一、房地产开发项目的环境影响评价的定义与管理

（一）房地产开发项目环境影响评价定义

房地产开发项目环境影响评价是指对房屋建设过程（施工期）及房屋建设后居住、使用过程（运行期）对环境产生的物理性、化学性或生物性的作用及其造成的环境变化、对人类健康及福利可能造成的影响进行系统分析和评估，并提出减轻这些影响的对策和措施。

随着经济的发展，城市房地产建设突飞猛进，已经成为经济发展中非常突出的一个热点，然而它在促进经济社会发展的同时，带来的环境问题也日益突出。因此，作为房地产开发项目环境管理的重要制度，房地产开发项目的环境影响评价显得越来越重要。重视房地产开发项目的环境管理，做好环境影响评价工作，对促进房地产业健康发展，实现环境、经济同步增长，具有积极的现实意义。

环境是人类赖以生存的空间条件，是发展生产、繁荣经济的物质源泉，人类利用和改造环境，创造了丰富的新的物质世界；同时，人类又以等同的速度破坏和损害着环境，致使自然环境质量下降，产生各种各样的环境问题。这些问题中，有一项由城市房地产建设引起的环境问题未得到人们充分的认识和关注，那就是城市环境系统破坏问题。

城市环境是经过人类充分改造过的人工环境，是一个复杂的系统。它不仅包括被改造的城市自然生态系统，而且包括经济、社会系统与地球的物理系统，这些子系统相互联系、相互制约，组成庞大的环境系统。城市由于经济的集中和人口的积聚，原来的农田、森林被大量占用，变为人类生息和生产所需的城市建筑物。城市环境成为一个极为脆弱的高级人工生态系统，而高速发展的城市房地产开发对该系统的影响主要有正负两个方面：

（1）正面影响。改造旧城区，统筹合理地安排功能区；促进社会环境、经济环境的改善和发展；加快城市化进程。

（2）负面影响。改变原地表地貌环境，降低了绿色植被覆盖率，形成“城市热岛”现象；由于居住人群增加，相对增加了小区域的环境污染负荷；改变了城市生态比例。

（二）环境影响评价管理

国家根据建设项目对环境的影响程度，对建设项目的环境影响评价实行分类管理。建设单位应当按照下列规定组织编制环境影响报告书、环境影响报告表或者填报环境影响登记表。

（1）可能造成重大环境影响的，应当编制环境影响报告书，对产生的环境影响进行全面

评价。

(2)可能造成轻度环境影响的，应当编制环境影响报表，对产生的环境影响进行分析或者专项评价。

(3)对环境影响很小、不需要进行环境影响评价的，应当填报环境影响登记表。

二、环境影响评价的依据和内容

(一)环境影响评价的依据

环境影响评价的依据包括《中华人民共和国环境保护法》《中华人民共和国水污染防治法》《中华人民共和国大气污染防治法》《中华人民共和国环境噪声污染防治法》《中华人民共和国环境影响评价法》和国务院《建设项目环境保护管理条例》(2017 年)。

(二)环境影响评价的内容

建设项目的环境影响报告书应当包括下列内容:建设项目概况;建设项目周围环境现状;建设项目对环境可能造成影响的分析、预测和评估;建设项目环境保护措施及其技术、经济论证;建设项目对环境影响的经济损益分析;对建设项目实施环境监测的建议;环境影响评价的结论。

三、环境影响评价的步骤

环境影响评价工作一般分四步进行。

(一)现状调查

为了掌握建设项目的现状，要先对拟建工程项目的位置、规模、原料、能源、工艺以及可能产生的污染物进行全面调查，同时要收集自然环境和社会环境的现有资料，掌握评价范围内的大气、土壤、生物的背景值。

(二)影响预测

在完成各项现状调查的基础上，选择污染物扩散模式进行模拟试验。污染物扩散模式实际上是污染源排放量与污染物浓度分布相互关系的表达式，可以反映污染物在环境中迁移转化的客观规律。在建立模式的同时要进行模拟试验，如环境风洞试验、示踪扩散试验、烟雾试验等，以研究污染物在环境中的变化规律，验证它是否与计算结果相一致。

(三)进行评价

在评价时要先选择环境评价标准，我国公布的许多环境保护法规和卫生标准可供选择，同时要评价原有计划是否妥当，明确实施计划会给环境造成什么样的影响，减轻或消除这些影响的措施、办法及实施计划时应注意的事项。

（四）编写环境影响报告书

环境影响报告书是整个评价工作的总结，是从环保角度看拟建工程项目是否可行的依据。如果可行，经环境保护部门和其他有关部门批准后，即可进行设计、施工、投产。因此，环境影响报告书务必内容充实、数据可靠、条理清楚、观点明确。

第六节　房地产开发项目可行性研究报告的撰写

可行性研究报告是房地产投资项目可行性研究结果的体现，每份可行性研究报告必须说明评估什么、为什么评估、得出什么结论和依据什么得出这些结论。可行性研究报告通常由开发商委托房地产评估、研究机构来撰写。

一、可行性研究报告的基本构成

一般来说，专业机构编写的可行性研究报告应包括封面、摘要、目录、正文、附件、附图和附表七部分。

（1）封面。封面一般要反映可行性报告的名称、专业研究编写机构的名称及编写报告的时间三部分内容。

（2）摘要。摘要是用简洁明了的语言简要介绍项目的概况、市场情况、可行性研究的结论以及有关说明或假设条件，要突出重点、假设条件清楚，使得阅读人员在短时间内能够了解全报告的精要。也有专家不主张写摘要，因为可行性研究报告事关重大，阅读人员理应仔细全面阅读。

（3）目录。一般一份可行性报告有十多页，甚至达到数十页。为了便于写作和阅读人员清楚地掌握报告的前后关系、假设条件及具体内容，必须编写目录。

（4）正文。正文是可行性报告的主体，一般包括项目概况、市场调查、规划设计方案选择、开发进度安排、项目投资估算、资金的筹措方案和筹资成本估算、财务评价、国民经济评价、环境影响评价和结论等内容。

（5）附件。附件包含可行性研究的主要依据，是可行性研究报告必不可少的组成部分。一般来说，一个项目在做正式的可行性研究时，必须有政府有关部门的批准文件（如规划选址意见书、土地出让合同、土地使用证、建筑工程规划许可证等）。专业人员必须依照委托书和上述文件及相应的法律、法规方能编写项目的可行性研究报告。

（6）附图。一份完整的可行性报告应当包括以下附图：项目的位置图、地形图、规划红线图、设计方案的平面图，有时也包括项目所在区域或城市的总体规划图等。这些附图可以起到辅助文字说明的作用。

（7）附表。如果正文内容中有些表格太长、太大，可以将其作为附表放在正文后面。比如，开发项目工程进度计划表、投资估算表、投资计划表、资金筹措表、销售计划表、销售收入表、营业成本以及营业利润测算表、资金来源与运用表、财务现金流量表等。这些表格通常不方便插入到正文中，就可以按照一定的顺序编号附在正文之后。

二、可行性研究报告正文的写作要点

正文是可行性研究报告的核心内容，现将写作要点介绍如下：

(1)项目总说明。在项目总说明中，应包括项目背景、项目开发商和相关参与者、项目评价的目的、项目评价报告编制的依据及可行性研究的主要结论等部分内容。

(2)项目概况。项目概况重点介绍项目的合作方式和性质、项目所处的地址、项目拟建规模和标准、项目所需市政配套设施的情况以及获得市政建设条件的可能性、项目建成后的服务对象。

(3)投资环境研究。投资环境研究主要包括当地总体经济情况、城市基础设施情况、土地使用制度、当地政府的金融和税收等方面的政策、政府鼓励投资的领域等。

(4)市场分析研究。按照所评价项目的特点，分别对当地与所评价项目相关的土地市场、居住物业市场、写字楼物业市场、零售商业物业市场、酒店市场、工业物业市场等进行分析研究。市场分析研究的关键是占有大量的第一手市场信息资料，通过列举市场交易实例，充分说明市场价格、供求关系、发展趋势等方面的内容。

(5)项目地理环境和附近地区竞争性项目的状况。项目地理环境和附近地区竞争性项目的状况主要就项目所处的地理环境(邻里关系)、项目用地的现状(是熟地还是生地、需要哪些前期土地开发工作)和项目附近地区近期开工建设或筹备过程中的竞争性项目进行介绍。对竞争性项目的介绍十分重要，它能帮助开发商做到知己知彼，正确地为自己所开发的项目进行市场定位。

(6)建设条件及规划方案与市场定位。建设条件及规划方案与市场定位主要介绍开发项目的规划建设方案和建设过程中市政建设条件(水、电、路、暖、气、通信等)是否满足工程建设的需要。在介绍规划建设方案的过程中，可行性研究报告撰写者最好能根据所掌握的市场情况，进行合理的定位，通常定位应包括功能定位、价格定位、客户定位三方面，在此基础上就项目的规模、建筑物的规划设计技术指标、建筑物的装修标准和功能面积分配等提出建议。

(7)建设方式及进度安排。项目的建设方式是指建设工程的发包方式，发包方式的差异往往会带来工程质量、工期、成本等方面的差异，因此有必要就建设工程的发包方式提出建议。在这一部分中还应就建设进度安排、物料供应(主要建筑材料的需要量)做出估计或估算，以便为投资估算做好准备。

(8)投资估算及资金筹措。这部分的主要任务是就项目的总投资进行估算，并按项目进度安排情况做出投资分期(年、季度或月)使用计划和资金筹措计划。项目总投资的估算应包括项目投资概况、估算依据、估算范围和估算结果，一般投资估算结果汇总中应包括土地费用、前期工程费用(含专业费用)、房屋开发建设费用、管理费、销售费用、财务费用和预算费用等。投资分年度使用计划实际是项目财务评价过程中有关现金流出的主要部分，应该将开发建设投资和利息分别列出。资金筹措计划主要是就项目投资的资金来源进行分析，一般包括自由资金(股本金)、银行贷款和预售收入三个部分(当然，可能还有其他的资金筹措方式)。应该特别指出的是，当资金来源中包括预租售收入时，还要和后面的出租或销售收入计划配合考虑。

(9)项目评价基础数据的预测和选定。这一部分通常包括出租或销售收入测算、成本和税金、利润分配三个部分。要测算出租或销售收入,首先要根据项目设计情况确定按功能分类的可出租或销售的面积数量;其次要根据市场研究结果,确定项目各部分功能面积的租金或售价水平;再次根据工程建设进度安排和开发商的市场销售策略,确定项目分期或分年度的出租或销售的面积及收款计划;最后汇总出分年度的出租或销售收入。在成本和税金部分,一是要对项目的开发建设成本、流动资金、销售费用和投入运营后的经营成本进行估算;二是要对项目需要缴纳的税费种类及其征收方式和时间、税率等做出说明,以便为后面的现金流分析提供基础数据。利润分配主要反映项目的获利能力和可分配利润的数量,属于项目营利性分析的一种。

(10)项目经济效益评价。这是项目评价报告中最关键的部分,要充分利用前述各部分的分析研究结果,对项目的盈利能力和偿债能力进行分析。这部分的内容一般包括现金流量分析、资金来源与运用表、贷款偿还分析。现金流量分析要从全投资、自由资金、其他投资方等方面对反映项目经济效益的财务内部收益率、财务净现值和投资回收期等进行分析测算。资金来源与运用表集中体现了项目自身资金收支平衡的能力,是财务评价的重要依据。贷款偿还分析主要是就项目的贷款还本付息情况做出估算,用以反映项目在何时开始,从哪项收入中偿还贷款本息,以及所需的时间长度,体现项目的偿债能力。

(11)不确定性分析。不确定性分析包括盈亏平衡分析、敏感性分析和风险分析(概率分析)。此项目分析的目的,就是针对项目面临的主要风险因素如建造成本、售价、租金水平、开发周期、贷款利率、可销售建筑面积等因素的变化,对项目经济效果评价的主要技术经济指标如财务内部收益率、财务净现值和投资回收期等的影响程度进行定量研究;对当地政治、经济、社会条件可能变化的影响进行定性分析,进一步可用模糊数学方法从定性分析转化为定量分析。

(12)可行性研究的结论。可行性研究的结论主要是说明项目的经济效益评价结果,表明项目是否具有较理想的财务内部收益率(是否达到了同类项目的基准收益率标准),是否有较强的贷款偿还和资金平衡能力、较强的抗风险能力,项目是否可行。根据项目综合评价,提出项目可行或不可行的理由,对于不可行的项目要提出不可行的主要问题及处理意见,对于可行的项目应指出存在的问题及改进建议。

【案例分析】

房地产开发项目可行性报告内容指引(节选)

一、前言

随着集团房地产业务不断扩张,土地储备力度逐渐加大,未来发展对新项目的需求也越来越强烈。为了规范项目前期操作,提高工作效率,规避签约风险,提升集团竞争力,特制定可行性报告内容指引。

二、项目决策背景及摘要

1. 外部环境

(1)城市发展规划与宗地的关系及对项目开发的影响,如交通运输系统的规划与建设、城市功能规划与布局、局部区域开发重点、即将颁布的政府重大政策等。

(2)宗地所属地域在该城市的历史、经济、文化、战略发展等方面的地位。例如,项目处在浦东新区,要说明浦东新区在上海的地位及作为全国重点开发区的情况。

(3)项目渊源、特殊的政治或文化背景,如危房改造、高新技术区生活住宅配套、文化园、政府重点工程等。

2. 内部因素

(1)项目启动对公司未来几年发展战略、发展规划的意义(一般为 3 ~5 年),在公司发展中的地位(是否是核心项目)。

(2)公司进入重点区域市场、项目合理布局,对公司提高市场覆盖率、提升品牌形象、降低经营风险、扩大社会影响力的作用。

(3)从公司未来的利润需求、可持续经营等角度描述立项的意义。

第一部分　项目概况

一、宗地位置

宗地所处城市及在城市中的区域(如经济开发区、商贸金融区等)的地理位置。

附图:项目在该城市的区位图,标记出宗地区域位置,与标志性市政设施、建筑物(如市中心商圈、机场等)的相对位置和距离、地段的定性描述[与主要中心区域(办公、商务、政府)的关系]。

二、宗地现状

(1)四至范围;

(2)地势平坦状况,自然标高,与周边地势比较;

(3)地面现状,包括宗地内是否有水渠、较深的沟壑、池塘及高压线等对开发有较大影响的因素,并计算因此而损失的实际用地面积;

(4)地面现有居民情况,包括具体居住人数、户数,工厂数量、规模、产品性质、开工状况等,并说明对拆迁及项目开发进度的影响;

(5)地下情况,包括管线、地下电缆、暗渠、地上建筑物原有桩基及地下建筑或结构等。地上、地下都要注意有没有受保护的历史文化古迹等;

(6)土地的完整性,有无市政代征地、市政绿化带、市政道路、名胜古迹及江、河、湖等因素分割土地;

(7)地质情况,包括土地结构、承载力、地下水位和抗震性。

三、项目周边的社区配套

1. 周边 3 000 m 范围内的社区配套

以交通状况为例,具体如下:

(1)公交系统情况,包括主要线路、行车区间等;

(2)宗地出行主要依靠的交通方式;

(3)现有交通运输系统,近期或长期规划中是否有地铁、轻轨等对交通状况有重大影响的工程。

2. 宗地周边3 000 m外但可辐射范围内主要社区配套现状

第二部分 市场分析

一、区域住宅市场成长状况

1. 区域住宅市场简述

(1)形成时间;

(2)区域内各档次住宅分布状况;

(3)购买人群变化。

2. 区域住宅市场各项指标成长状况(近3~5年)

(1)开工量、竣工量;

(2)销售量、供需比;

(3)平均售价。

3. 区域市场的各项指标在市内的排名状况及发展趋势

二、区域内供应产品特征

1. 各档次产品供应状况

2. 各档次产品的集合特征

尤其研究与本案类似档次的物业的特征。

(1)平均售价;

(2)开发规模;

(3)产品形式;

(4)平均消化率;

(5)平均容积率;

(6)区域内物业的分布特征。

3. 区域内表现最好的个案状况

4. 未来2~3年区域内可供应土地状况、产品供应量和产品类型

5. 分析:本案在区域市场内的机会点

6. 结论

(1)区域市场在整体市场的地位及发展态势;

(2)本案所在位置的价位区间和本案开发产品的价位区间及产品形式;

(3)本案在区域内开发市场潜力;

(4)本案在开发中的营销焦点问题。

三、区域市场目标客层研究

1. 各档次产品的目标客层特征及辐射商圈范围

2. 结论

结论包括本案目标人群的区域来源、行业特点、产品力的偏好、购买方式和主要的关注点、诉求点。

四、目标市场定位及产品定位

1. 市场定位

2. 目标人群特征、来源区域、行业特点

3. 产品建议

第三部分　规划设计分析

一、初步规划设计思路

(1)设计概念:产品体现的主题思想,主要设计风格、设计特点。

(2)主要产品类型:是多层、高层,还是联排别墅或屋顶花园、顶层复式等其他类型,以及不同类型产品的比例。

(3)节能和环保型建筑材料选用的考虑。

(4)在所在城市中,生产新型、别具一格产品的可能性。

(5)如果是大型、超大型项目,对营造大社区概念的考虑。

二、规划设计的可行性分析

(1)在既定容积率、净用地面积、住宅面积、配套公建面积、控高、建筑密度条件下,制造出的产品是什么类型和有什么特征,是否符合前面提及的规划设计概念。主要从规划设计角度判断将上述硬指标转化成现实产品的可能性。

(2)容积率变化对产品的设计概念、产品类型和特征的影响。

(3)土地本身特征对产品设计的影响和考虑。例如,地势高低、地形起伏、地块的完整性、地质状况、较深的沟壑、河流、水塘、地上附着物、地下管线和暗渠等对产品设计和环境保护的影响及解决的方法。

(4)周边自然环境和人文环境对产品设计的影响及考虑。例如,治安环境、噪声环境、污染环境、空气情况、危险源等对产品规划设计和环境保护的影响及解决方法。

(5)周边市政工程配套设施对产品设计的影响和考虑。例如,道路状况、供水、排水、通信(有线电视、电话、网络)、永久性用电和临时施工用电、燃气、供热及生活热水等对产品规划设计的影响及解决方法。

(6)周边生活配套设施对产品设计的影响和考虑。例如,综合交通状况、商业设施(大型购物中心)、教育现状、体育娱乐公园等休闲场所、银行医院等生活设施对自身配套建设规模和面积做出判断。

(7)市场分析结果对产品设计的影响和考虑。例如,市场价格限制、总价控制原则与前面的产品类型和产品特性设计是否存在矛盾,对产品品质是否有影响及如何解决。

第四部分　项目开发

一、土地升值潜力初步评估

从地理位置、土地供应、周边环境及配套、市场发展状况、政府规划、城市未来发展战略等角度对土地升值潜力做出初步评估。

二、立即开发与作为土地储备的优缺点分析

三、工程计划

工程计划包括工期计划、各期开工面积、竣工计划、开竣工时在当地城市市场和片区市场中的占有率。

四、销售计划

销售计划包括各期销售时间、价格、面积，预计销售各期的市场占有率，销售计划实现的可行性分析。

第五部分　投资收益分析

一、成本预测

说明测算假设和主要运用指标，如产品类型假设、总建筑面积、住宅和非住宅面积、容积率、项目总投资（直接建造成本加期间费用，不包括营业税和所得税）等，如表5-6所示。

表5-6　成本预测表

项目	投资总额/万元	单位成本/(元/m^2)
土地成本		
前期工程费		
基础设施费		
建安工程费		
配套费用		
开发间接费		
直接建造成本小计		
营销费用		
管理费用		
总计		

二、税务分析

1. 营业税及附加

2. 所得税

3. 土地增值税

上述税种的基本税率，能够享受税收优惠政策时的税率，项目本身适用的税率，若享受地方政府的优惠政策要特别说明该项优惠与国家政策是否有冲突及如何解决，具体的操作过程是什么。

三、经济效益分析

1. 经济效益分析的假设条件

例如，是否享受政府各种税费的减免等。

2. 项目利润率、投资回报率及主要经济指标

项目利润率、投资回报率及主要经济指标如表5-7所示。

表 5-7　项目利润率、投资回报率及主要经济指标

经济指标	单位数值/(元/m^2)	项目总金额/万元
销售收入		
直接成本		
总投资		
毛利率		
税前利润		
税后利润		
销售净利率		
投资回报率		

3. 项目开发各期的利润体现

项目开发各期的利润体现如表 5-8 所示。

表 5-8　项目开发各期的利润体现

经济指标	2017 年		……		2020 年		合计
	上半年	下半年	上半年	下半年	上半年	下半年	
结算面积/m^2							
单位利润/(元/m^2)							
利润/万元							

四、项目资金预测

(1)资金投入计划,包括各期土地成本(地价)、前期工程费、基础设施费、建安工程费、配套费用、开发间接费等投入的安排。

(2)资金回款计划,包括各期销售回款计划。

(3)资金需求计划,其制定需要结合整个公司资金情况,列示各期资金的需求缺口及融资途径。

(4)启动资金及启动时占用资金内容、资金占用峰值、实现现金正流入的时间、资金占用月平均额。

第六部分　综合分析与建议

一、优势

从品牌、设计、启动速度、产品品质和特性、市场竞争、营销、合作方式、大市政配套、生活配套等方面论述。

二、劣势

从品牌、设计、启动速度、产品品质和特性、市场竞争、营销、合作方式、大市政配套、生

活配套等方面论述。

三、机会

从市场机会、提高市场占有率、梳理品牌形象、地区性优惠政策、城市发展规划、宗地所属区域土地价格趋势等方面论述。

四、结论和建议

思考题

1. 何谓可行性研究？
2. 可行性研究的步骤是什么？
3. 可行性研究主要包括哪几个方面的内容？
4. 房地产投资决策的方法有哪些？
5. 房地产开发项目的财务评价指标有哪些？
6. 如何对房地产开发项目的进行不确定性分析？

第六章　房地产开发项目管理

第六章　房地产开发
项目管理

【案例导入】

房地产开发企业的成本管理职责

1. 认真执行企业所属集团总部的成本管理制度，结合实际制定本单位成本管理制度，并自觉接受总部监督。

2. 根据本单位业务发展规划、开发能力和市场情况，确定项目开发计划，组织立项调研、选址和前期策划，提出立项建议和开发设想，并按要求向集团总部提交立项可行性报告，履行立项审批程序。

3. 规划设计阶段，应按市场定位和成本估算准确把握设计方案，组织审查设计概算的经济合理性，使规划设计既符合规范，又体现成本控制的意识和要求。

4. 客观、认真地进行项目成本费用测算，编制项目成本费用计划，确定项目及每个单项工程的目标成本，分解成本费用控制指标，落实降低成本技术组织措施。

5. 遵循基本建设程序，进行项目实际操作，对房地产成本实行项目经理负责制和全员全过程控制，对可控成本、变动成本和成本异常偏差实行有效监控。保证将成本控制在目标成本范围内。

6. 正确处理成本、市场、工程质量、开发周期、资源、效益之间的关系，防止和杜绝重大工程质量事故，努力缩短开发周期，严格控制项目的质量成本和期间费用，加速投资回报，提高投资回报率。

7. 组织项目开发成本费用核算，及时、全面、准确、动态地反映项目成本、费用情况，按规定编报成本会计报表等有关资料。坚持成本报告制度，保证成本信息交流的及时、有效。

8. 熟悉、掌握国家和当地有关法规政策及市场需求、预算定额水平等成本控制因素，用足用活各种政策、资源，提高成本控制的预见性，努力寻求降低成本费用的途径。

9. 定期或不定期分析成本结构、差异及其原因、监控措施及其效果、经验教训，每年至少一次，并将分析报告报集团总部财务部。

第一节　房地产开发项目管理概述

一、房地产开发项目管理的定义和意义

（一）房地产开发项目管理的定义

房地产开发项目管理，是以高效率地实现项目目标为最终目的，以项目经理负责制为

基础,运用系统工程的观点、理论和方法,开发项目建设的全过程按其内在运行规律进行有效的计划、组织、协调、监督和控制的管理系统。

具体来讲,房地产项目开发建设要实现的目标主要包括成果性目标和约束性目标。成果性目标指投资回报率、销售利税率、自有资金利润率等投资效益指标,以及项目的内外部功能要求;约束性目标指建设工期、投资限额、质量标准等。除此之外,房地产开发项目还受城市规划、土地利用规划等条件的制约。房地产开发涉及投资方、监理方、勘察、规划、设计、施工、建材、设备、市政、交通、供电、通信、银行、文教、卫生、消防、商业、服务、环境等几十个部门近百个单位,以及最终用户(消费者)的相互制约和相互影响,因此,房地产项目的开发建设是一项复杂的系统工程,必须要有一套完整、规范和科学的管理保证体系,来统筹和协调开发项目的全过程和确保总体目标的实现。

(二)房地产开发项目管理的意义

房地产开发建设涉及方方面面、千家万户,因此对项目进行系统管理,意义非常重大。具体而言,房地产开发项目管理的意义主要体现在计划、组织、协调和控制四个方面等。

1. 房地产开发项目的计划管理

对房地产开发项目进行计划管理,能使项目的开发建设有计划、按顺序、有条不紊地展开。这就是说,通过使用一个动态计划管理,将工程项目全过程和全部开发活动纳入计划轨道,使项目有序地达到预期总目标。

2. 房地产开发项目的组织管理

房地产开发项目的组织管理是指各职责划分、授权、合同的签订与执行,以及根据有关法律法规建立各种规章制度,形成一个高效率的组织保障体系,使项目的各项目标得以最终实现。

3. 房地产开发项目的协调管理

房地产开发项目的协调管理的意义是为开发项目提供协调和谐的公共环境,保证项目开发建设顺利进行。协调管理的主要任务是对开发项目与外部环境、项目各子系统之间,以及项目不同阶段、不同部门、不同层次之间的关系进行沟通与协调。这种沟通与协调将更有利于睦邻公共关系,吸纳融通资金,寻找材料、设备供货渠道,广揽优秀设计和施工队伍,获得市场竞争优势,促进产品销售。在各种协调之中,人际关系协调最为主要,项目经理在人际关系协调过程中处于核心地位。

4. 房地产开发项目的控制管理

房地产开发项目的控制管理的意义是有利于对项目的质量、工期和成本进行控制,并获得最大的综合效益。控制管理主要是通过计划、决策、反馈和调整等手段,采用项目分解,各种指标、定额、阶段目标的贯彻执行与检验等措施,对开发项目的工程质量、施工工期、资金使用、成本造价等进行有效控制,以确保开发项目用最少的投入,获得最大的经济效益、社会效益和环境效益。

二、确定房地产开发项目的原则

(一)符合规划要求

确定房地产开发项目,应当符合土地利用总体规划、年度建设用地计划和城市规划、房地产开发年度计划的要求。按照国家有关规定需要经过计划主管部门批准的,还应当报计划主管部门批准,并纳入年度固定资产投资计划。

(二)与新旧区建设相结合

房地产开发项目,应当坚持旧区改建和新区建设相结合的原则,注意开发基础设施薄弱、交通拥挤、环境污染严重及危旧房集中的区域,保护和改善城市生态环境,保护历史文化遗产。

(三)注意配套建设

房地产开发项目的开发建设应当统筹安排配套基础设施,并根据先地下、后地上的原则实施。

三、房地产开发项目实行资本金制度

国家规定对各种经营性投资项目包括国有单位的基本建设、技术改造、房地产开发项目和集体投资项目实行资本金制度,投资的项目必须首先落实资本金才能进行建设。

(一)投资项目资本金的概念

投资项目资本金,是指在投资项目总投资中,由投资者认购的出资额,对投资项目来说是非债务性资金,项目法人不承担这部分资金的任何利息和债务;投资者可按其出资的比例依法享有所有制权益,也可转让其出资,但不得以任何方式抽出。

(二)投资项目资本金的出资方式

投资项目资本金可以用货币出资,也可以用实物、工业产权、非专利技术、土地使用权出资,但必须经过有资格的资产评估机构依照法律、法规评估作价,不得高估或低估。以工业产权、非专利技术作价出资的比例不得超过投资项目资本金总额的20%,国家对采用高新技术成果有特别规定的除外。

(三)房地产开发项目资本金

《城市房地产开发经营管理条例》第十三条规定,房地产开发项目应当建立资本金制度,资本金占项目总投资的比例不得低于20%。

房地产开发项目实行资本金制度,并规定房地产开发企业承揽项目必须有一定比例的资本金,可以有效地防止部分不规范的企业的不规范行为,减少楼盘“烂尾”等现象的发生。

四、对不按期开发的房地产开发项目的处理原则

《城市房地产开发经营管理条例》第十五条规定，房地产开发企业应当按照土地使用权出让合同约定的土地用途、动工开发期限进行项目开发建设。出让合同约定的动工开发期限满1年未动工开发的，可以征收相当于土地使用权出让金20%以下的土地闲置费；满2年未动工开发的，可以无偿收回土地使用权。但是，因不可抗力或者政府、政府有关部门的行为或者动工开发必需的前期工作造成动工迟延的除外。

这样规定的目的是防止利用土地进行非法炒作，激励土地尽快投入使用，促进土地的合理利用。

这里所指的满1年未动工开发的起止日是从土地的使用权出让合同生效之日算起至下年同年同月同日止。动工开发日期是指开发建设单位进行实质性投入的日期。动工开发必须进行实质性投入，开工后必须不间断地进行基础设施、房屋建设。在有拆迁的地段进行拆迁、“三通一平”，即视为启动。一经启动，无特殊原因则不应当停工，如稍做启动即停工无期，不应算作开工。

五、对房地产开发项目实行质量责任制度

（一）对其开发的房地产开发项目承担质量责任

房地产开发企业开发建设的房地产开发项目，应当符合有关法律法规的规定和建筑工程质量、安全标准、建筑工程勘察、设计、施工的技术规范及合同的约定。房地产开发企业应当对其开发建设的房地产开发项目的质量承担责任。勘察、设计、施工、监理等单位应当依照有关法律法规的规定或者合同的约定，承担相应的责任。

要求房地产开发企业对其开发的房地产项目承担质量责任，是新形势下住宅质量的重大调整。房地产开发企业作为房地产项目建设和营销的主体，是整个活动的组织者。尽管在建设环节中有许多工作都由勘察、施工等单位承担，出现质量责任可能是勘察、施工或者材料供应商的责任，但开发商是组织者，其他所有参与部门都是由开发商选择的，都和开发商发生合同关系，出现问题也理应由开发商与责任单位协调。此外，消费者是从开发商手里购房，就如同在商店购物，出现问题应由商店对消费者承担质量责任一样，消费者购买的房屋出现质量问题也应由房地产开发企业承担相应的责任。

房地产开发企业开发建设的房地产项目，必须要经过建设环节，必须符合有关法律法规，符合工程勘察、设计、施工等方面的技术规范，符合工程质量、工程安全方面的有关规定和技术标准，这是对房地产开发项目在建设过程中的基本要求，同时还要严格遵守合同的约定。

（二）对质量不合格的房地产开发项目的处理方式

房屋主体结构质量涉及房地产开发企业，工程勘察、设计单位，施工单位，监理单位，材料供应部门等。房屋主体结构质量的好坏直接影响房屋的合理使用和购房者的生命财产

安全。房屋竣工后,必须验收合格后方可交付使用。商品房交付使用后,购买人认为主体结构质量不合格的,可以向工程质量监督单位申请重新核验。经核验,确属主体结构质量不合格的,购买人有权退房,给购买人造成损失的,房地产开发企业应当依法承担赔偿责任,这样规定的目的主要是确保购买商品房的消费者的合法权益不受损害。

六、项目手册制度

房地产开发企业应当将房地产开发项目建设过程中的主要事项记录在房地产开发项目手册中,并定期送房地产开发主管部门备案。

房地产开发项目实行手册制度是政府行业部门对房地产开发企业是否按照有关法律法规的规定、是否按照合同的约定进行开发建设而建立的一项动态管理制度。其目的主要是在项目实施过程中对房地产开发企业的开发活动进行监控,保护消费者的合法权益。政府行业管理部门的监控主要包括对是否按申请预售许可证时承诺的时间表进行开发建设,预售款项是否按期投入,拆迁安置是否按要求进行,工程项目是否产生变化等内容的监控。

房地产开发项目手册是一种制度性、常规性的监控措施。通过项目手册的实施,可以加强对房地产市场的监测,及时了解和掌握房地产开发项目的进展情况,督促房地产开发企业按规划要求实施开发,按要求分期投入开发所需资金、进行配套建设、完成拆迁安置;对工程进度、质量是否符合预售条件等进行审核,能有效地防止楼盘"烂尾"等现象的发生。

第二节　房地产开发项目的质量管理

一、项目质量管理概述

(一)项目质量管理的概念

项目质量管理是指项目管理机构以合同中规定的质量目标或以国家标准、规范为目标所进行的监督与管理活动,包括决策阶段、设计阶段和施工阶段的质量控制。

(二)项目质量的内容及特点

1. 项目质量的内容

任何工程项目的建设,都是通过一道道工序来完成的,所以,工程项目质量由工序质量、分项工程质量、分部工程质量和单位工程质量等决定。从另一个角度看,工程项目质量包括工程建设各个阶段的质量,即项目论证决策阶段、项目设计阶段、项目施工阶段和项目使用保修阶段的质量。

2. 项目质量的特点

项目质量的特点是由其自身的特点决定的,这就决定了工程项目的质量有如下特点:

(1)涉及面广、影响因素多。房地产开发项目建设周期长、项目投资大。因此,有很多人为因素与自然因素影响工程项目的质量。诸如论证决策阶段的不缜密,造成工程项目与地质条件不符;设计阶段的粗心大意,导致结构受力不合理;施工阶段盲目追求经济利益、偷工减料,以及施工工艺、施工方案、施工环境、施工人员素质、管理制度、技术措施、操作方法、工艺流程等都会影响项目的质量。

(2)质量离散、变异性大。由于项目的建设具有不可重复性,如果不注意,某一处就可能质量不好。如果某一关键部位质量不好,就可能造成单项工程质量不好,或引起整个工程项目的质量变异。

(3)质量隐蔽性强。在项目建设过程中,大部分工序是隐蔽过程,完工后很难看出质量问题,而其内部可能有质量问题。

(4)质量终检局限性大。在项目完成建成后再全面检查工程质量,此时的检查结论有很大的局限性。所以在施工过程中,必须实施现场监督管理,以便及时发现隐蔽的工程质量问题。因此,工程质量的控制应重视事前控制、事中监理,消灭工程质量事故。

二、项目质量的形成和控制过程

(一)项目质量的形成过程

项目质量是伴随着工程建设过程而形成的。其在各阶段有不同表现:

(1)在工程项目决策阶段,需要确定与投资目标相协调的工程质量目标。项目的可行性研究直接关系到项目的决策质量和工程项目的质量,并确定工程项目应达到的质量目标和水平。因此,工程项目决策阶段是影响工程项目质量的关键阶段,在此阶段要能充分反映业主对质量的要求与意愿。

(2)工程项目勘察设计阶段,是根据项目决策阶段确定的工程项目质量水平,通过初步设计使工程项目具体化。然后再通过技术设计阶段和施工图设计阶段,确定该项目技术是否可行、工艺是否先进、经济是否合理、设备是否配套、结构是否安全可靠等。因此,设计阶段决定着工程项目建成后的使用功能和价值,也是影响工程项目质量的决定性环节。

(3)工程项目施工阶段,是根据设计和施工图纸的要求,通过一道道施工工序形成工程实体。这一阶段将直接影响工程的最终质量。因此,施工阶段是工程质量控制的关键环节。

(4)工程项目竣工验收阶段,是对施工阶段的质量通过试运行、检查、评定、考核,检查质量目标是否达到。因此,工程竣工验收阶段是工程项目质量控制的最后一个重要环节。

(二)项目质量的控制过程

从工程项目质量的形成过程可知,要控制工程项目质量就应按照程序依次控制各阶段的工程质量。

在工程项目决策阶段,要认真审查可行性研究,使工程项目的质量标准符合业主的要求,并应与投资目标协调,使工程项目与所在地的环境协调,避免产生环境污染,使工程项目的经济效益与社会效益得到充分发挥。在工程项目设计阶段,要通过设计招标,从中选择优秀设计方案和优秀设计单位。还要保证各部分的设计符合决策阶段确定的质量要求,并保证各设计符合国家现行有关规范和技术标准，同时应保证各专业设计部分之间的协调。在工程项目施工阶段，要组织工程项目施工招标，依据工程质量保证措施和施工方案及其他因素，选择优秀的承包商。在施工过程中，应严格监督，保证按施工图纸进行施工。

三、施工质量控制工作程序和主要内容

施工阶段质量控制是工程项目全过程质量控制的关键环节。在项目施工阶段，质量控制的任务主要是在施工过程中查看施工工艺规程是否满足设计要求和合同规定，对所选用的材料和设备进行质量评价，对整个施工过程中的工程质量进行评估，将取得的质量数据和承包商履行职责的程序与国家有关规范、技术标准、规定进行比较并做出评判，发现问题并及时采取整改措施，保证施工阶段工程质量。

（一）施工质量控制工作程序和主要内容

1. 施工质量控制工作程序

在工程施工阶段，项目监理机构应对工程质量进行全过程、全方位的监督、检查与控制，不仅要检查和验收最终产品，而且要监督、检查和验收施工过程中的各个环节及中间产品。

在工程施工过程中，项目监理机构应督促施工承包单位加强内部质量管理，管理质量控制，按规定工艺和技术要求进行施工作业。在每道工序完成后，施工承包单位应在自检合格的基础上填写报验申请表。项目监理机构在收到报验申请表后，应在合同规定的时间内到施工现场进行检验，检验合格后予以确认。

2. 施工质量控制的主要内容

开发商或项目监理机构在工程施工过程中控制质量时应完成以下工作：

（1）随时密切注意承包单位违反合同规定的行为或质量不符合要求、标准的事件。例如，材料质量不合格、施工工艺或操作不符合要求、现场上岗的施工人员技术资质条件不符合要求等。项目监理机构有权要求承包单位予以处理，直至达到符合要求、标准，使项目监理机构满意。必要时，项目监理机构有权指令承包单位暂时停工予以解决。

（2）督促承包单位将重要的和复杂的施工项目、工序作为重点设立质量控制点。

（3）遵照已认证的质量管理体系规定的程序，记录表格，填报质量跟踪档案，作为施工质量资料的重要部分。

（4）严格工序产品的检查验收。

（5）重要的工程部位、工序和专业工程须由项目监理机构进行试验或技术复核、抽样检验后方能验收。

（二）施工作业准备状态、运行过程、运行结果的控制

1. 施工作业准备状态的控制

施工承包单位做好技术交底工作，是确保工程施工质量的重要条件。在每一个分项工程开始实施前均要进行技术交底。施工项目管理机构需要由主管技术人员编制技术交底

书,内容包括施工方法、质量要求和验收标准,施工过程中需要注意的问题,可能出现的意外情况及应急措施等。

凡运到施工现场的材料、半成品或构配件,在进场前应由施工承包单位向项目监理机构提交工程材料、构配件、设备报审表,并附有产品出厂合格证及技术说明书、由施工承包单位按要求规定进行的检验和试验报告,经项目监理机构审查并确认其质量合格后,方准进场。

在施工机械设备方面应做好施工机械设备的进场检查、机械设备工作状态的检查、特殊设备安全运行的审核、大型临时设备的检查工作。

此外,现场劳动组织及作业人员管理,检验、测量和试验设施的质量控制,施工作业环境、现场自然环境条件的控制等都是不可忽视的内容。

2. 施工作业运行过程的控制

(1)测量复核控制

施工作业运行过程中凡涉及施工作业技术活动基准和依据的技术工作,都应该严格进行专人负责的复核性检查,以避免失误给整个工程质量带来难以弥补的或全局性的危害。例如,工程的定位、轴线、标高,预留孔洞的位置和尺寸,混凝土配合比等。

技术复核是施工承包单位应履行的技术工作责任,其复核结果应报送项目监理机构复验确认后,才能进行后续相关工序的施工。

(2)质量控制点的设置

施工中的关键部位与薄弱环节应作为质量控制点加以重点控制。项目监理机构在拟定施工控制工作计划时,应首先确定质量控制点,并分析其可能产生的质量问题,制定对策和有效措施加以预控。承包单位在工程施工前应列出质量控制点的名称或控制内容、检验标准及方法等,提交项目监理机构审查批准后,在此基础上实施质量预控。

(3)见证取样控制

见证取样是指在项目监理机构的见证下,由施工承包单位的现场试验人员对工程项目使用的材料、半成品、构配件等进行现场取样并送交实验室进行试验的过程。为保证工程质量,对房屋建筑工程项目中的工程材料、承重结构的混凝土试块、承重土地墙休的砂浆试块、结构工程的受力钢筋必须实行见证取样。

(4)工程变更控制

在工程施工过程中,无论是业主还是施工承包单位、设计单位均可提出工程变更。工程变更处理程序如图 6－1 所示。

(5)停工与复工控制

根据业主在委托合同中的授权,在工程施工过程中出现下列情况需要停工处理时,项目监理机构可以下达停工指令:施工作业活动存在重大隐患,可能造成质量事故;施工承包单位未经许可擅自施工或拒绝项目监理机构的管理;施工中出现质量异常情况,经提出后,施工承包单位未采取有效措施或因措施不力未能扭转异常情况的;隐蔽作业未经依法查验确认合格而擅自封闭的;已发生质量事故但迟迟未按项目监理机构要求进行处理,或者是已发生质量缺陷或事故,如不停工则质量缺陷或事故将继续发展的;未经项目监理机构审查同意而擅自变更设计或图纸进行施工的;未经技术资质审查的人员或不合格人员进入现场施工的;使用的原材料、构配件不合格或未经检查确认的;擅自采用未经审查认可的代用材料的;擅自使用未经项目监理机构审查认可的分包商进场施工的。

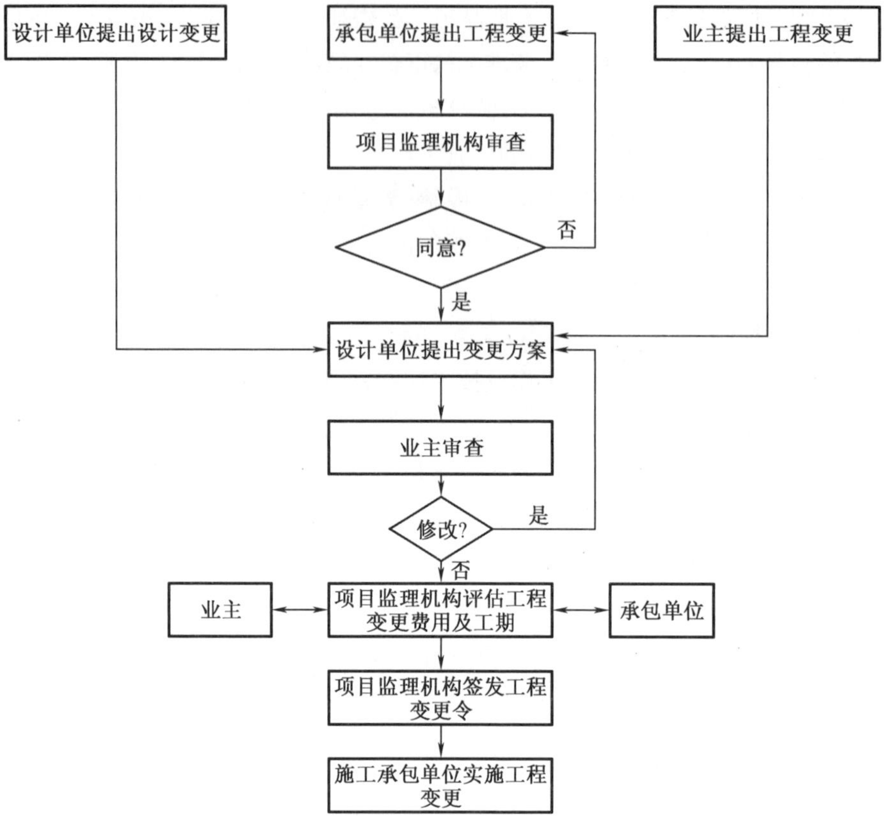

图6-1　工程变更处理程序

施工承包单位经过整改具备恢复施工的条件时,向项目监理机构报送工程复工申请及有关材料,证明造成停工的原因已经消失。项目监理机构现场复查后,认为具备复工的条件时,应及时签署工程复工报审表,指令施工承包单位继续施工。

(6)质量资料控制

施工质量跟踪档案是施工全过程期间实施质量控制活动的全景记录,包括有关文件、图纸、试验报告、质量合格证、质量自检单、项目监理机构的质量验收单、各工序的质量记录、不符合项报告及处理情况,工程变更、停工及复工资料等,还包括项目监理机构对质量控制活动的意见和承包单位对这些意见的答复与处理结果。施工质量跟踪档案不仅对工程施工期间的质量控制有重要作用,而且可以为查询工程施工过程质量情况及工程维修管理提供大量有用的资料信息。

3. 施工作业运行结果的控制

施工作业运行结果主要是指工序的产出、已完成分项分部工作及已完成准备交验的单位工程。施工作业运行结果的控制是指对施工过程中间产品及最终产品的控制。只有施工过程中间产品的质量均符合要求,才能保证最终单位工程产品的质量。

四、项目质量因素控制

影响项目质量的因素主要有五大方面：人、材料、设备工具、方法和环境。对这五方面因素的控制，是保证项目质量的关键。

（一）人的控制

人是指直接参与项目的组织者、指挥者和操作者。人员素质是影响产品质量的最重要的因素。因此，应提高人员素质，健全岗位责任制，改善劳动条件，公平合理地激励人们的劳动热情；应根据项目特点，从确保项目质量出发，在人的技术水平、人的生理缺陷、人的心理行为、人的错误行为等方面进行控制。更为重要的是提高人的质量意识，形成人人重视质量的项目环境。

（二）材料的控制

对材料的控制应注意对供应商等级认可，形成定点采购；遵循严格的审批程序选择供应商；对供应商由质保部门进行初始评审和年度系统评审，以确定是否保持供应商资格；对供应商提供的配套产品进行考核和评估。

（三）设备工具的控制

应根据项目的不同特点，对设备工具合理选择，正确使用、管理和保养。

（四）方法的控制

这里所指的方法包括项目实施方案、工艺、组织设计、技术措施等。对方法的控制，主要通过合理选择、动态管理等环节加以实现。合理选择就是根据项目特点选择技术可行、经济合理，有利于保证项目质量、加快项目进度、降低项目费用的实施方法。动态管理就是在项目进行过程中正确应用方法并随着条件的变化不断地进行调整。

（五）环境的控制

影响项目质量的环境因素很多，例如，项目技术环境，包括地质、水文、气象等；项目环境管理，包括质量保证体系、质量管理制度等；劳动环境，包括劳动组合、作业场所等。根据项目特点和具体条件，应采取有效措施对影响质量的环境因素进行控制。

第三节　房地产开发项目的进度管理

进度管理是指在项目实施过程中，对各阶段的进展程度和项目最终完成的期限所进行的管理。其目的是保证项目能在满足时间约束的前提下实现项目总体目标。房地产开发项目的进度管理是施工现场管理最为重要的工作。工程进度管理包括对项目建设总周期目标进行具体的论证与分析；编制项目的进度计划；编制其他配套进度计划；监督建设项目进度计划的执行;施工现场的调研与分析。

建设项目总周期的论证与分析,就是对整个项目进行通盘考虑、全面规划,用以指导人力、物力的运用和时间、空间的安排,最终确定经济合理的施工方案。

一、工程进度计划的编制

在工程实施之前应严格编制进度计划,具体如下:

(1)将全部工程内容分解和归纳为工程单项或工序。单项或工序分解的细致程度,可以根据工程的规模大小和复杂程度确定。一个建设项目可以先分为房屋建设工程、室外道路、各种室外管道工程等较大的子项工程,而后每一子项工程又可分为土方工程、基础工程、钢结构制作与安装工程、屋面工程、砌筑工程、地面工程、其他建筑工程、设备安装工程等。

(2)统计计算每项工程内容的工作量。一般情况下用工程量表中的计算单位来表示工作量,例如,土方工程和混凝土工程用立方米表示;管道工程用延长米表示;钢筋加工用吨表示。另外,工程进度也可以用完成的投资额站总投资的比例来表示。

(3)计算每个单项工程工作量所需时间,可用天数表示。此处的工作时间是指按正常程序和施工总方案中所选用的施工设备的水平,以及熟练工人正常工效计算。

(4)按正常施工的各个单项工程内容的逻辑顺序和制约关系,排列施工先后次序。从每项施工工序的可能最早开工时间推算下去,可以得出全部工序竣工所需要的时间。逆推上述过程,从上述竣工日期向前推算,可以求出每一施工工序的最迟开始日期。如果最早可能开工日期早于最晚开工日期,则说明该工序有可调节的机动时间。该项工序只要在最早开工和最迟开工时间之间任何时候开工,均不会影响项目的竣工日期。

根据上述内容,可以制定一份能保证竣工日期的工程进度计划。

二、进度管理及计划调整

常用的进度管理方法有甘特图法和网络计划技术,下面分别进行简单介绍。

(一)甘特图法

甘特图法是一种用直线线条,在时间坐标上标示出各种工程内容和进度的方法。

甘特图是对简单项目进行计划与标示进程的一种常用工具,它能使管理者先为项目各项活动做好进度安排,然后再随着时间的推移,对比计划进度与实际进度以进行监督工作。

特点:简单明了,因而在我国各行各业进度管理中普遍采用,对于一些并不十分复杂的建筑工程,采用这种图表是比较合适的。

缺点:从图中看不出各项工作之间的相互依赖和相互制约的关系,看不出一项工作的提前或落后对整个工期的影响程度,看不出哪些工作是关键工作。

(二)网络计划技术

1. 网络计划技术概念

网络计划技术是运用系统工程和运筹学的原理,将一种产品、一项工程、一件事务的完成过程中的各种相关的作业，用网络的形式，顺序结成合理的连接路线，选出最佳完成路线的方法，包括计划、审查、评估和选优。

网络计划技术是利用网络计划进行生产管理的一种方法。它利用有向网络图，全面反映出整个计划中各项工作的先后顺序和逻辑关系，通过计算时间参数，找出关键工作和关键线路，通过不断改善网络计划，选择最优的方案付诸实施，并在执行过程中进行有效的控制和调整，保证以最小的消耗获得最佳的经济效益和社会效益。这是一种有效的科学管理方法。

与甘特图计划管理比较，网络计划技术具有以下特点：

第一，能全面、明确地反映出整个计划中各工作之间相互制约和相互依赖的关系。

第二，可通过对时间参数的计算，找出影响工程进度计划的关键工作和关键路线，抓主要矛盾，更好地运用和调配人力和资源，从而降低成本、缩短工期。

第三，通过优化，可在若干可行方案中找出最优方案。

第四，在网络计划执行过程中，通过计算的时间参数，可预先知道各项工作提前或推迟完成对整个计划的影响程度，便于进行有效控制和监督，加强施工管理。

第五，可以利用计算机对负责的计划进行计算、调整和优化，从而提高管理效率。

2. 双代号网络图

(1)双代号网络图定义

双代号网络图是由若干表示工作的箭线和节点组成的网络图，其中每一项工作都用一条箭线和两个节点来表示；箭线的结尾节点和箭头节点就是每一项工作的起点和终点，双代号由此而来。图 6－2 表示双代号网络图基本单元。D_{ij}表示工作名称，T_{ij}表示该工作的持续时间。

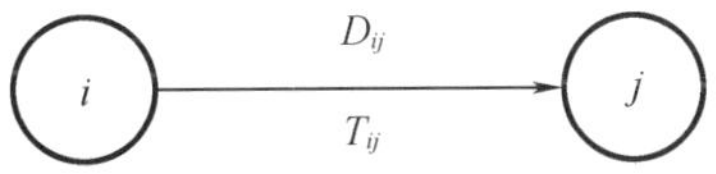

图 6－2 双代号网络图基本单元

①箭线。

箭线表示工作，箭头所指方向表示工作的前进方向，箭头的尾端表示工作的开始，箭头端表示工作的结束。从箭尾到箭头表示一项工作的作业过程。

②工作。

工作通常分为实工作和虚工作两种。实工作是需要耗费时间和资源的工作，用实箭线表示；虚工作是既不耗费时间，也不耗费资源的工作，只表示相邻工作之间的逻辑关系，虚工作持续时间为 0，用虚线表示。

③节点。

节点的主要作用是连接箭线，表达各活动的连接关系，是时间的某一瞬点，无长度。箭线尾端的节点称为箭尾节点 i，箭线头部的节点称为箭头节点 j($i<j$)。

④线路。

线路是指从起始节点开始，沿着箭线的方向连续通过一系列箭线与节点，最后到达终点的通路称为线路。每一条线路都有自己确定的完成方向，它等于该线路上各项工作持续时间的总和，也是完成这条线路上所有工作的计划工期，总持续时间最长的线路为关键线路，该线路各项工作持续时间的总和称为该项目工程的总工期。位于关键线路上的所有工作称为关键工作。

⑤逻辑关系。

工作之间相互制约或依赖的关系称为逻辑关系，包括工艺关系和组织关系。

工艺关系是指生产工艺上客观存在的先后顺序关系或是由工作程序决定的先后顺序关系，如图 6－3 所示。

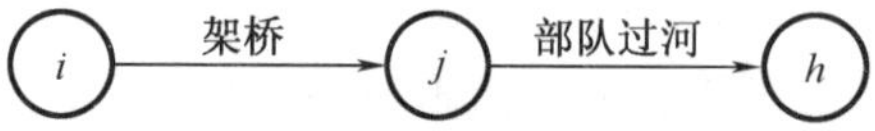

图 6－3　工艺关系

组织关系是指在不违反工艺关系的前提下，人为安排工作的先后顺序关系，如图 6－4 所示。

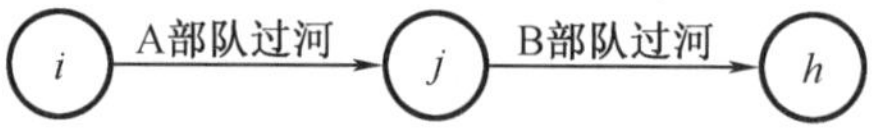

图 6－4　组织关系

(2)网络图中常见的逻辑关系及表示方法

①B、D 工作在 A 工作完成后进行(图 6－5)。

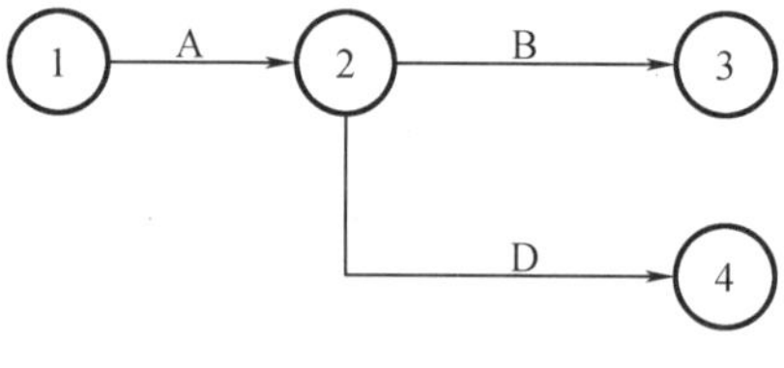

图 6－5　示例 1

②A、B 均完成后进行 C(图 6－6)。

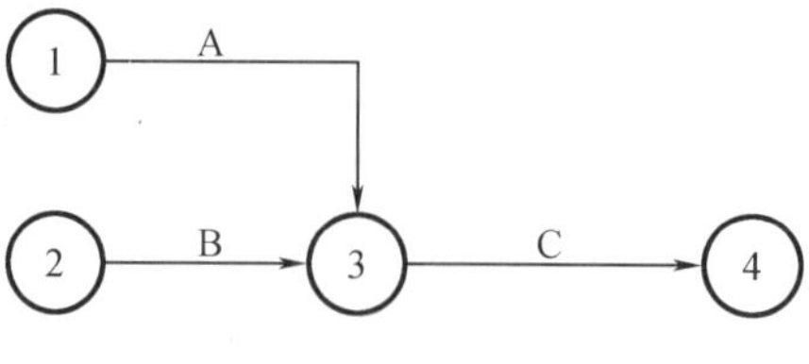

图 6－6　示例 2

③A、B 均完成后进行 C、D(图 6－7)。

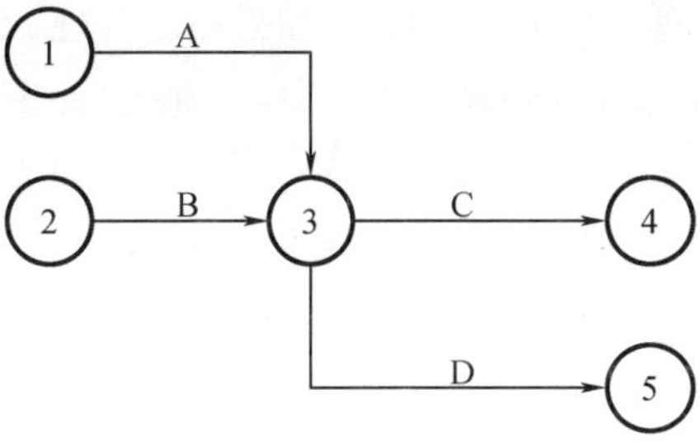

图 6－7　示例 3

④A 完成后进行 C,A、B 均完成后进行 D(图 6－8)。

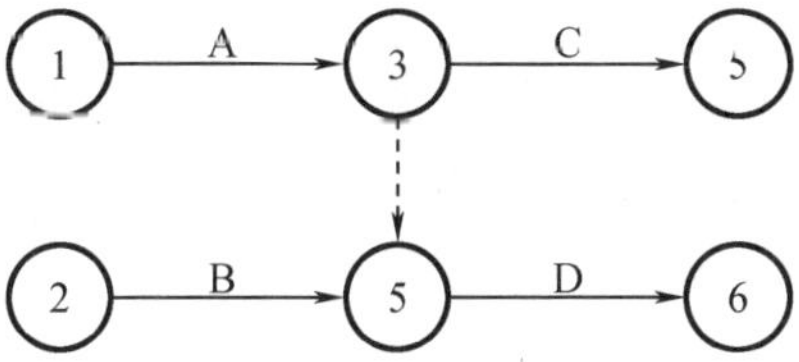

图 6－8　示例 4

⑤A 完成后进行 B,B、C 均完成后进行 D(图 6－9)。

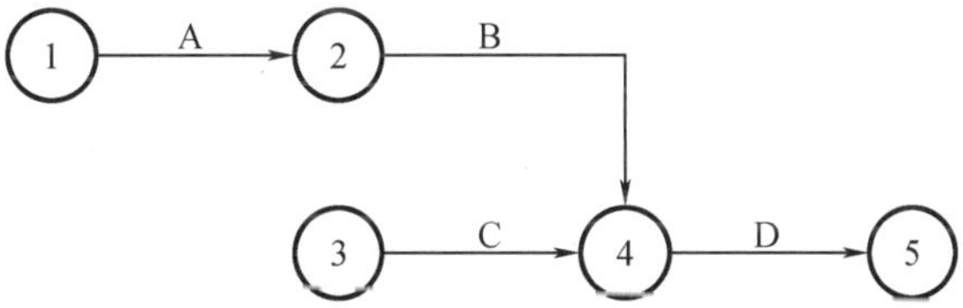

图 6－9　示例 5

⑥A、B、C 平行进行(图 6－10)。

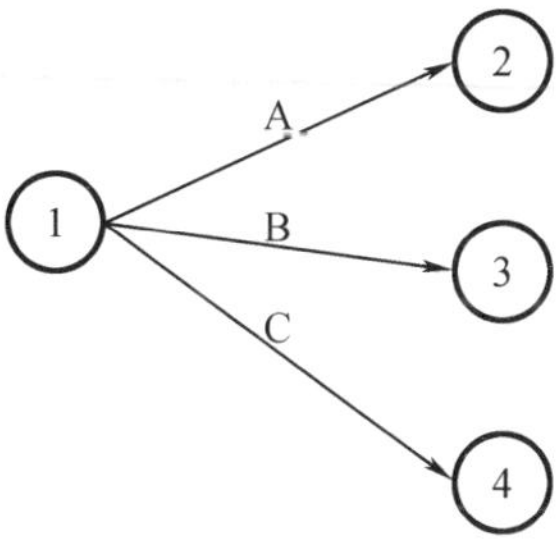

图 6－10　示例 6

(3)网络图编制原则

①尽量采用水平、垂直箭线的网格结构(规整、清晰)。

②交叉箭线及换行的处理(尽量不交叉)。如果布图合理,双代号网络图中一般不会出现箭线交叉,在画图时,如出现箭线要跨越其他箭线,通过调整平行工作的上下位置关系,便可避免。

起点节点有多条外向箭线、终点节点有多条内向箭线时,可采用母线法绘制,中间节点在不至于造成混乱的前提下也可采用母线法绘制。

(4)网络图绘制方法

①直接按逻辑关系画图。

对于每一个生产对象,生产过程中的每一项工作都有其紧前工作和紧后工作,每一支队伍都要面临紧前工序的工作面及本工作做完后往哪里转移的问题,画网络图就是在安排工作面和队伍的流动。

②用工作逻辑关系表绘制。

先确定紧后工作,方法是根据已知的逻辑关系表中的紧前工作或前置作业来确定紧后工作,在工作逻辑关系中,谁的紧前工作中有该工作,谁就是该工作的紧后工作。

然后,依据紧后工作关系直接画草图,最后整理成图。

三、其他配套进度计划

除了工程进度计划外,还有其他与之相关的进度计划。例如,材料供应计划、设备周转计划、临时工程计划等。这些进度计划的实施情况影响整个工程的进度。

(1)材料供应计划。根据工程进度计划,确定材料、设备的数量和供货时间,以及各类物资的供货程序,制定供应计划。

(2)设备周转计划。根据工程进度的需要制定设备周转计划,包括模板周转,起重机械、土方工程机械的使用等。

(3)临时工程计划。临时工程计划包括工地临时居住房屋、现场供电、给排水等。在制定了工程进度计划后也应该制定相应的临时工程计划。

四、进度管理中应该关注的因素

影响工程进度的因素很多,需要特别重视的有以下几个方面:

(1)材料、设备的供应情况。包括各项设备是否完成,计划运到日期;各种材料的供货厂商是否落实、何时交货、检验及验收方法等。

(2)设计变更对进度的影响。设计的修改往往会增加工作量,延缓工程进度。

(3)劳动力的安排情况。工人过少会完不成进度计划中规定的任务,而工人过多则会由于现场工作面不够而造成窝工,因而也完不成任务。所以要适当安排工人。

(4)气象条件。应时刻注意气象条件,天气不好(如下雨、下雪)则安排室内施工(如装修),天气晴朗时则加快室外施工进度。

第四节　房地产开发项目的成本管理

房地产开发项目成本管理是指在规定的时间内，为保证实现项目的质量目标，对项目实施过程中所需要的全部耗费进行合理的确定和有效的控制的管理活动。其主要包括项目资源计划、成本估算、成本预算和成本控制等方面的管理活动。通过项目的成本管理可以实现对整个项目实施的管理和监督，及时发现和解决项目实施过程中出现的各种问题。

施工成本是房地产开发项目总成本的主要组成部分，因此，在一定意义上讲，房地产开发项目成本控制实际上是施工成本控制。

一、资源计划编制

项目所消耗的资源是形成项目成本的根源。项目资源需求的数量、质量和投入的时间都是项目成本管理中最基本的计划管理内容。为了能够及时提供项目所需要的各种资源和使资源能够得到有效利用，需要对项目使用资源的情况做出计划和安排。资源计划编制就是确定完成项目活动所需要资源的种类、数量及时间。一个项目的资源计划若安排不当，就会使项目工期拖延或者使项目实施成本超出预算范围。项目资源包括项目实施中需要的人力、设备、材料、能源和各种设施等，是项目成本估算的基础。

项目资源计划可依据项目范围、分解结构图、工作进度计划、历史资料等编制。项目资源计划编制工作主要是生成一份项目资源计划书。这一计划给出项目资源的数量、质量和投入等方面的要求和安排。

资源计划编制的工具主要是一些方便资源统计或说明的图表，如资源计划矩阵（表6－1）、项目资源数据表（表6－2）、项目资源甘特图（表6－3）和资源负荷图（图6－11）等。

表6－1　资源计划矩阵

施工各分部、分项	资源需求量				备注
	资源1	资源2	……	资源 n	
分部1					
分部2					
分部3					
……					
分部 n					

表6－2　项目资源数据表

需求资源种类	需求资源总量	项目进度（时间）					备注
		1	2	3	…	n	
资源1							

表 6－2(续)

需求资源种类	需求资源总量	项目进度(时间)					备注
		1	2	3	…	n	
资源 2							
……							
资源 n							

表 6－3　项目资源甘特图

资源种类	项目阶段											
	1	2	3	4	5	6	7	8	9	10	…	n
资源 1	—	—	—	—								
资源 2				—	—	—	—	—	—	—		
资源 3					—	—	—	—	—			
资源 4									—	—	—	

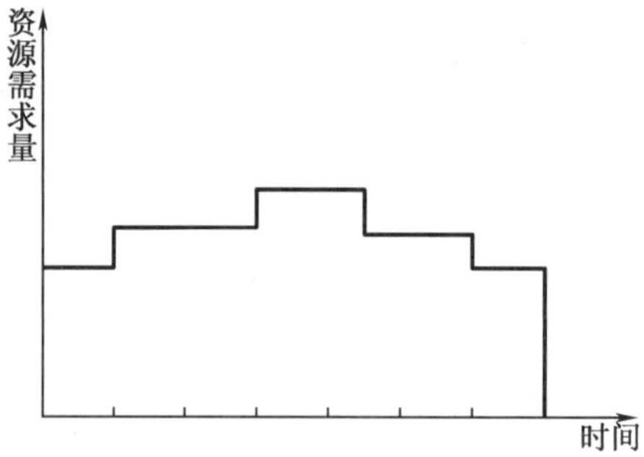

图 6－11　某资源负荷图

二、成本估算

成本估算是对完成项目各部分所需要的资源成本的近似估算，并编制成本估算书。根据成本估算书可以进行项目内与项目间的比较，为项目有关方面决策提供参考。它是项目成本管理的一项核心，其实质是分析和确定项目的成本，也是成本预算和成本控制的依据。

对一个在合同条件下进行的项目，要注意成本估算与价格的区别。成本估算是一种定量的评估，通常不考虑公司其他非项目因素。成本估算仅仅是价格应考虑的诸多因素之一，如在建筑项目中，承包商通过将成本估算的值乘以一个固定的系数来确定价格。

(一)项目成本估算的依据

项目成本估算的主要依据有项目工作分解结构、资源需求计划、资源价格、工作的延续时间、历史资料等。

(二)成本估算的方法

成本估算的方法很多,比较常用的有经验估算法、参数模型法、自下而上估算等。

1. 经验估算法

经验估算法又称类比估算法、自上而下估算法,是指利用以前类似项目的实际成本作为估算当前项目成本的基本依据。按这一方法进行估算,要求估算人员有丰富的专业知识和项目建设经验,以保证所做的估算有足够的参考价值。

经验估算法是由上到下一层一层地进行,从最上层或者是最为综合的层级一层层向下分解。这种方法可以在很短的时间内获得大致的成本数据,但由于影响项目成本的因素很多,同类项目在不同的时间或地点投资额可能会有很大差别,所以,这种估算方法的误差较大。

2. 参数模型法

这是一种比较科学的方法,它立足于过去对成本产生影响的各种因素在现在和将来仍然起作用的这一前提,以过去建设同类项目的资料为基础,运用一定的数学方法进行加工、处理和推理,借以估算项目成本,主要分为指数估算法和系数估算法。

3. 自下而上估算法

自下而上估算法就是先算出各个单位的独立成本,然后将各个工作的估算自下而上地汇总,从而估算出项目成本。

在这种估算方法中,大量工作都是在中下层进行,并逐层向上传递和沟通,在这个过程中,项目的每个单元以及它们的时间和预算被估算出来,同时尽可能精确地确定费用。所以,这种方法估算结果比较精确,但是耗费时间比较长,费用开支比较大。

(三)按时成本估算的结果

成本估算的结果是成本估算文件及编制说明和成本管理计划。

成本估算文件是对完成项目诸活动所需资源成本进行定量估算的结果。成本估算必须考虑所有在本项目账目上支出的资源,这些资源包括但不限于人工、材料、设备及其他诸如价差预备费和管理预备费等专门类别。

成本估算的编制主要包括工作范围描述、成本估算的基础、假设和结果范围的说明。

成本估算计划说明了如何管理成本偏差,它是整体项目计划的一个附属部分。这个文件可繁可简,其繁简程度取决于项目的规模和管理的要求。

三、成本预算

项目成本预算是指把整个项目估算成本分配给项目的各个单项工程,建立项目成本控制基准的项目管理工作。

项目成本预算编制是在项目成本估算的基础上进行的,其步骤如下:

(1)项目总成本估算的分摊,即确定出项目总成本估算后,将其分摊到项目的各分部、分项工程上。

(2)各分部、分项工程总预算成本的分摊。

(3)制定项目的累计预算成本,可分别按时间进度和项目组成分配和安排各个分部分项工程的预算,制定出成本使用计划表和时间—投资累计曲线。

成本基准计划是项目成本预算的结果。它是一种按时间分段的预算,可以用来测量和监控项目的成本绩效。按时间将估算的成本叠加起来即可得到成本基准计划,一般以 S 曲线形式表示,如图 6－12 简要说明了成本基线和预计现金流的 S 曲线。

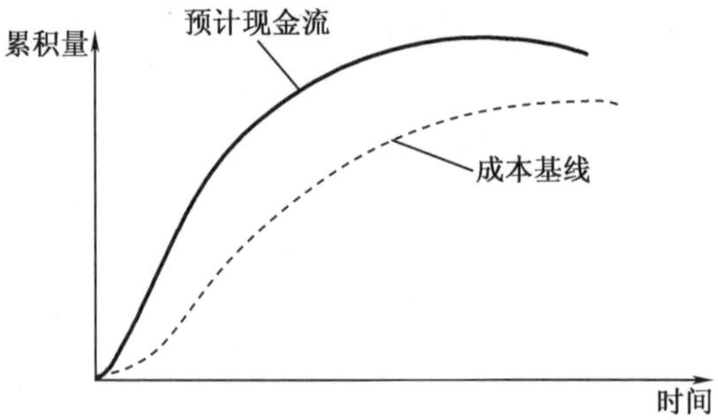

图 6－12　成本基线和预计现金流的 S 曲线

四、成本控制

(一)成本控制内容

1. 成本控制的定义

成本控制是指在项目管理过程中,根据成本管理计划对项目成本进行管理,尽量保证项目成本控制在预算范围内,它对项目的资金支出进行核算和监控。成本控制是在成本预算的基础上开展的。

它将各项工作的实际费用与计划费用进行比较,对成本费用进行评价,并对未完成项目进行预测,使成本控制在预算范围内。它涉及成本变化因素中的控制、项目实施过程中的控制、实际发生的变动的控制。

2. 成本控制的内容

成本控制一般包括监督成本执行情况以找出与计划的偏差;确保所有有关变更都准确地记录在成本基准计划中;防止不正确、不适宜或未核准的变更被纳入成本基准计划之中;将核准的变更通知有关项目人员。

(二)成本控制分析方法——偏差分析法

偏差分析法也称净值法,通过测量和计算已经完成的工作预算费用与已完成工作的实际费用和计划的预算费用得到有关实施进度和费用的偏差,从而达到判断项目预算和进度计划执行情况的目的。

1. 投资偏差与进度偏差

工程投资偏差是指已完工程计划与已完工程实际投资的差值，即

$$\text{投资偏差}(CV)=\text{已完工程计划投资}(BCWP)-\text{已完工程实际投资}(ACWP)$$

如果 $CV>0$，表明工程投资节约；如果 $CV<0$，表明工程投资超支。

工程进度偏差是指已完工程计划投资与拟完工程计划投资的差值，即

$$\text{进度偏差}(SV)=\text{已完工程计划投资}(BCWP)-\text{拟完工程计划投资}(BCWS)$$

如果 $SV>0$，表明工程实际进度超前；如果 $SV<0$，表明工程实际进度拖后。

在实际应用时，为了便于调整进度计划，还需要将用工程投资差额表示的进度偏差转换为所需要的时间偏差。

2. 投资绩效指数和进度绩效指数

工程投资绩效指数是指已完工程计划投资与已完工程实际投资的比值，即

$$\text{投资绩效指数}(CPI)=\frac{\text{已完工程计划投资}(BCWP)}{\text{已完工程实际投资}(ACWP)}$$

如果 $CPI>1$，表明工程投资节约；如果 $CPI<1$，表明工程投资超支。

工程进度绩效指数是指已完工程计划投资与拟完工程计划投资的比值，即

$$\text{工程进度绩效指数}(SPI)=\frac{\text{已完工程计划投资}(BCWP)}{\text{拟完工程计划投资}(BCWS)}$$

如果 $SPI>1$，表明工程实际进度超前；如果 $SPI<1$，表明工程实际进度拖后。

偏差属于绝对指标，绩效指数属于相对指标。偏差适用于项目内部自身的比较，绩效指数适用于项目之间的比较。

(三)成本控制的一些做法

1. 强化“成本”意识，加强全面管理

成本控制涉及项目建设中各部门甚至各位工作人员，强化“成本”意识，协调各部门共同参加成本控制工作，是最基本的做法。计划部门应事先听取现场管理人员的建议，制定切实可行的成本计划。在成本计划实施中，应时刻注意施工管理人员的反映，以便在需要时进行修改或调整。

2. 确定成本控制的对象

工程成本中有些费用所占比例大，是主要费用，有些所占比例小，是次要费用，有些费用是变动费用，有些则是固定费用。在制定成本控制计划之前，要详细分析成本组成，分清主要费用与次要费用、变动费用与固定费用。成本控制的主要对象是主要费用中的变动费用。

3. 完善成本控制制度

完好的计划应当由完善的制度予以实施保证。应当先编制一系列标准的报表，规定报表的填报内容与方法。例如，每日各项材料的消耗表、用工记录单、机械使用台班与动力消耗情况记录等。

另外，还应规定涉及成本控制的各级管理人员的职责，明确成本控制人员与现场管理

人员的合作关系和具体职责划分。现场管理人员要积累原始资料和填报各类报表,成本控制人员进行整理、计算、分析并定期编写成本控制分析报告。

4. 奖励措施

成本控制的奖励措施对调动各级人员降低成本的积极性是有益的。

思考题

1. 简述房地产开发项目质量管理的主要内容。
2. 简述房地产开发项目成本控制的主要内容。
3. 简述房地产开发项目进度控制的主要方法。
4. 房地产开发项目管理的定义是什么?

第七章　房地产融资

第七章　房地产融资

【案例导入】

国内房地产融资领域存在的主要风险

当今社会，房地产企业管理人员正在不断提高自身专业素养，以期提高融资能力，提高自身风险抗压能力。但是由于市场环境日益复杂，某些房地产企业为了保证自身经济效益会选择降价销售法，以期早日完成资金回笼，满足自身发展所需经济支持。目前房地产企业在开展融资工作时所需要承担风险的主要表现形式有以下四种。

（一）融资成本增加或经营压力增加

目前，房地产企业主要融资渠道为银行贷款或信托融资，除此之外，还可以借助某些民间借贷方式来获取资金，完成融资。通过调查可知，现今社会，房地产企业贷款利率比较高，一直维持在6%～10%，而且随着土地成本不断提高，房地产企业需要承担的资金压力也越来越大。而且，当房地产企业发生某些变故后，企业将无法与正常金融机构进行合作并获取相关资金，只能通过民间借贷方式获取融资资金，而民间借贷利率会在20%左右，使得房地产企业融资成本进一步提高。

（二）融资能力减弱降低风险承受能力

在当今社会，房地产企业需要面临多变的市场环境，这导致在实际经营过程中需要解决许多突发问题，如果企业无法制定出符合自身实际情况的发展计划，那么企业将出现较大的财务风险，可能会出现无法按时偿还贷款的情况，甚至可能会面临破产。对房地产企业而言，可以及时完成贷款偿还，拥有足够可使用资金，才可以证明自身具备可持续赢利的能力。如果企业还款工作出现问题，则证明企业内部资金出现问题，有可能正在破产边缘，会对其开展其他经营活动造成严重影响。

（三）融资渠道单一增加资金来源难度

近几年，我国政府对房地产行业进行了宏观调控，对房地产企业贷款额度进行限制，基于此，房地产企业为保证自身发展不受影响，需要寻找全新贷款渠道。但是对实际情况进行分析可知，房地产企业所进行的融资洽谈工作并不顺利，比如借贷对象利息过高、借贷对象不愿放款等，这些导致房地产企业不得不放弃所找到的贷款渠道，依然只能使用固有渠道完成贷款，呈现出融资贷款渠道单一化情况，增加了企业融资难度。

（四）自我能力与融资需求不匹配

房地产项目生产、销售周期较长，导致资金回流速度较低，也就是说房地产企业自我“造血”能力比较弱。目前，我国房价处于波动状态，许多消费者都处于观望状态，这导致房屋销售情况非常不理想，对房地产企业盈利能力造成了严重影响，使得房地产企业更难完成融资工作,严重限制了企业发展。

第一节　房地产融资概述

一、房地产融资的概念与意义

(一)房地产融资的概念

房地产业是一个资金高度密集的行业,开发一个房地产项目所占用的资金量是非常庞大的,不借助于各种房地产融资手段,开发商将寸步难行。因此,不管是大型的房地产开发集团,还是一般的房地产开发公司,仅仅依靠自己的资金很难完成一个房地产项目的开发建设。不借助于各种融资手段,开发商将没有足够的资金来完成项目。资金是房地产开发项目的基础,是房地产开发企业的生存之本。

房地产融资是指企业在房地产开发过程中,借助于金融机构和资本市场筹措开发资金而进行的资金融通行为。实质上,房地产融资就是开发参与各方经充分论证和协商后,以房地产项目的潜在经济价值为基础吸纳利用社会资金的行为。随着我国房地产业的发展和金融行业的逐渐开放,企业发展战略与融资策略的配合、融资渠道等逐渐成为房地产开发企业最重要的核心竞争能力。通过为房地产项目融资,投资者可以将固着在土地上的资产变成可流动的资金,使其进入社会生产流动领域,达到扩充社会资金来源、缓解企业资金压力的目的。

(二)房地产融资的意义

资金问题历来是房地产投资者最为关切的问题,任何一个房地产投资者要想在竞争激烈的房地产市场中获得成功,除了要有技术能力、管理经验以及在以往的房地产投资中赢得的信誉外,还要有筹措资金的能力和使用资金的本领。就房地产开发投资而言,即使开发商已经获得了开发建设用地的土地使用权,如果该开发商缺乏筹措资金的实际能力,不能事先把建设资金安排妥当,其结果很可能由于流动资金拮据、周转困难而以失败告终。对于置业投资来说,如果找不到金融机构提供长期抵押贷款,投资者的投资能力就会受到极大的制约。所以,尽管人人都知道房地产投资具有获得高额利润的可能,但这种高额利润对绝大多数人来说是可望而不可即的。

从金融机构的角度来说,其拥有的资金如果不能及时融出,就会由于通货膨胀的影响而贬值;如果这些资金是通过吸收储蓄存款而汇集的,则还要垫付资金的利息。所以金融机构只有设法及时地将资金融出,才能避免由资金闲置造成的损失。当然,金融机构在融出资金时,要遵循流动性、安全性和营利性原则。世界各国的实践表明,房地产业是吸纳金融机构信贷资金最多的行业,房地产开发商和投资者,是金融机构最大的客户群之一,也是金融机构之间的竞争中最重要的争夺对象。

二、房地产融资的基本原则

房地产融资必须遵循以下基本原则:

(一)安全性原则

企业在债务资金的筹措中,应当全面、客观地认识企业以及项目的收益和偿债能力,本着安全性的原则,保持一个适当的负债比例,使企业的负债率和还债率控制在一个合理范围之内,从而降低企业的财务风险。企业负债率是指企业负债占全部资产的比率。企业还债率是指企业还债数额占全部收入的比率。企业的负债率和还债率过高,会造成企业的信用危机、支付利息过多,造成企业财务困难。

(二)经济性原则

由于房地产开发资金需求量大,资金占用时间长,因此融资成本直接影响到房地产开发项目的效益水平。因此,应当本着经济性原则,尽可能地降低融资成本。

(三)可靠性原则

在房地产项目开发过程中,资金是陆续投入的,在不同的时间点均有不同数量的资金投入。应当本着可靠性原则,在资金需要的不同时间,按时、按量保证资金到位,要求资金融资的渠道、方式、时间、数量等方面是切实可靠的。

(四)时机适当性原则

企业在筹措资金的过程中,必须根据项目的投资时间和投资需要安排确定适当合理的筹措时机和规模,从而避免因取得资金过早而造成资金闲置,或因筹资时间滞后而影响项目的正常进行。

三、房地产融资的方式

融资方式就是作为资金需求者,从资金供给者手中获取资金的形式、手段、途径和渠道。如企业以发行债券、股票的形式通过证券市场向社会筹措资金,采用的就是债券、股票融资方式;企业以向银行借款的形式筹措资金,采用的是银行借贷融资方式。融资方式与资金来源有一定的联系,同一资金来源可以采取不同的融资方式取得,而同一融资方式也可以取得不同来源的资金。但从总体上看,资金来源多样性决定了融资方式的多样性。研究融资方式的意义体现在:

(1)融资方式是企业融资借以实现的手段。在进行融资活动之前,企业应先明确社会各经济主体中谁有可以融出的资金,即资金应从哪里来,然后采取相应的融资方式获取资金。虽然同一资金来源可以采取不同的融资方式取得,但是,不同融资方式下的融资条件以及由此决定的融资难易程度是不同的,因此企业在做融资决策时,必须对各种融资方式下的融资条件和难易程度进行比较分析,选择合适的融资方式,以便及时筹措到所需的资金。

(2)融资方式是融资成本分析的依据。在市场经济条件下,在不同的融资方式下,融资成本是不同的。为实现股东财富最大化目标,企业融资活动必须讲求经济效益,通过对不同融资方式下融资成本的比较,尽量降低融资成本。可见,企业融资成本分析离不开融资方式,融资方式是融资成本分析的重要依据。

(3)融资方式是融资风险分析的依据。在市场经济条件下,融资采取的是信用形式,面对千变万化的市场,企业融资活动是有风险的。因此,企业融资活动必须关注融资风险。由于企业融资是借助于一定的融资方式进行的,在不同的融资方式下,融资风险也是不同的,因此,对融资风险的研究必须依据不同的融资方式进行,融资方式是研究融资风险的重要依据。

(4)融资方式是企业融资决策的重要手段。融资活动的本质是对融资方式的选择及对各种融资方式下融资量的确定及融资决策。融资决策的核心是对各种融资方式的融资成本和融资风险的权衡。可见,企业融资决策也是借助于融资方式进行的。

四、房地产融资的类型

(一)按融资渠道划分

按融资渠道划分,房地产融资分为间接融资和直接融资。

1.间接融资

间接融资是指资金供给者与资金需求者通过金融中介机构间接实现融资的行为,其中资金供给者与资金需求者不是分别作为直接贷款人和直接借款人出现的,双方不构成直接的债权债务关系,而是分别与金融中介机构发生信用关系,成为金融中介机构的债权人或债务人。

间接融资的优点在于:

(1)筹资可以积少成多。银行等金融机构的网点多,吸储起点低,能够广泛筹集社会各方面的闲散资金,形成巨额资金。

(2)安全性较高。在直接融资中,融资风险由债权人独自承担;而在间接融资中,由于金融机构的资产和负债是多样化的,某一项融资风险可由多样化的资产负债结构分散承担。

(3)作为间接融资主体的金融中介机构,一般都有相当大的规模,资金也比较雄厚,可以雇用各种专业人员对融资活动进行分析,也有能力利用现代化工具从事金融活动,还可能在地区、国家甚至世界范围内调动资金,因而提高了金融业的规模经济水平。

间接融资的局限性主要表现在由于资金供给者与需求者之间加入了金融中介机构,隔断了资金供求双方的直接联系,在一定程度上会减少投资者对企业生产的关注,也减少了对筹资者使用资金的压力和约束。

2.直接融资

直接融资是指资金供给者与资金需求者运用一定的金融工具直接形成债权债务关系的行为,资金供给者是直接贷款人,资金需求者是直接借款人。

直接融资的优点在于：

(1)资金供求双方直接联系，可以根据各自对融资条件，如借款期限、数量和利率水平等方面的要求，通过协商实现融资，以满足各自的需要。

(2)由于资金供求双方直接形成债权债务关系，债权人自然十分关注和支持债务人的经营活动；债务人面对直接的债权人，在资金使用上会讲求效益，经营上也会有较大压力，从而促进资金使用效益的提高。

(3)有利于筹集长期投资资金。一是发行长期债券，二是发行股票，由此筹集的资金都具有稳定和可以长期使用的特点。

直接融资的局限性主要表现在直接融资双方在资金数量、期限、利率等方面受到的限制比间接融资多。

(二)按资金偿还性划分

按资金偿还性划分，房地产融资可分为权益融资和债务融资。

1. 权益融资

权益融资是指项目为了获取可供长期或永久使用的资金而采取的融资方式。这种方式所筹集的资金直接构成了项目的资本金，其性质是项目的自有资金。权益融资通常采取直接融资的方式，如投资者通过对外发行股票、直接吸引投资者参与项目的合资以及企业内部的资金积累等方式筹集资金。

2. 债务融资

债务融资是指项目投资者通过信用方式取得资金，并按预先规定的利率支付报酬的一种资金融通方式。就其性质而言，债务融资是不发生所有权变化的单方面资金使用权的临时让渡，融资者必须在规定的期限内使用资金，同时要按期支付利息。从理论上讲，债务融资形式一般不受时间、地点、范围的限制，甚至不受资本的限制。只要融资者有足够的资信水平，就可以获得超过资本金数倍的资金。债务融资往往采用间接融资与直接融资相结合的方式，如银行贷款、发行企业债券、利用商业信用等。

五、房地产融资的一般程序

房地产开发企业完成项目的融资要先后经历投资决策、融资决策、融资模式与结构安排、融资双方协商谈判和执行融资协议五个阶段。

(一)投资决策

确定投资决策时，要考虑该项目所处行业特点和发展前景，以及房地产开发项目市场环境和自然环境的基本情况，比如对项目所在区域气候、水文、地质、生态环境的分析。同时，还必须对宏观经济的整体形势做出判断，如果国民经济快速发展，人民收入水平不断提高，房地产项目的建设、销售、运营都有良好的前景，房地产行业通常在经济繁荣的情况下得到迅速发展。

(二)融资决策

房地产开发企业进行融资决策时,必须决定采用何种融资模式。在项目融资实践中,房地产开发企业一般须聘请具有专业经验和雄厚实力的融资顾问参与设计规划具体的融资活动。虽然房地产开发企业需付出一定成本来获得咨询或建议,但考虑到融资计划的复杂性及对项目成功的重大影响,房地产开发企业仍然会不惜重金寻找专业融资团队的帮助。

(三)融资模式与结构安排

关于融资结构的设计,通常由投资公司或商业银行中的项目融资部门与房地产开发企业项目部联手设计出最有利的融资结构,所谓“最有利”的含义包括采用这种融资结构会使项目风险最小化,使项目参与各方的收益都得到充分的保障,制定这样的融资结构必须对债务承受能力做出准确判断和估计,并设计出稳健合理的融资和担保方案。这个过程要求房地产开发企业与融资顾问有良好的沟通渠道,双方优势能有效互补,观点分歧要迅速解决。

(四)融资双方协商谈判

当融资方案确定后,房地产开发企业与银行等金融机构开始就融资协议的细节进行漫长的谈判,融资顾问要发挥协调双方利益、控制谈判节奏的作用,促成融资合同文本的签署。

(五)执行融资协议

房地产开发企业与资金供给方达成项目融资的正式文件后,项目所需资金逐渐到位,房地产开发企业要组织建筑承包商、原材料供应商、房地产项目工程监理等正式投入到项目建设运营中去,发放贷款的银行或其他金融机构也要派出专家组对项目的建设进度、工程质量和资金使用情况进行监督、调查,以确保项目按计划顺利施工。

总体而言,项目融资的重中之重是房地产项目开发企业要做好项目评价和风险分析工作,只有以实事求是的态度和细致入微的调查,房地产项目的发起人才能有效地控制、化解各类风险,获得预期收益。

第二节　房地产融资渠道

房地产融资渠道主要包括自有资金、银行贷款、证券融资、房地产信托融资、房地产投资基金。

一、自有资金

房地产开发企业的自有资金主要由资本金、企业公积金、公益金和未分配利润等组成。

(一)资本金

房地产开发企业设立时必须拥有一定数量的资本金。目前我国强调实收资本制,要求实行资本与注册资本一致,并规定开办企业必须筹集最低资本金数额。

房地产开发公司资本金的筹集,依据法律法规的规定,可以采取国家投资、多方集资或发行股票等方式。

投资项目资本金可以用货币出资,也可以用实物(如建筑材料)或者工业产权、非专利技术、土地使用权等无形资产作价出资,无形资产、实物出资必须经过有资格的资产评估机构评估作价。其中无形资产的出资(不包括土地使用权)不得超过企业或建筑项目注册资金的20%;实物出资在资本金中也不能超过一定比例。

(二)企业公积金

企业公积金是企业的一种长期资金,筹集无须发生费用,也不会导致企业控制权分散的问题。企业公积金包括资本公积金和盈余公积金,它们都可按一定的法律手续转增为企业资本金。

1. 资本公积金的筹集

资本公积金是指企业由于投入资本所引起的各种增值。主要来源如下:

(1)资本溢价,是指企业在筹集资金的过程中,投资者实际缴付的出资额超出应认缴的资本金的金额。例如,股票溢价发行时,其相当于股票面值的部分作为资本金,超出面值的溢价部分作为企业资本公积金,可供企业长期支配使用。

(2)法定资产重估增值,即对法定资产重新评估,重估价值大于账面价值的差额。

(3)接受捐赠的财产,这是对企业的一种特殊的投资行为。

2. 盈余公积金的筹集

盈余公积金是企业按规定从税后利润(盈余)中提取的,属于所有者留存在企业内部的资产或权益,主要用于弥补亏损、追加投资,股份公司还可按规定用于分配股利,也可转增为资本金。

(三)公益金

公益金是指房地产开发企业按照规定从其税后利润中提取的专门用于企业职工福利设施的准备金。它只能用于集体福利设施的建设,如兴建职工宿舍、托儿所、理发室、浴室等。

(四)未分配利润

$$未分配利润 = 税后利润 - 盈余公积金 - 公益金 - 可分配利润$$

另外,企业资产变卖和利用企业应收账款融资也是国外企业常用的自有资金筹集方式。

二、银行贷款

任何房地产开发商要想获得发展，都离不开银行和其他金融机构的支持，而且由于“杠杆效应”的存在，开发商不可能也不愿意完全靠自有资金而不利用银行或其他金融机构的信贷资金。银行贷款融资指的是银行向借款人发放的用于房屋建造、土地开发过程中所需资金的人民币贷款。

（一）银行发放贷款的条件

（1）有企业法人营业执照。

（2）四证：已取得贷款项目的土地使用权且土地使用权终止时间长于贷款终止时间（不动产权证）；建设用地规划许可证；建设工程规划许可证；建设工程施工许可证。并且全部立项文件完整、真实、有效。

（3）贷款项目申报用途与其功能相符，并能够有效地满足当地城市规划和房地产市场的需求。

（4）贷款项目工程预算、施工计划符合国家和当地政府的有关规定。工程预算投资总额能满足项目完工前由于通货膨胀及不可预见等因素追加预算的需要。

（5）具有一定比例的自有资金（一般应达到项目预算投资总额的30%），并能够在银行贷款之前投入项目建设。

（6）在银行开立账户并保持正常业务往来。

（7）开发商须对建设的房地产进行保险且第一受益人为贷款银行。

（二）发放贷款的类型

1. 房地产开发企业流动资金贷款

房地产开发企业流动资金贷款是针对企业的临时性、季节性流动资金需求而进行的贷款，发放给企业以供生产流通中周转使用的贷款。它主要用于房地产开发前期费用的支出、有关土地费用的支出、基础设施费用和公共配套设施费用的支出。这个贷款具有自偿性的特点，贷款期限一般不超过一年，将企业收入所产生的现金流用于还款。一般来说，申请该项贷款的房地产开发企业应具备以下贷款条件：

（1）具备开发企业资格，也就是具有开发企业资格证书和工商营业执照。

（2）在贷款银行开立账户，持有贷款证。

（3）具有开发计划，即有关部门下达的年度投资计划和开发项目的有关批准文件。

（4）具有健全的管理机构和财务管理制度。

（5）具有还本付息的能力等。

另外，银行对企业的实有资本、信誉、拟开发项目的成本和效益情况、开发商在建工程情况（是否超能力开发）等也将进行审核。

房地产开发企业流动资金贷款一般要经过贷款申请、贷款评估与贷款审核、贷款额度与期限核定、贷款合同和担保合同签订等过程，并办妥有关手续，最后由银行按贷款合同规定发放贷款。

2. 房地产开发项目贷款

房地产开发项目贷款是指对房地产开发企业发放的用于住房、商业用房和其他房地产开发建设的中长期项目贷款。

房地产开发项目贷款是一种抵押贷款,其抵押物为以出让方式取得的项目土地使用权或在建工程。房地产开发贷款只能用于指定项目,不能挪用于其他项目。贷款重点支持符合中低收入家庭购买能力的住宅项目,大户型、大面积的高档商品房及别墅等项目的贷款受到适当限制。房地产开发项目贷款按不同阶段发放不同贷款,包括土地购置贷款、土地开发贷款与建设贷款三种类型,可由同意借款人提供担保。

开发项目贷款,除必须符合房地产开发企业流动资金贷款条件外,还必须具备以下条件:

(1)贷款项目必须列入当年的开发计划;

(2)必须具备批准的设计文件,并通过银行进行的项目评估;

(3)前期工作准备必须就绪,落实了施工单位,具备了开工条件。

与房地产开发企业流动资金贷款不同,申请开发项目贷款时,银行参与项目的选择,参与项目的可行性研究工作,并进行项目评估。对未经项目评估的项目,银行一般不承诺贷款。银行参与项目的扩初设计及概算的审查,并根据项目有关情况参与销售价格的制定。银行参与项目的年度计划的安排,并根据计划执行情况,编制年度贷款计划,核定贷款额度。

房地产开发项目贷款程序与房地产开发企业流动资金贷款程序基本相同。

3. 房地产抵押贷款

房地产抵押贷款,是指借款人(抵押人)以其合法拥有的房地产,在不转移占有方式的前提下,向贷款人(抵押权人)提供债务履行的担保,以此来获得贷款的行为。抵押人不履行债务时,抵押权人有权依法以抵押的房地产拍卖所得价款优先受偿。房地产抵押贷款包括土地及在建工程抵押贷款、商用房地产抵押贷款及个人住房抵押贷款。个人住房抵押贷款和商用房地产抵押贷款侧重于置业投资时所需资金的筹措;土地及在建工程抵押贷款侧重于房地产的生产领域。

(1)土地及在建工程抵押贷款

土地及在建工程抵押贷款是指在房地产开发项目建设中,房地产抵押的抵押人是房地产开发企业,抵押权人是金融机构,是抵押人为取得在建工程后续建造资金的贷款,用其合法取得的土地使用权连同上面的在建工程已投入的资产,以不转移占有的方式抵押给贷款银行作为偿还贷款、履行担保的行为。

(2)商用房地产抵押贷款

商用房地产抵押贷款指购买商用房地产的机构或个人,以购买的房地产作为抵押担保,向金融机构申请贷款的行为。其还款来源主要是商用房地产的净经营收入。该类贷款仅对已经通过竣工验收的商用房地产发放。

(3)个人住房抵押贷款

个人住房抵押贷款是个人在购买住房时,以所购买的住房作为抵押担保,向金融机构申请贷款的行为。个人住房抵押贷款分为政策性(住房公积金)住房抵押贷款和商业性住房抵押贷款。住房公积金制度是本着单位和职工共同投入、强制储蓄、定向消费的原则,公积金贷款利率比一般商业贷款利率要低很多,所以它只面向参与缴纳住房公积金、购买自住房的家庭,并且贷款额度有一定的限制。而商业性住房抵押贷款利率要高一些,因为公积金贷款在贷款额度上有限制,当政策性住房抵押贷款不足以满足借款人的资金需求时,还需要同时申请商业性住房抵押贷款,这样就形成了组合贷款。另外,没有缴纳住房公积金的购房人,也可直接申请商业性住房抵押贷款。

房地产抵押贷款的程序与房地产开发企业流动资金贷款程序基本相同,不同之处如下:

第一,房地产抵押贷款的额度由贷款的银行根据借款人的资信程度、经营收益、申请借款金额和借款时间长短确定,但最高不超过抵押物现行作价的70%,并且抵押物的现行作价一般由具备专业资格条件的房地产评估机构评估确定。

第二,抵押合同由借款人或抵押人与贷款银行双方共同签订,抵押合同是房地产抵押贷款合同的不可分割的文件。

第三,房地产抵押贷款合同、房地产抵押合同签订后,必须办理抵押登记手续,若按规定需要公证的,贷款合同和抵押合同必须经公证机关公证。

三、证券融资

证券融资是指通过房地产债券、股票等证券的发行和流通来融通房地产开发资金的有关金融活动。随着现代市场经济的发展,在发达国家,证券融资已经成为房地产融资的主要方法。

通过发行股票和债券融资,可有效利用房地产投资所产生的高额利润的吸引力。运用这一有价证券方式向社会广泛筹集资金,具有筹资对象广泛、筹资速度快捷、债权债务明确的特点。虽然筹资成本比其他方式高,但是它对房地产业发展所起的作用是极为显著的。

(一)发行股票

房地产开发商可发起设立股份有限公司,通过发行股票融通资金。股份有限公司是指其全部资本分为等额股份,股东以其所持股份为限对公司承担责任,公司以其全部资产对公司的债务承担责任。股份有限公司的成立,可以采取发起设立或者募集设立的方式。其中,发起设立是指由发起人认购公司应发行的全部股份而设立公司;募集设立是指由发起人认购公司应发行股份的一部分,其余部分向社会公开募集或者向特定对象募集而设立公司。设立股份有限公司,应当具备下列条件:发行人符合法定人数;有符合公司章程规定的全体发起人认购的股本总额或者募集的实收股本总额;股份发行、筹办事项符合法律规定;发起人制订公司章程,采用募集方式设立的经创立大会通过;有公司名称,建立符合股份有限公司要求的组织机构;有公司住所。

（二）企业债券

企业债券是企业发行的，表明债券债务关系的一种有价证券，债券持有人拥有按约定条件收取本金和利息的权利。房地产开发企业发行企业债券融资时应注意以下几个方面的问题：

一是企业债券的发行价格。债券可以按票面金额发行（即平价发行），也可以按高于票面金额的价格发行（即溢价发行），还可以按低于票面金额的价格发行（即折价发行）。

二是企业债券的票面利率、利息支付方式及支付时间。债券的票面利率是以每年的利息和债券的票面金额的百分比表示的，债券的利率形式有复利和单利，利息的支付方式是指到期一次付息还是分期支付利息，后者应注明每次支付时间。

三是企业债券的偿还期限和偿还方式。债券的偿还期限在一年以上的为长期债券，在一年以内的为短期债券。债券的偿还方式是指到期一次偿还、提取偿还或延期偿还。

四是企业债券是否记名和流通。记名债券应载明债券持有人的姓名、挂失方法及受理机构等。流通债券应说明可流通的起始日、流通方法及办理转让的机构等。

四、房地产信托融资

（一）房地产信托融资的概念

房地产信托一般是指以房地产及其相关资产为投向的资金信托投资方式，即信托投资公司制定信托投资计划，与委托人（投资者）签订信托投资合同，委托人（投资者）将其合法资金委托给信托公司进行房地产投资，或进行房地产抵押贷款，或购买房地产抵押贷款证券，或进行相关的房地产投资活动。

紧缩性的宏观政策使对银行贷款依赖性极强的房地产开发企业的资金非常紧张，这使得房地产开发企业对银行以外的融资渠道的资金需求增加，房地产信托业务得以发展。现阶段我国信托产品主要有两种模式，即股权融资和债权融资。股权融资是对一些自有资本金不足35%的房地产企业，信托投资公司以注入股本金的方式与房地产公司组建有限责任公司，使其自有资本金达到国家规定的要求，信托投资公司作为股东获得投资回报。债权融资是针对虽然自有资本金已达到国家要求，但是由某些原因造成房地产企业短期资金困难，这时候信托投资公司就可以筹集一定的资金定向地贷给房地产开发企业，补上资金缺口，这种操作方式类似于商业银行的信贷业务。

（二）房地产投资信托的运营模式

房地产投资信托按其投资业务和信托性质的不同可分为不同类型。按投资业务不同，房地产投资信托基金（REITs）可分为权益型REITs、抵押型REITs和混合型REITs三种。权益型REITs是以收益性物业的出租、经营管理和开发为主营业务，主要收入是房地产出租收入；抵押型REITs主要为房地产开发商和置业投资者提供抵押贷款服务，或经营抵押贷款支持证券（MBS）业务，主要收入来源是抵押贷款的利息收入；混合型REITs则同时经营上述两种形式的业务。

房地产投资信托在市场经济发达的国家和地区已经广为通行。它为广大的个人投资者提供了投资房地产的良好渠道。在众多投资工具中,房地产投资利润丰厚,保值性好,一直是资金投向的热点领域。但同时,房地产投资所具有的资金量大、回收周期长等特点,使众多社会闲散资金或个人投资者无法进入。

房地产信托融资基本运作模式如图 7-1 所示。

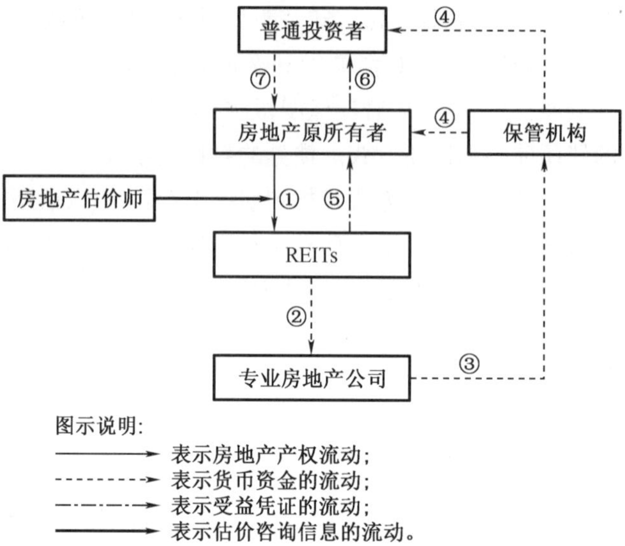

图 7-1 房地产信托融资基本运作模式

图 7-1 中各序号标记含义如下:

①房地产原有者将产权转移给 REITs,REITs 并不向其支付现金,而是签发受益凭证。

②REITs 再将房地产委托给专业房地产公司进行销售或出租。

③专业房地产公司销售或出租房地产所得收益交由保管机构保管。

④保管机构根据信托合同,将收益直接交给投资者(受益凭证的持有者),这时的投资者可能是房地产原所有者,也可能是普通投资者。

⑤REITs 在取得房地产产权后,应同时向原所有者签发受益凭证。

⑥原所有者可以将受益凭证在证券市场商出售,进而取得相当于直接销售房地产的价款。

⑦普通投资者支付价款,取得收益凭证,从而成为 REITs 受益人。

⑧为避免房地产的原所有者与 REITs 的管理者进行损害投资者的关联交易,应委托独立的房地产估价师对拟转让的房地产进行估价,股价金额作为受益凭证的价值基础。

房地产信托的 REITs 可以使投资者对拟投资的房地产有比较直观的认识,对 REITs 来讲不必付出现金即可获得一宗有收入潜力的房地产。此外,这种方式还可以享受税收优惠,比如原所有人将房地产转让给 REITs,并没有从 REITs 那里获得现金,而是获得一种收益证明,因此这种财产转移不是“真实销售”,REITs 不需要缴纳契税,原所有人不需要缴纳营业税,从而减少了 REITs 运营的税务负担。

(三)将房地产信托引入我国的意义

房地产信托的应运而生,无论对房地产市场还是对资本市场而言都有重大意义,主要体现在以下三个方面:

1. REITs 可以增强房地产投资的流通性

房地产交易手续繁杂、耗时费力、变现成本较高,投资者要冒较高的流动性风险。而 REITs 以证券化形式来表现房地产的价值,投资者只拥有证券化了的受益凭证,虽然没有拥有房地产之名但却有其实,又可以随时变现,这在一定程度上消除了投资者对房地产不易脱手变现的顾虑。

2. 专业化经营有利于提高房地产的获利能力

由于 REITs 经营权与所有权的高度分离,通过专业化的经营管理可以大幅度提高房地产的经营绩效,也可以使资本市场上 REITs 受益凭证的价格上涨,进而使投资者可以分享房地产专业投资经营的成果。

3. 分散投资风险

房地产的区位性使得不同地区、不同地段的物业即使各方面表现相同,仍会有明显的需求、价格差异。此外,投资房地产所需资金巨大,单个投资者无法通过分散投资来规避风险。而通过投资 REITs 受益凭证,投资者不仅可以投资不同类型的房地产,甚至可以投资不同地区的房地产,以此来分散投资风险。

房地产投资信托是房地产证券化的一种重要形式,既可以满足房地产市场的巨额资金需要,又可以满足资本市场上的资本获利需要和流动需要,能够成为沟通两个市场的"桥梁",从而实现两个市场的"双赢"。各类信托基金除部分资金用于购买可以确保其利息收入的、风险较小且收益水平相对较低的政府债券投资外,仍有愿望将基金的一部分用于虽有一定的风险性,但收益相对较高的房地产投资,作为其投资组合的一部分。开发商可以约定的利率向各类基金组织融资,也可以吸收其投资入股。尽管使用基金的利率水平相对于银行贷款较高,但是对资金需求量很大的房地产开发企业来说仍不失为一条有效的筹资渠道。

(四)房地产信托融资的一般流程

1. 发行审查

由信托公司与融资方洽谈,融资项目要求双方完成如下工作:

(1)业务部门初审、立项。

(2)信托公司对项目的有关情况进行审查。

(3)决策委员会和风险控制委员会评审。

(4)融资方提供基本资料。

(5)对所涉及的不动产及其经营企业进行尽职调查。

(6)分析项目前景和可行性。

(7)明确资金用途和还款来源。

(8)评估和防范风险、拟定项目的监管措施。

(9)拟定信托计划的发行方案。

2. 募集资金

由信托公司发行信托计划,向投资者募集资金,信托公司应做好如下工作:

(1)开立信托专户。

(2)发售信托产品。

(3)签署信托合同。

3. 期间监控

为防范风险,由受托人(信托公司)和其他机构对项目采取以下必要的措施对项目进行监控和管理。

(1)监控和保管(或托管)信托资金。

(2)跟踪开发项目的情况。

(3)按照规定披露项目信息。

(4)返还信托财产。

五、房地产投资基金

房地产投资基金是从事房地产的收购、开发、管理、经营和营销获取收入的集合投资制度。它可以被看成为投资者从事其自身的资金和管理能力所不能及的房地产经营活动提供资金的一种融资形式。房地产投资基金通过发行基金证券的方式,募集投资者的资金,并委托给专业人员专门从事房地产或房地产抵押贷款的投资,投资期限较长,追求稳定、连续性的收益。基金投资者的收益主要是房地产基金拥有的投资权益的收益和服务费用。基金管理者收取代理费。

基金的收入来源包括资产增值、房租等,可分为私募和公开发行两种。

所谓私募基金,是指一种非公开宣传的,私下向特定投资人募集资金并进行集合投资的工具。私募基金大致有三种类型:一是信托和证券等金融机构,受投资者委托进行集合投资,以信托理财的方式投资上市股票或产业;二是普通的资产管理公司、投资公司、投资顾问公司、财务顾问公司等中介机构,私下为客户提供委托理财服务,对集中起来的资金进行投资;三是其他各种机构法人,以自己私下募集的资金集中投资。

所谓公开发行,又称公募,是指上市公司通过中介机构向不特定的社会公众广泛发行股票,小股民也可参与其中。

第三节 房地产融资的成本管理

一、房地产融资成本的概念及构成

房地产融资的成本是融资中的一个重要概念。这个概念包括两个方面：

第一，从企业角度看，融资成本是指企业因使用资金而付出的代价。在资金交易中，企业获取的只是资金的使用权，资金的所有权仍归资金所有者所有。由于资金是具有时间价值的，因此，企业获取资金使用权是要付出代价的，这种代价体现为企业支付给资金所有者的报酬，如利息、股利、租金等。

第二，从本质上讲，企业支付给资金所有者的报酬就是资金使用费。又由于企业融资是一种市场交易行为，有交易行为就有交易费用，因此，企业获取资金使用权时需要支付相关的交易费用，如委托金融中介机构发行股票、债券时支付的注册费、代办费，向银行借款时支付的手续费等，这些费用称为融资费。

企业融资活动所发生的资金使用费和融资费，形成公司的融资成本。衡量融资成本的高低通常用相对数表示，也就是融资成本率。其计算公式为

$$融资成本率 = \frac{资金使用费}{融资总额 - 融资费用} \times 100\%$$

从资金提供者的角度看，融资成本是资金提供者所要求的报酬。投资者（即资金提供者）所要求的报酬由两部分构成：一是无风险报酬；二是风险报酬。计算公式如下：

$$融资成本率 = 无风险报酬率 + 风险报酬率$$

二、融资成本及其估算

（一）短期融资成本及其估算

企业融资有短期融资和长期融资之分，其中，企业短期融资的方式有商业信用、短期银行借款、商业本票、应收账款和应付费用等。下面分别介绍几种短期融资方式的融资成本。

1. 商业信用融资成本。从本质上讲，商业信用是企业与企业之间的一种信用行为，体现在商品的赊购方从商品的赊销方处获得了一笔金额以商品价款、期限为付款期的融资支持，当付款期届满时，赊购方必须向赊销方支付货款。商业信用是企业短期融资中最主要的一种融资方式。有资料显示，其比重在短期融资中平均占40%，小型企业商业信用融资所占比重更高，因为他们受融资条件的限制而难以利用其他融资方式，只得依靠商业信用融资。

作为一种融资方式，商业信用融资也有融资成本。商业信用融资成本体现在商品的赊购价与商品现购价的差额。其融资成本通常用赊购方放弃现金折扣而丧失的好处来表示。计算公式为

$$放弃折扣成本 = \frac{折扣百分比}{1 - 折扣百分比} \times \frac{360}{信用期 - 折扣期} \times 100\%$$

如某开发企业从另一公司采取商业信用形式购进 5 000 万元的货物，对方企业给予的商业信用条件是“2/10，n/30”（“2/10”表示贷款在 10 天内付清，折扣百分比为 2%；“n/30”表示贷款在 10 天以后、30 天以内付清没有折扣，须全额付款，即信用期为 30 天，折扣期为 10 天），则该公司的商业信用成本为

$$放弃折扣成本 = \frac{2\%}{1-2\%} \times \frac{360}{30-10} = 36.7\%$$

2. 短期银行借款成本

在可供企业利用的短期融资方式中，短期银行借款的重要性仅次于商业信用。短期银行借款的成本通常会随着借款人的信用、借款期限、借款金额及经济环境的变化而变化。

短期银行借款成本用实际借款利率表示，复利计息。对短期银行借款成本影响最大的是名义利率，其次是补偿性余额。

（1）实际利率。名义利率是银行计算贷款利息所使用的利率。名义利率分为单利利率、复利利率、贴现利率和附加利率。实际利率是根据计息次数，按复利方法计算出来的利率，次数越多，利息越多，实际利率高出名义利率的也越多。贴现利率是银行办理贴现贷款时所使用的利率。

（2）补偿性余额。补偿性余额是指银行发放贷款时，要求借款人按一定比例计算的保留在银行中的贷款余额，通常补偿性余额的比例在 10% ~ 20%，这种做法的目的主要是保证贷款的安全性。补偿性余额的规定减少了借款人对借款资金的利用程度，增加了借款人的借款成本。在这种情况下，借款人的实际利率为

$$实际利率 = 名义利率 \div (1 - 补偿性余额比例)$$

3. 商业本票融资成本

商业本票是由大公司企业发行的、无担保的短期商业票据。商业本票的期限很短，一般为 2 ~ 6 个月；面值很高，通常在 10 万元以上；利率较低，通常低于银行优惠贷款利率 1 ~ 2 个百分点。

商业本票具有流动性强、风险低和具有一定的收益性的特点，是许多大公司筹措资金的重要方式，也是金融机构投资的重要对象。目前商业本票市场在我国尚处于起步阶段，交易市场尚未形成。

4. 应收账款融资成本。应收账款融资是指以应收账款作为担保品来筹措资金的一种短期融资方式，这种融资方式又分为应收账款抵押和应收账款出售两种形式。应收账款抵押是指银行以应收账款作为抵押而向借款人发放的贷款。在这种贷款方式下，银行不仅拥有应收账款的受偿权，而且拥有对借款人行使的追偿权，即当应收账款的付款人不能如期支付货款时，借款人必须承担由此给银行带来的损失。应收账款出售是指借款人将其所拥有的应收账款卖给银行，并且在借款人的客户不能支付款项时，银行不能对借款人行使追偿权，而要自行承担损失。

对企业而言，采取应收账款融资的成本十分昂贵。一般而言，资金成本高出基本利率 2 ~ 3 个百分点。同时，金融机构要向融资企业按应收账款的 1% ~ 3% 收取信用审核与风险承担费，如果金融机构认为出售应收账款的公司的客户具有偏高的信用风险时，这笔费用

将会更高。此外,如果将应收账款作为担保或出售给金融机构,也会影响企业采取商业信用进一步融资的能力。

(二)资本成本及其估算

企业筹集的长期资金通常称为资本。资本成本就是企业筹集和使用长期资金的成本,通常用百分率表示,即资本成本率。企业筹集长期资金的方式主要有长期银行借款、发行公司债券、发行优先股、发行普通股和留存收益,因而,资本成本可按不同的融资方式予以估算。按照国际惯例和我国相关法律法规规定,公司股票的股利是从税后利润中支付的,而债务利息是作为财务费用从税前利润中支付的,因此,为使负债与权益具有可比性,需要对负债成本进行调整,即将负债成本调整为税后成本。这样,企业负债实际负担的利息费用为

$$利息费用 = 利息 \times (1 - 所得税税率)$$

1. 各种融资来源资金成本的计算

(1)长期银行借款的资金成本

长期银行借款的资金成本可按下式计算:

$$银行借款资金成本率 = \frac{借款总额 \times 年利率 \times (1 - 所得税税率)}{借款总额 \times (1 - 筹资率)} \times 100\%$$

如某开发企业向国内某银行借款 1 500 万元,年利率为 6%,所得税税率为 25%,筹资率为 1%,则

$$国内借款成本率 = \frac{1\,500 \times 6\% \times (1 - 25\%)}{1\,500 \times (1 - 1\%)} \times 100\% = 4.5\%$$

(2)长期债券资金成本

企业发行债券通常都在事前规定年利息率,不过一般要高于银行存款利率。企业支付的债券利息同银行借款利息一样,可以计入财务费用,在税前利润列支,因此,在企业赢利的情况下,也可少缴一部分所得税,企业实际负担的债券利息也应扣除节税部分。企业发行债券要发生债券印刷费、代理发行费等筹资费。由于筹资费的发生,企业实际取得的资金要少于债券的发行总额。因此,企业债券资金成本率的计算公式为

$$债券资金成本率 = \frac{债券总额 \times 年利率 \times (1 - 所得税税率)}{债券发行总额 \times (1 - 筹资费率)} \times 100\%$$

如某开发企业因扩大开发经营规模的需要,经有关部门批准,按票面价值(简称"面值")向社会发行债券 900 万元,债券年利率为 8%,债券筹资费率为 1%,企业所得税税率为 25%,则

$$债券资金成本率 = \frac{900 \times 8\% \times (1 - 25\%)}{900 \times (1 - 1\%)} \times 100\% = 6.06\%$$

由于企业发行债券筹资时,债券发行价格可以等于面值,也可以不等于面值,并且存在发行费用,因此,企业发行债券融资的成本不能简单地以债券的票面利率表示,需要分不同情况处理。

当债券发行价格与债券面值不一致时,债券资金成本的计算分两步进行:

首先,确定债权人所要求的债券收益率。计算公式如下:

$$P_0 = \sum_{t=1}^{n} \frac{I_t}{(1+K_i)^t} + \frac{P_n}{(1+K_i)^n}$$

式中 P_0——债券发行价格净额,等于债券发行价格扣除发行费用;

P_n——债券面值;

I_t——定期按票面利率支付的利息;

n——债券期限;

t——计息期数;

K_i——债券收益率,即债券的税前资金成本。

其次,根据债券税前资金成本,计算债券税后资金成本。计算公式如下:

$$债券的资金成本率 = K_i \times (1 - T)$$

(3)优先股股金成本率。企业如为股份有限公司,并发行有优先股的,要按约定的股利率支付股利。由于在企业资不抵债时,优先股股票持有人的索赔权次于债券持有人,优先股股票持有人的投资风险大于债券持有人,所以优先股股利率高于债券利率。又由于优先股股利要用税后利润支付,它不能减少企业应缴所得税,而优先股股金的筹资费如印刷费、代理发行费、注册费等一般要高于债券筹资费,所以优先股股金成本率明显地高于债券成本率。优先股股金成本率的计算公式为

$$优先股股金成本率 = \frac{优先股股金总额 \times 年股利率}{优先股股金总额 \times (1 - 筹资费率)} \times 100\%$$

(4)普通股股金成本率。普通股股金成本率的计算方法基本上与优先股相同。由于普通股股票持有人的投资风险最大,因而其股利率应比优先股股利率更高。普通股的股利是经常变化的,假设随着经营状况的改善每年以固定比率增长,则:

$$普通股股金成本率 = \frac{下一年发放普通股股金总额的股利}{普通股股金总额 \times (1 - 筹资费率)} + 普通股预计年增长率$$

(5)留存收益成本率。留存收益包括企业提取盈余公积金和未分配利润。它是企业内部形成的资金来源,实际上是普通股股金的增加额,等于股东对企业追加了投资。对于普通股东,这一部分追加投资也要给以相同比率的报酬。留存收益成本率的计算方法基本上与普通股股金相同。

$$留存收益成本率 = \frac{留存收益的年报酬}{留存收益总额} + 普通股股利年增长率$$

以上介绍的几种主要资金来源的资金成本率的计算方法,是说明影响有关资金来源的资金成本的基本因素及计算时应用的一些方面。但在实践中,资金成本率的计算要远远复杂于上述内容。

2. 综合资金成本率。房地产开发企业从不同来源取得的资金,其成本是各不相同的。由于种种条件的制约,企业不可能只从某种资金成本较低的来源来筹集资金,有时可能从多种来源筹集企业所需要的资金会更为有利。这样,为了进行筹资决策和投资决策,就需要计算各种资金来源的综合资金成本率,即加权平均的资金成本率。综合资金成本率的计算公式为

$$综合资金成本率 = \sum_{i=1}^{n} W_i K_i$$

式中　W_i——第 i 种资金来源占全部资金的比重；

K_i——第 i 种资金来源的资金成本率。

第四节　房地产融资的风险管理

房地产行业受政府政策及经济波动的影响比较大，是政府宏观调控的重点行业，历来也是银行审查和总量控制的重点。房价波动对银行资产质量会产生较大影响，如果房价跌幅较大，将导致开发商收益降低或亏损，银行掌握的抵押物就要迅速贬值，造成银行不良资产的增长，因此银行对于房地产开发贷款业务比较谨慎，控制得比较严格。银行对于房地产信贷采取的是“有保有压”的政策，紧缩主要针对的是中小开发企业或资质不良的开发企业，发展信贷业务主要选择实力雄厚、信用记录良好的优质开发企业，各银行实施总量控制管理的原则。

一、我国房地产融资中的主要风险

房地产开发周期很长、风险高，占用资金量大，开发的各环节过分地依赖银行贷款，由于受资金的时间价值、流动性和市场自身的调节等因素的影响，房地产市场融资的主要风险有四种类型。

（一）政策风险

政策风险是指由项目所在地区的政策条件发生变化而带来的风险。由于房地产与国家经济形势紧密联系，在很大程度上受到政府政策的控制。比如政府对项目的土地使用权实行收回或进行土地使用控制、对环境保护的要求等，都可能影响项目预期的现金流量的变化，影响项目贷款的偿还，从而导致商业房地产项目风险。

（二）市场和经营风险

房地产具有高风险、高收益的特征。第一，由于位置的固定性，其必须面临并承担因项目所处位置的地理条件而带来的项目风险；第二，由于房地产投资额比较大，开发周期比较长，销售持续时间也比较长，各种社会经济环境条件发生变化都会对收益产生极大的影响；第三，房地产的发展与整个城市经济发展趋势密切相关，房地产的投资和消费依托于城市经济发展的变化和居民消费水平的变化；第四，房地产经营过渡期的存在使得开发商在这期间内随时可能面临调整和亏损。因此，房地产面临的市场和经营风险相当大。

（三）财务风险

房地产开发企业以银行借贷融资为主，自有资金很少。据统计，我国房地产开发企业通过各种渠道获得的银行资金占其资产比重在70%以上。由于房地产开发企业良莠不齐，随着房地产市场竞争日益激烈，监管力度不断增大，房地产开发贷款门槛不断提高，房地产开发企业资金链条日趋紧张，一旦资金链条断裂，风险就会暴露。

（四）道德和信用风险

虚假按揭已经成为个人住房贷款最主要的风险源头。虚假按揭不以真实购买住房为目的，房地产开发企业以本单位职工或其他关系人冒充客户或购房人，通过虚假销售（购买）方式套取银行贷款。银行个人住房贷款中的不良资产，很多是由虚假按揭造成的。房地产开发企业把虚假按揭作为一种融资渠道。发生虚假按揭的原因有的是不法房地产开发企业利用银行掌握的信息有限来骗贷，也有的是银行工作人员与房地产开发企业勾结，共同骗贷。

二、房地产开发企业上市融资的风险

房地产开发企业在满足上市融资条件后，将募集到的资金用于房地产项目开发，可以有效缓解现金流紧张的状况。但是由于上市对房地产开发企业的资格审核非常严格，对经营业绩、土地储备、风地产开发项目情况、管理层水平、资产负债等方面的要求非常高，因此大多数中小房地产开发企业无法具备上市融资的条件。

上市的房地产开发企业除了具备较强的实力、较多的土地储备资源等因素外，其对投资者的吸引将决定该房地产开发企业的融资规模及股价情况。

首先是房地产开发企业对土地的经营模式。土地是房地产开发企业中最核心的资源，通过将土地评估价格加上房地产开发企业的利润，可以大致估算房地产开发企业上市融资的股价及融资规模。其次，房地产上市融资的模式。商业模式、现金流模式、利润模式、收入模式是决定对房地产开发企业投资的核心问题，也是房地产开发企业上市融资成功的关键。投资者对这些方面是非常重视的。最后，投资者对房地产开发企业的基本评估。评估的依据是房地产开发企业自身的财富及其未来的发展空间。房地产开发企业的负债不能太低也不能太高，太低则可能表明房地产开发企业的融资渠道比较狭窄，在市场上很难融到资金；但是负债太高，尤其是刚性负债太高，则可能表明房地产开发企业存在持续经营的风险。另外，现金流是房地产开发企业经营的关键，房地产开发企业应当可以不断获取新的土地资源，形成稳定的现金流收入。

三、房地产私募资金的风险

与其他企业不同，房地产开发企业既可以称作企业也可以称为项目公司。对于项目公司，私募成本比上市融资的成本还要低。私募的前提是做好公司治理结构，具体需要处理好以下几个问题。

（1）重组。重组过程中将发生很多债权债务关系，因此需要在私募时对投资者说明。

（2）寻找合适的投资者。主导投资者应在资金来源、管理能力、项目运作能力方面给予房地产开发企业良好的支持。

（3）投资者和企业之间要建立良好的相互信任的合作关系，防止由私募资金的引入造成对项目运作的不良影响,影响房地产项目的进展。

四、房地产信托融资的风险

我国房地产信托融资有很大的发展空间,但信托融资需要改进和创新的地方也比较多,同样存在很多风险,具体体现在以下几个方面。

(一)房地产行业风险

房地产行业是一个资金密集型行业,行业周期较长、资金占用量大、利润回报较高。房地产本身既是耐用消费品,又是投资品,在一定的市场环境下,还可能发生投机风险。如果房地产价格上涨幅度超过了居民消费承受能力,就可能存在房地产泡沫。如果泡沫达到一定的程度,就必然会影响房地产信托。

信托公司在运用信托资金过程中,可通过地域、项目类别、投资金额、投资期限的选择和调整,灵活机动地来抵御可能出现的房地产行业波动,规避风险,保护投资者的利益。

(二)项目自身及市场风险

对项目的选择是房地产信托的首要工作,如果项目本身存在市场销售前景堪忧、内部法律纠纷、建设资金短缺等方面的问题,则无论怎么设计信托产品以控制风险,项目本身的先天缺陷都是无法避免的。信托公司在进行项目选择的时候,可以聘请有市场公信力的房地产专业机构对项目进行可行性分析及评估,对项目的市场定位及前景有一个独立、真实的认识,通过一系列的手段,信托公司能将项目风险控制在最小范围之内,最大限度地保证信托资金的安全,保护委托人和受益人的利益。

(三)道德风险

作为专业从事经营性信托业务的非银行金融机构,信托投资公司受到国家金融监管机构——中国银行保险监督管理委员会的严格监督和管理,严格按照"一法两规"("一法"为《中华人民共和国信托法》;"两规"指《信托公司管理办法》《信托公司集合资金信托计划管理办法》)进行经营活动。

在产品架构设计上,信托公司可邀请商业银行、律师事务所、房地产专业服务机构及会计师事务所等中介机构参与,对信托计划进行资金、法律、收益状况方面的监督。信托公司内部应建立和完善业务评审及风险控制流程,按照审慎的原则运用信托资金,各部门分工协作、交叉监督,以最大限度地防范风险。

五、风险管理

(一)房地产基金的风险管理

目前有关房地产基金业务的法律法规上还没有十分健全,国内还没有严格意义上的房地产基金,短期内不会对房地产开发企业起到资金支持作用。但随着海外资本在我国房地产业中的比重不断上升,房地产投资基金将逐渐被运用到房地产开发企业的对外融资中。

房地产基金不仅能够拓宽房地产业的融资渠道,而且有利于分散房地产市场的金融风险,对整个房地产开发、经营模式都会产生重要影响。但是,由于海外基金的成本更加高昂,因此房地产开发企业也应该多衡量自身的成本与收益。

(二)房地产开发贷款的风险管理

1. 房地产开发企业的选择标准

(1)资质及开发经验。选择自身或其股东具有丰富的开发经验、自有资金充裕,资信良好、实力较强的房地产开发企业,如股东背景优质的大型房地产开发企业,以及石油、电力、通信等垄断企业所属的房地产项目公司。

(2)项目开发资金。房地产开发企业自有资金(所有制权益)占申请开发贷款项目总投资的比例必须满足中国人民银行的规定(分期开发的项目总投资则指每一期投资额)。

2. 房地产项目的选择标准

(1)项目已经缴足土地出让金及其他土地费用,"四证"齐全,无拆迁及权属争议等问题。

(2)楼盘地理位置较好、交通便利、配套设施完善、价位适中的普通住宅及公寓项目。项目总建筑面积原则上不低于10万平方米,中小户型比例原则上应超过70%。

(3)项目销售前景比较好,赢利空间比较大,建筑面积开发成本原则上不超过周边同档次楼盘同期平均销售价格的70%。

(4)对于项目收购及股权收购,必须查明项目转让的债权债务关系,防范法律查封等项目风险,分析项目投入产出及销售前景,不介入法律关系不清、资金来往复杂的项目。

3. 房地产开发贷款的贷后管理要求

(1)房地产开发贷款因风险较高,一般被银行列入高风险贷款管理。一般制定较为严格的贷后管理办法,要求开发贷款封闭运行,按工程进度提款,资金完全用于项目建设,全部销售收入由银行监管,防止资金挪用、项目烂尾及还款风险。

(2)设立贷款资金专户、售楼款结算专户、还款保证金账户、按揭保证金专户,全程监控项目销售回款和保证金存取,强化贷后管理,严格审查贷款资金用途,加强对大额支出的台账管理。

(3)按揭贷款优先在开发贷款银行办理,开发贷款银行一般要求开发商承诺至少给予开发贷款1~2倍金额的按揭贷款量。

【案例分析】

房地产融资方式案例分析

一、××集团与A银行合作推出租约现金流抵押贷款

××集团以与××公司签订的租约做抵押,获得A银行7年期贷款。

目前在物业出租的情况下按租约的现金流收入情况计算的长期信贷还比较少,只按出

租物业的评估值打折(扣除风险系数)的抵押贷款,必然使贷款量低于已投入资金量,无法发挥资金的集中成倍效应,无法支撑开发企业长期持有物业经营。按租约现金流收益发放则可能使发放的长期信贷额远远大于实际投资,产生成倍的资金效益,扩大资金的融通能力,降低资金成本。

二、××信托推出夹层融资

××信托公司发行的"××7号"信托资金投资于××房地产开发项目公司的股权,项目公司由××信托和××集团各出资5 000万元,分别持有项目公司20%的股份,1.5亿元信托资金入股占项目公司股份的60%。而在1.5亿元的信托资金中,"××7号"的信托收益人设置为优先受益人和劣后受益人。信托计划终止时,优先受益人优先参与信托利益分配,劣后受益人次级参与信托利益分配。既有外来资金的投资,又有自有资金的进入,这就构成了一个夹层融资项目。

三、××大厦财产信托计划已接近私募房地产投资信托基金(REITs)

2005年12月10日,××信托投资有限公司推出"××大厦财产信托"。××大厦有限公司将已设立信托的市场价值为6.79亿元的信托财产的优先受益权委托外贸信托转让给中小投资者。

该产品以××大厦的6.79亿元的受益权为投资者的3.5亿元优先受益权提供保障。该产品期限为3年,发行规模为3.5亿元,预计年收益率达5.5%,收益每半年支付一次;认购起点为5万元人民币,按1万元的整数倍增加;该产品投资期限满1年后,如果达到一定条件可提前结束;投资本金在投资期限到期时一次性予以支付;如××大厦有限公司回购优先受益权,或者信托财产处置收入足以支付全部投资人的本金和收益,外贸信托将按照要求赎回优先受益权,投资人收回全部本金和收益;如出现信托财产处置收入不足以支付投资人本金和收益的情况,××大厦有限公司承诺负责补足差额。

该产品属固定收益信托类产品,由于设定了期限和预期收益率,故对投资者的吸引力较大。该信托已经有了"私募REITs"的影子,它仅是针对××大厦的一个财产,如果要增加资产包的规模,则基本上就可以形成"私募REITs"。

思考题

1. 什么是房地产融资?
2. 我国房地产融资的渠道有哪些?各有什么特点?
3. 房地产开发项目资金来源主要有哪些?
4. 什么是房地产投资信托基金?它有什么特点?
5. 房地产开发企业筹集资金的原则是什么?
6. 试进行筹资成本分析。

第八章　房地产市场营销

第八章　房地产市场营销

【案例导入】

房地产销售形式

在房地产营销中,客户资源是决定销售业绩的最关键因素之一。楼盘投入几百万元甚至几千万元的营销费用,最终是为了吸引客户上门并成交。很多滞销楼盘遇到的最大问题就是有效客户太少,上门量不足,售楼处现场人气不够。解决客户资源问题,主要的手段有两个:一个是宣传推广,另一个便是渠道拓展。

现代营销学的发展从传统的坐销又引申出行销、分销和传销等几种销售形式。坐销在房地产中指的就是在售楼处守株待兔、等客上门,这种方式适合“顺境楼盘”,即地段好、先天条件较为优越的楼盘,其销售方式往往就是单纯地进行广告推广,然后等客上门就可以了;但是很多楼盘往往先天条件并不优越,或者楼盘放量比较大,或者要求实现的价格较高,或者市场大环境不好、消费者观望氛围浓厚,在这些逆境条件下,发挥行销、分销和传销等几种销售形式的作用就特别重要。

所谓行销就是走出售楼处,开拓各种客户渠道,如深入大客户单位、社区、写字楼等目标客户聚集的地方进行销售信息的传递,吸引客户上门,从而实现成交;分销则是在售楼处之外开拓另外的销售现场,如在大型超市、城市中心设立外卖场等,拓宽项目与客户沟通的渠道,方便客户上门,从而实现增大有效成交的目的;传销即通过梳理、维系老客户,实现老客户带新客户,发挥客户资源的再生功能。以上三种形式都需要销售人员主动出击,多种销售方式并行,为销售现场提供大量的客户源支撑,保障项目高目标地实现。

第一节　房地产市场营销概述

一、房地产市场营销的定义

房地产市场营销,主要是针对新建商品房市场中的居住类房地产和商用类房地产而言的。在房地产项目开发与经营过程中,房地产投资者或者其委托的房地产咨询机构,应先研究市场,分析有哪些房地产产品的需求没有得到满足,根据潜在消费者的需求及经济承受能力,生产潜在且有支付能力的消费者需求的房地产产品,利用一定的营销手段向潜在消费者推销产品并做好售后服务工作。房地产市场营销工作贯穿于房地产项目开发与经营的整个过程中,因此,房地产市场营销既包括房地产项目投资决策阶段的市场调研、市场细分、目标市场选择等经济活动,还包括实施阶段的产品定位、租售计划、促销(促租)、租售工作及租、售后的服务等经济活动。

房地产市场营销是房地产开发经营企业开展的适应变化着的房地产市场的活动,以及由这些活动综合形成的房地产商品、服务和信息从房地产开发经营者流向房地产购买者的社会活动和管理活动。通俗地讲,房地产市场营销就是把土地或房屋产品转换成现金的流通过程。

房地产市场营销既是一门科学,也是一门艺术。房地产市场营销通过其专业人员的服务,不仅可以帮助客户选到理想的房地产商品,还可以使企业快速回收投资,增强其市场竞争能力,提高其经济效益。

房地产市场营销的核心,就是通过运用既定的程序及随机的技巧,使房地产交易能够迅速达成,使得商品最终实现价值。房地产市场营销是沟通和连接房地产开发、房地产流通及房地产消费和使用的重要手段。

房地产市场营销的特征:房地产市场营销是由一系列相关因素构成的;房地产市场营销具有特定的目标;房地产市场营销系统具有环境相对性;房地产市场营销系统的运行结构由输入、过程和输出三个部分构成。

二、房地产市场营销的基本理论

(一)房地产市场营销中的"4P"理论

房地产市场营销中的"4P"理论又称为市场营销组合,是指在特定时期内向特定市场销售特定产品的市场营销决策的优化组合。该理论认为市场营销是四个基本要素的有效组合,也就是产品(product)、价格(price)、销售渠道(place)和促销(promotion)。这四大要素配套组合的优劣在很大程度上决定了企业在目标市场上的竞争地位和经营特色。其理论基础是如果企业按正确的价格,以适宜的促销方式在正确的地点销售正确的产品,那么市场营销计划将是有效和成功的。"4P"理论重视的是产品导向,也就是企业决定一个能够收回成本并达到一定目标利润的价格,是一种由内向外的营销。"4P"理论主要包括以下几方面内容:

1. 产品

产品是指目标市场提供的商品和服务。著名的营销大师菲利普·科特勒把产品定义为五个层次,即核心利益(core benefit)、基础产品(basic product)、期望产品(expected product)、附加产品(augmented product)、潜在产品(potential product)。房地产产品的层次如表8-1所示。从消费特点上看,房地产产品是耐用消费品,价值高、使用周期长,与消费者的日常生活密切相关。因此,消费者购买商品房时绝不会只考虑其中某一个或某几个特征,他们通常会非常全面、认真地对商品房的位置、设计、价格、质量、交通、绿化、物业管理、升值潜力等各个方面进行反复的比较斟酌,然后才会做出相应的决策。

表8－1　房地产产品的层次

层次	房地产产品表述
核心利益	遮风挡雨，家的归属地
基础产品	地段、空间面积、安全、价格等
期望产品	质量有保证、户型设计合理、具有私密性、性价比高、交通方便、公共设施齐备等
附加产品	绿化面积、环境卫生、社区文化、社区俱乐部、物业服务等
潜在产品	升值潜力、周边环境改善等

2. 价格

价格是消费者为获得产品而支付的货币数量。价格是交换行为的要素之一，由于其关系到买卖双方的切身利益，因此是交换过程中备受关注的焦点问题。对于需要较大资金数额的房地产产品而言，价格仍然是消费者决策的主导因素，因此在房地产市场营销过程中，最敏感也是最吸引消费者的就是房地产开发企业对其产品的定价。定价不仅为房地产消费者所关注，同时也可以确定房地产开发企业的利润水平，并可据此判断是否能达到其预期的利润等。买卖双方达成协议的最根本的问题就是价格问题。

3. 销售渠道

由于生产与消费之间存在着时间与空间的错位，因此每一种产品的销售必须依托于一定的渠道使二者对接。总体来说，渠道可以分为直接渠道和间接渠道。直接渠道是指通过个人联系，以信件、电话、电子手段、交流往来等方式将产品从公司出售给潜在的客户。间接渠道是指通过第三方中间人（代理或经纪人）出售产品。房地产开发企业主要采用直接渠道销售楼盘。购买房屋的过程对于消费者来说是一个介入程度非常高、付出努力非常大的决策过程。消费者在买房之前，一般要多方面地、广泛地收集信息、评价。他们会现场考察、阅读楼书、咨询售楼人员及向相关群体的咨询；他们会了解房地产开发企业的实力、形象，反复比较不同楼盘之间的差距，评价楼盘的质量、价格等。因为对于促使消费者购买房地产产品的主要信息（企业理念、信誉、承诺、楼盘的规划设计、质量的保证等），只有通过面对面地交流才能有所了解。

4. 促销

理论上的促销包括广告、人员推销、营业推广和公共关系等活动内容，对于这几种方式，可以根据设定的促销目标进行组合、配比使用。促销的目的是向消费者或使用者传递产品和企业信息，唤起消费者对商品的需求、开拓市场，以及树立产品和企业形象，吸引潜在的消费者成为企业产品的购买者。房地产促销的方式可以分为人员促销和非人员促销两大类。在实际促销过程中，这些方式的组合、选择和应用构成促销组合策略。

（二）房地产市场营销中的“4C”理论

“4C”理论又称为整合营销理论，是指消费者（consumer）、成本（cost）、便利（convenience）、沟通（communication）。随着实践的发展，“4C”营销理论正在逐步取代以往曾经流行的“4P”营销理论。整合营销理论强调消费者的愿望与需求、消费者购买的便利性、可接受的价格及企业与消费者的有效沟通,使消费者成为市场的主角。房地产项目投资金额比较大、投资周期比较长、风险比较高、影响因素比较复杂,因此更加需要将“4C”理论贯穿在房地产开发、建设、销售及物业管理的全过程中。

房地产整合营销的实施主要包括市场细分、项目优化、渠道多样化及双向性、服务延伸四个环节。

1. 市场细分

由于房地产市场逐步健全,各个细分市场(包括单身族、新婚族、老人族)已经发展成形,而且各个细分市场的差异正逐渐扩大。如首次购房者和首次购房后的换房人群的消费目标呈现越来越大的差异。首次购房者中,普通消费者(中低收入)和特殊消费者(中高收入)的消费追求也有很大差异。首次购房者中的中低收入人群购房时主要考虑的是满足基本的住房需求,如一定的面积保证,购物、上学和就业的方便程度等;而中高收入者首次购房时除了考虑住房的基本需求之外,更多的是关注住房的舒适程度、是否有足够的空间、环境是否幽雅等。

2. 项目优化

房地产开发项目从批地、审批、立项、开工建设到竣工至少需要两到三年的时间,所以目标市场的分析实际上是一个预期、动态的分析。同时,我国的房地产市场处于快速增长期,产品的更新速度极快,也使目标市场的分析难度加大。因此,项目优化更是始终贯穿于项目的全过程,从房型设计、平面规划到总价区间、购买力分析,让营销人员参与整个项目优化过程。

3. 渠道多样化及双向性

购房者(买者)与房地产开发企业(卖者)的信息传播渠道呈现出多样化。报纸、杂志曾经是房地产项目传播信息的主要渠道,虽然现在仍是第一传播力,但是随着传播媒体技术的发展和房地产市场的不断成熟,借助各种不同媒体的力量或者利用媒体的交错使用来达到预期的销售目标成为一种更加合理的选择。同时,由于购房者和房地产开发企业出现一种双向互动的发展趋势,只有利用平面、立体和网络等信息传播方式的组合,才能使这种变化得到充分的体现和及时的反映。

4. 服务延伸

房地产服务的内涵已经涵盖了项目前期的选择、项目中期的施工和项目后期的竣工交房,还包括售后的中介服务。服务的外延包括房地产一级、二级和三级市场,让客户(包括房地产开发企业和购房者)享受全过程服务。

房地产市场营销正进入整合营销时代,通过整合使得房地产开发企业找到目标市场,为购房者提供适合的房源,房地产营销代理按照市场化来运作,完成房地产开发企业、代理商和购房者三者之间的产业链接,从而真正实现多赢战略。

(三)房地产市场营销的“4R”理论

企业是一个相对独立的开放系统,与周围环境之间存在互动关系,“4R”理论最突出的特点就是强调用系统观点来进行营销活动。“4R”理论主要包括市场反应(reaction)、顾客关联(relation)、关系营销(relationship)和利益回报(retribution)四个方面。这种理论通过交叉销售为顾客提供"一揽子"的、集成化的整套解决方案,以满足顾客多样化的需要。其主要着眼于建立起关系营销模式,是基于利益相关者的角度去考察问题的。该理论的主要内容如下:

1. 与顾客建立关联

在竞争性市场中,顾客具有动态性。顾客忠诚度是变化的,它们会转移到其他企业。要提高顾客的忠诚度,赢得长期而稳定的市场,重要的营销策略是通过某些有效的方式在业务、需求等方面与顾客建立关联,形成一种互助、互求、互需的关系,把顾客与企业联系在一起,这样就大大减少了顾客流失的可能性。

2. 提高市场反应速度

在相互影响的市场中,对经营者来说最现实的问题不在于如何制定和实施计划,而在于如何站在顾客的角度及时地倾听顾客的渴望和需求,并及时答复和迅速做出反应,以满足顾客的需求。房地产应该建立快速反应机制,了解客户与竞争对手的一举一动,从而迅速做出反应。

3. 关系营销越来越重要

顾客关系营销是通过不断改进企业与顾客的关系,实现顾客固定化的一种重要营销手段,但并不意味着对每一位顾客都要实施关系营销。因此,房地产开发企业必须对从一次性顾客到终生顾客之间的每一种顾客类型的关系营销深度、层次加以甄别,才不至于分散营销力量。

4. 回报是营销的源泉

对企业来说,市场营销的真正价值在于其为企业带来短期或长期的收入和利润的能力。企业要满足客户需求,为客户提供价值,同时也要获取利润。因此,营销目标必须注重产出,注重企业在营销活动中的回报。一切营销活动都必须以为顾客及股东创造价值为目的。房地产开发企业更应该注重对回报的运用,即对顾客、政府、企业等一系列相关法人或个人等的回报,否则房地产开发企业就不能顺利发展。

三、房地产市场营销的理念创新

房地产市场营销理论与实践的不断发展,以及不同时期主流消费群体的变化,必然会带来消费理念的变化和更新,房地产市场营销要迎合这些变化的需求,不断引导或推出一些新的消费和营销理念,这样才能在市场中居于积极和主动地位。目前,在国内流行的一些营销理论有以下几个方面。

(一)文化营销

文化营销是指通过激发产品的文化属性,构筑亲和力,把企业营销转化成文化沟通,通过与消费者及社会文化的价值共振,将各种利益关系群体紧密联系在一起的企业营销活动。房地产文化营销就是在对房地产进行营销时,为营销活动注入文化的精髓。文化营销是现代房地产市场营销的新理念,源于人们对居家中文化内涵的渴望。随着人们生活水平的提高,对住房的要求已经不再是能遮风避雨的"钢筋水泥的丛林"。现代房地产与文化营销存在着天然的契合。正是由于房地产产品本身就是文化的一种形态,表达着一种文化内涵,因此房地产开发企业在实施文化营销以满足消费者的居住文化需求时,可以更好地提升建筑的品位和魅力,改善建筑的社会文化环境,增加房地产产品的附加值,从而达到企业、消费者和社会"三赢"的局面。

人们对住房的选择体现了其生活品位和生活态度。消费者选择住房时的需求已不限于质量、造型、配套等有形产品,对居住小区文化设施的要求越来越高:不仅关心周围文教单位的距离、配置,而且越来越重视小区文化设施的数量和品位,以及小区内大部分住户的文化层次。因此,房地产开发企业不仅要注意在建筑风格上尽量体现文化内涵,还要通过富有特色的主题创意提升住宅小区的文化价值,展现一种高品位的美好生活蓝图。同时要注意通过高品位会所、藏书丰富的图书馆、温馨祥和的邻里中心、设施齐全的幼儿园与中小学来营造小区的文化氛围。

(二)关系营销

关系营销主张重视消费者导向,强调通过企业与消费者的双向沟通,建立长久稳定的对应关系,在市场上树立企业及其品牌的竞争优势。这一营销理念的核心就是让消费者满意。而消费者满意就是指消费者对购买的产品或服务的评价超过了心理的预期并产生愉悦感。对于任何购买某种产品或服务的消费者来说,在发生交易之前,都会对商家提供的产品或服务有所期待,在获得商品或服务之后自然会对商品或服务有所评价。房地产开发企业是否能站在消费者的角度想消费者之所想,向消费者提供达到或超过消费者心理预期的产品或服务,是建立和维持与消费者的良好关系并取得企业营销成功的关键。例如,在购房过程中,房地产开发企业需要考虑如何使消费者放心且方便地购买,因此,房地产开发企业可以通过开展大规模的住房知识普及活动,向广大消费者介绍房屋建筑选择标准、住宅装修知识、住房贷款方法和程序、商品房购置手续和政府相关税费规定,在增加消费者房地产知识的同时,也增加了消费者对企业的认同感。

(三)全程营销

实际上销售阶段只是营销链中的一个环节。房地产开发是一项复杂的综合工程,房地产营销的实施应该起始于项目可行性研究阶段,贯穿于项目的设计、建造、销售及物业管理整个过程。营销管理在项目前期介入,目的在于了解、熟悉房地产市场,进行产品的市场定位,并做出房地产投资决策,为市场推广做准备。而售后服务是项目成功的重要保证。即使一个项目本身的质量、价格都非常有竞争力,但如果在后续手续、配套设施、物业管理等方面没有协调好,也会使消费者怨声载道,从而损害企业形象。全程营销要求房地产企业既要注重营销观念在整个房地产开发过程中的体现,也要注意与地方政府、金融机构、物业公司和其他社会组织的合作。一个好的房地产产品不应只是房地产开发企业的单赢,而应是与消费者、代理商、金融机构、物业管理公司、广告商等的多赢。

（四）绿色营销

绿色营销是指企业在整个营销过程中充分体现环保意识和社会意识，向消费者提供科学的、无污染的生产和销售方式，引导并满足消费者有利于环境保护及身心健康的消费需求。实施绿色营销：第一，要将绿色理念融入设计中。绿色住宅要杜绝粗放、浪费的模式，以最低的能源和资源成本去获取最高的效益。第二，要通过绿色认证，增加企业的可信度。对于实施绿色营销的房地产开发企业，获得国家生态环境部的环境标志认证是非常重要的，这样可以增加企业的信誉和可信度。第三，选择绿色广告策略。通过公益广告的宣传，人们可以更清楚、更深入地了解绿色住宅对身体健康的重要性。在竞争性广告中，可以突出非绿色住宅对身体健康所造成的危害，再提出绿色住宅能解决哪些问题，通过对比，自然会得到很好的效果。

（五）信息营销

信息营销可以说是21世纪营销理念的核心。对房地产开发企业而言，在进行项目策划的过程中，信息拥有量（包括数量和质量）及信息处理方法的选择，直接决定了策划的科学性，房地产开发活动以其涉及面广为重要特征。因此，房地产的信息营销不仅包含了对自己企业内部信息的分析与控制，还包括对地区或区域的社会、经济、文化等发展状况信息，竞争对手开发现状信息，房地产市场供应信息，各有关部门对房地产的直接与间接作用信息等的全面分析与控制，如何建立起一套行之有效的"营销信息系统"，对房地产开发企业进行有效的信息营销而言至关重要。

（六）竞争营销

随着市场经济的日益发展和完善，房地产市场上的开发企业为争取有限的有效需求市场的竞争日趋激烈。由于不适应市场经济的运作规律，很多房地产开发企业仅分析了市场供需状况就匆忙决策，房地产开发项目遍地开花，但是等到开发项目建成并进入销售阶段时，才发现原有市场早已经被竞争对手占领。因此，在房地产开发活动中，房地产开发企业要研究并分析相同市场中各领先者、挑战者、追随者及补缺者的开发动向及营销态势，准确进行自我定位及目标市场定位，并有效控制营销过程。只有这样，营销策略的实施才具有针对性。

（七）专业营销

房地产市场营销，由于其服务业的特殊性和购买者的慎重性，需要具备有较强的宏观分析能力、房地产专业知识、心理学知识、法律常识及公关技巧等综合素质的人才。随着行业的发展及市场日益细分，树立专业营销理念势在必行。专业营销理念不仅要求开发企业运作机制专业化，还要求在行业细分化的趋势下，逐步形成各专业市场相互支持和依托的房地产市场体系。就营销内容而言，对于住宅、零售商业物业、写字楼、工业物业等要有专业的特性营销；就营销手段而言，要有专业的房地产广告公司、房地产经纪公司、房地产顾问公司等专业营销企业。

（八）品牌营销

“品牌”二字是我国商界这几年使用频率极高的词汇之一。随着房地产市场竞争的不断加剧，品牌营销已经被房地产开发企业提高到极重要的位置。但由于房地产商品及房地产市场的独特性，如何进行准确的品牌定位、引导业主把握品牌取向、营造品牌意识，即房地产商品如何进行品牌化及如何有效实施和控制房地产品牌战略等问题，对我国房地产界而言还是亟待解决的全新课题。

四、房地产市场营销流程

房地产市场营销工作贯穿于房地产项目开发与经营的全过程。前期对潜在消费者的研究是整个营销工作的核心，后期的销售和售后服务是实现营销目标的重要阶段。

出让地块都有明确的用地性质，房地产开发企业应根据用地性质的规定进行项目的开发和经营。在房地产市场营销过程中，应先进行市场调查，研究和分析潜在的目标消费者，在此基础上编制项目营销策划书。根据潜在消费者的要求进行产品定位和生产。根据有关定价方法和潜在消费者的经济承受能力，确定商品房预售和现售的价格方案。经过恰当地形象定位，利用一定的营销手段，向潜在消费者和其他客户推销房地产产品。完成租、售工作后，实施完善的售后服务管理。

（一）市场调查

市场调查是系统地设计、收集、分析并报告与公司面临的特定市场营销状况有关的数据和调查结果的过程，目的在于为企业的决策者进行预测和决策、制定计划提供重要依据。市场调查是市场营销活动的出发点，是了解市场、认识市场的一种有效的方法和手段。

1. 市场调查的内容

通过出让方式取得的地块都有明确的用地性质，从而规定了开发项目的类型，市场调查应根据项目类型和市场营销的具体工作要求来进行。

市场调查的主要包括以下内容：

（1）该类房地产的市场供求情况；

（2）类似房地产的消费者情况；

（3）类似项目的规划设计、建筑设计情况；

（4）类似房地产的租、售价格；

（5）类似房地产的租、售渠道；

（6）类似房地产的促销方式；

（7）类似房地产项目的财务盈利能力情况；

（8）竞争对手的情况调查；

（9）类似房地产的售后服务情况。

2. 市场调查步骤

一般市场调查包括以下几个步骤,如图 8－1 所示。

图 8－1　市场调查步骤

(1)确定问题和调查目标

调查项目可以分成三类:第一类是试探性调查,即通过收集初步的数据揭示问题的真正性质,从而提出一些推测和新想法;第二类是描述性调查,即明确一些特定的量值,如有多少人愿意花费 40 万元在郊区买一套两居室的住房;第三类是因果性调查,即检验因果关系,如假设上述的两居室每套价格下降 2 万元,能够增加多少购买者。

(2)制定调查计划

市场调查的第二个阶段是制定出最为有效的收集所需信息的计划。制定的调查计划一般包括资料来源、调查方法、抽样方案和联系方法四个方面,如表 8－2 所示。

表 8－2　市场调查计划的构成

项目	内容
资料来源	二手资料、一手资料
调查方法	观察、专题讨论、问卷调查、实验
抽样方案	抽样单位、样本规模、抽样程序
联系方法	电话、邮寄、面访

①资料来源。

确定调查计划中资料的来源是收集二手资料、一手资料,或者两者都要收集。二手资料就是为其他目的已经收集到的资料,而一手资料则指为了当前特定目的而收集的原始信息。市场调查人员开始时总是先收集二手资料,以判断问题是否部分或全部解决了,不再需要去收集成本很高的一手资料。二手资料是调查的起点,优点是成本低、可以立即使用。然而,市场调查人员所需要的资料可能不存在,或者由于种种原因,资料不够准确,不可靠、不完整或已经过时。这时,市场调查人员就需要时间和资金去收集更切题和准确的一手资料。

②调查方法。

收集一手资料的方法有观察、专题讨论、问卷调查和实验四种方法。观察法指调查人员通过对可调查的对象与背景进行观察而收集最新资料的方法。专题讨论法,通常邀请 6～10 人,在一个有经验的主持人的引导下,花几个小时讨论一种产品、一项服务、一个组织或其他市场营销话题,是介于观察法、专题讨论法和实验法之间的一种方法,适用于描述性调查,目的是了解人们的认识、看法、喜好和满意度等,以便在总体上衡量这些量值。实验法是最科学的调查方法,要求选择多个可比的主体组,分别赋予不同的实验方案,控制外部变量,并检查所观察的差异是否具有统计上的显著性。例如,某写字楼的业主对于同类型的租客,先确定租金为每天 2.4 元/m^2,看租客愿意租用多大面积;然后将租金降为每天 2.0 元/m^2,看租客愿意租用的面积又是多少。假定在其他条件相同的情况下,租客愿意租用的面积的变化就与租金具有很大的相关性。

在收集一手资料时所采用的主要调查手段是问卷调查。由于问卷对于问题的设计可以非常灵活多变,因此,问卷是收集一手资料时最普遍采用的手段。由于问题的形式会影响问卷的调查效果,因此问题一般包括闭合式和开放式两种。闭合式问题事先确定了所有可能的答案,答卷人可以从中选择一个答案。开放式问题允许答卷人用自己的语言无任何限制地回答问题。因此一般情况下,开放式问题在需要了解人们是如何想的而不是衡量持某种想法的人有多少的试探性调查阶段特别有用。闭合式问题事先规定了所有答案,很容易进行解释和列表工作。

③抽样方案。

在设计抽样方案时,必须确定的问题如下:

a. 抽样单位。解决"向什么人调查"的抽样问题。调查人员必须定义抽样的目标总体,一旦确定了抽样单位,必须确定出抽样范围,以便目标总体中所有样本被抽中的机会是均等的或已知的。

b. 样本规模。主要确定"调查多少人"的问题。大规模样本比小规模样本的结果更可靠,但是没有必要为了得到完全可靠的结果而调查整个或部分目标总体。如果抽样程序正确的话,不到 1% 的样本就能提供比较准确的结果。

c. 抽样程序。解决"如何选择答卷人"的问题。为了得到有代表性的样本,应该采用概率抽样的方法。概率抽样可以计算抽样误差的置信度。但由于概率抽样的成本过高、时间过长,调查人员也可以采用非概率抽样。

④联系方法。

通过电话、邮寄和面访的方法进行数据资料收集。电话调查是调查人员利用电话这种通信工具与调查对象进行语言交流,从而获取信息、采集数据的一种调查方法。邮寄是调查人员将调查问卷邮寄给预先已经联系好的调查对象,调查对象在完成问卷以后再将其邮寄回调查人员处。面访是指调查对象在家中单独接受访问的一种调查方式。调查人员根据抽样方案的要求,按照事先规定的方法,选取适当的调查对象并到其家中依照问卷或调查提纲进行面对面的直接提问。

第二节 房地产市场营销策略

市场营销策略指的是销售与服务的方法和技巧。我国企业的营销理论的应用和营销活动的推动,主要围绕企业可以控制的三大基本营销因素即产品、价格、促销来进行,其营销策略也由此产生。

一、房地产产品策略

在研究产品决策的过程中，产品市场周期是一个很重要的理论概念。它是指一种产品在市场上从投入到退出的整个过程，这个过程在市场营销学中也称为产品的市场寿命。产品市场周期的长短受顾客需求的变化、产品更新换代的速度等因素的影响，所以对产品市场周期的研究有助于企业按价格制定相应的产品策略，从而促进企业不断更新产品功能及开发新产品。

（一）房地产产品的市场生命周期

房地产产品在市场上的销售情况及获利能力是随着时间的推移而变化的。这种变化的规律就像人和其他生物的生命一样，从诞生、成长到成熟，直至走向衰亡，在每一个阶段都有不同的特点。就房地产开发项目本身来看，从房地产产品的开发建设、建成后出售或出租、使用到产品的更新和再开发等的整个过程构成房地产产品的市场生命周期。

（二）房地产产品生命周期策略

房地产产品生命周期策略是指房地产开发企业根据产品所处的不同生命周期采取不同的策略行为。房地产开发企业除了把精力投入到产品质量上，还应注意不同时段的销售策略。房地产产品的生命周期阶段划分与对应策略如下：

1. 引入阶段

在房地产产品引入阶段，销售额不大，市场狭小，利润增长极为缓慢，产品的内在价值还没有完全展现出来，目标客户的消费观念还没有来得及转变，这样使得房地产价格标准很难确定。广告和其他营销费用数额巨大，这时利润很少，企业面临的市场风险较大，市场预测失误或产品定位不准确都会严重影响企业的生存。在这一阶段，企业必须尽快告知潜在购房者该产品的独特价值和内在功能。

（1）快速夺取策略。房地产开发企业实施高价格、高促销费用的策略来迅速实现扩大市场占有率的目标。该策略需要一些辅助条件来配合，如市场中大部分潜在购房者不清楚产品特点、了解产品的潜在购房者不急于购买、企业面临严峻的市场威胁等。可以迅速吸引潜在购房者的注意力是该策略最大的优势。

（2）缓慢夺取策略。如果房地产开发企业面临的市场比较小，大多数潜在购房者已经对本企业产品有了深入的了解，同时，企业的竞争压力不是很大，则可以采取高价格、低促销费用的策略来缓慢实现市场销售目标。

（3）快速渗透策略。快速渗透策略是指房地产开发企业实行低价格、高促销费用的销售策略，应用范围比较普遍。该策略实施的前提是目标市场容量很大。潜在购房者对价格的变动趋势非常敏感，市场竞争程度很激烈。该策略的主要目的是快速夺取市场份额。

2. 市场成长阶段

产品销售量急剧上升、市场中的潜在购房者已经对产品有了非常深刻的了解、市场份额不断扩大、利润量急剧增加是成长阶段的主要特征。对于房地产开发企业来说，市场成长阶段是最为有利的销售阶段。企业要抓住这一机会，执行正确的市场策略，推动产品的市场竞争能力的增强。在该阶段，企业应把宣传的重点从扩大产品认知度转移到努力促成现实购买上来，同时根据市场形势的发展变化，适当地使用价格策略吸引潜在购房者，扩大市场占有率。

3. 市场成熟阶段

成熟阶段的市场销售量主要依靠已购房者带动潜在购房者的购买来维持，所以买房的后续服务应有所保障，销售量不可避免地会下降。企业的应对策略主要有适当改进产品功能与不足、重新确定细分市场以扩大潜在购房者群体、争取声誉传播来促成购买等。

4. 市场衰退阶段

产品出现滞销、利润下降是该阶段的主要特征。房地产开发企业应着手总结产品的开发销售经验，逐步退出原有的细分市场，并集中资金和技术为新产品的上市做好准备。

（三）产品差异化策略

产品差异化是指在房地产产品的设计、开发、服务过程中形成的各种特点，从而使企业为市场提供的房地产产品与竞争者能够有效地区别开来的过程。差异化策略的基础在于不同购房群体的需求存在差异化。差异化可以从四个方面实施。

1. 特色差异化

特色就是指房地产产品基本功能的增加和补充，如设置大型草坪以提高住宅小区的生态环境水平。特色差异化要求房地产开发企业经常与潜在购房者进行沟通与交流，进行广泛的市场调查，切实把握市场发展趋势。

2. 性能质量差异化

性能质量差异化主要是指房地产产品的主要功能和特色在实际使用时体现出来的水准，主要体现在楼盘区位、环境、布局、物业服务等环节上。房地产产品质量、价格、利润之间有不可分割的关系，因此在产品定位时要谨慎地选择与产品档次规模相符的性能质量水平。

3. 建筑风格差异化

对于房地产消费者而言，房地产产品的视觉效果和直观印象是非常重要的，房地产产品是工程技术、文化等诸多因素的完美结合。越来越多的房地产开发企业意识到建筑风格的重要性。在实践中，将民族特色融入产品的开发设计是最大的挑战。

4. 设计差异化

房地产开发企业的产品设计是市场营销战略中的关键环节。设计方案的选择和确定直接关系到产品的市场竞争力。产品的设计工作可展现出企业整体的形象和品牌优势，是一项专业性很强的技术工作。房地产开发企业在考虑设计艺术性、美观性的同时，也不能忽略房地产产品最基本的实用性。

（四）产品组合策略

房地产产品组合是指一个房地产开发企业生产销售的全部产品结构。产品组合包括深度、广度和关联度三个层面的内容。产品组合策略能有效化解经营风险，房地产企业大都实施产品组合策略。常见的产品组合策略有四种。

1. 综合发展策略

资金实力非常雄厚、经营管理能力强的大型房地产集团采用综合发展策略最为合适，效果也最明显。因为大型房地产集团能够拓展产品的深度和广度，为不同购房者提供不同类型的房地产产品。这样的策略可以较好地分散经营风险，扩大市场占有率，提升企业品牌的知名度。

2. 广度扩展策略

中小规模的房地产开发企业适合采取广度扩展策略，扩大产品宽度，如把目光瞄准住宅市场、商业用房、写字楼等市场，这样可以有效地利用资金、技术及销售渠道，分散经营风险。同时应把握广度扩展策略的程度，避免企业的产品开发管理陷入混乱，缺乏重点。

3. 深度扩展策略

小型的房地产开发企业适合通过扩展产品深度来参与市场竞争。例如，企业集中资金、技术和管理经验投入住宅市场，既开发适合普通工薪阶层的经济适用房，又开发适合都市白领居住的高档商品房，还开发适合特别富裕群体的花园别墅等。深度扩展策略可以使产品实现系列化、标准化、通用化，加快新产品开发速度，尽快确立企业在目标市场的局部竞争优势。

4. 产品细分化战略

房地产开发企业在市场细分活动的基础上，选择某一批购房者的特定需求未被满足的细分市场作为目标市场。

（五）产品创新策略

房地产开发企业的创新活动有利于促进企业的成长、维护其在市场中的竞争优势。开发新产品可以减少因原有产品滞销造成的经济损失，提高资源使用的效率，降低开发成本，维护企业竞争优势，争取更多的市场份额，有利于企业提高自身适应环境的能力，帮助企业度过经济萧条或市场不景气的难关。房地产开发企业在开发新产品的过程中，应坚持适销原则、特色原则、客观原则和效益原则。

房地产新产品可以分为以下四类。

1. 全新产品

这类产品是指房地产开发企业采用新技术、新材料、新原理制造的，在性能结构造型上都有独到之处的产品。从房地产开发实践来看，这样的全新产品开发成本高，一般很少出现。

2. 替代新产品

这类产品的特点是将新功能和原有的产品相结合，使得产品具有新的功效。替代新产品保留了原产品的基本功能，但是增加了新的使用价值。由于其开发成本低、效果好，再加上有原有的开发经验，其新功能比较容易被广大消费者接受。

3. 改良新产品

这类新产品是指功能与原有产品基本没有什么不同，只不过对原有产品的外观、造型、式样进行了适度的改良。

4. 模仿新产品

由于房地产行业产品的保密性很低，对户型等相关技术的模仿就很容易。模仿新产品也是不错的产品创新策略，好处是可以降低开发成本、减少市场调查等工作环节，可以迅速参与到市场竞争中去。

二、房地产营销的价格策略

（一）房地产营销的价格策略及影响因素

房地产营销的价格策略是指房地产开发企业根据房地产产品的生产成本和使用价值，应对市场的反应，而对房地产产品在价格的决定和变动方面所采取的各种措施，使得企业利润实现和利润控制在一个合理的范围内。价格策略是房地产市场营销中的重要策略，其对于房地产开发企业的发展具有直接现实意义，因为价格直接关系到房地产开发经营的综合成本与利润，包括土地成本、开发费用、管理费用、各种税费、利息及利润等。另外，产品价格也直接影响到消费者的购买支付行为，从而最终影响产品销售状况和利润目标的实现。因此价格策略的制定要兼顾企业的成本利润核算及目标市场人群的实际支付能力，采取科学灵活的定价方法和手段。

房地产营销的价格策略的影响因素如下：

1. 企业的整体营销战略与策略

房地产开发企业在从事市场营销活动的过程中，需要考虑各方面因素，制定整体营销策略。价格策略作为市场营销决策体系的重要组成部分，既要服从于市场营销战略目标的实现，又要配合与其紧密联系的其他策略（产品策略、渠道策略、促销策略）。从营销渠道看，选用不同的营销渠道就会有不同的价格。此外，促销手段与方式也往往要和价格策略配合使用才能达到预期的营销效果。因此，价格策略要受到整体营销策略的影响。

2. 企业所处的市场竞争环境

房地产开发企业所处的市场结构及其在该环境中所处的地位也会影响企业的价格策略。价格策略需要根据市场结构、企业在市场结构中的地位、竞争对手的价格策略来确定。不同类型的市场有不同的运行机制和特点，对企业行为具有不同的约束力，企业必须根据其所处市场的市场结构做出不同的价格决策。市场领导者首先考虑的是稳定价格，并保持市场领导者的地位；市场追随者则会由于自我实力等根据市场领导者的行动做出决策；市场挑战者则会为了在市场中站稳脚跟或提高自己的竞争地位或成为市场领导者而发起价格挑战。竞争对手的价格水平及价格变动会直接影响房地产开发企业产品的销路及竞争地位。

3. 企业追求的营销效果

营销效果可以分为短期营销效果和长期营销效果。一般来说，在市场营销的各个时期有不同的侧重点：短期效果以增加收入为主；长期效果则主要是为了提升企业形象。如果是追求短期效果则经常使用高价策略，而如果是追求长期效果则不能着眼于眼前的利益，甚至在必要的时候还得牺牲一些眼前利益。

(二)房地产价格的确定方法

房地产价格的确定方法有成本导向的定价法、需求导向的定价法和竞争导向的定价法。

1. 成本导向的定价法

成本导向的定价法是一种以成本为中心,按卖方意图进行定价的方法。在定价时,先考虑收回企业在生产经营中投入的全部成本,然后再考虑获得一定的利润。以成本为导向的定价法主要有三种。

(1)成本加成定价法。这种方法是在单位产品的成本上附加一定的加成金额作为企业预期利润的定价方法,确定一个合理的加成率是问题的关键。此方法没有考虑市场需求和竞争因素的影响,是一种卖方市场条件下的定价方式。

(2)目标收益定价法。这种方法是在总成本的基础上,按照目标收益率计算产品价格的定价方法。目标收益率定价法和成本加成定价法的区别在于前者着眼于产品的总成本,而后者则着眼于产品的单位成本。只有在预测的总成本和预计的销售量都比较准确的情况下,才能制定出合理的目标收益价格。对于需求比较稳定的产品、供不应求的产品、需求价格弹性比较小的产品和一些公用事业、劳务工程项目等,目标收益定价法是一种有效的定价方法。

(3)盈亏平衡定价法。在销售量既定的条件下,企业产品的价格必须达到一定的水平才能做到盈亏平衡、收支相抵,这个既定的销售量就是企业的盈亏平衡点。准确地预测销售量和固定成本、变动成本是盈亏平衡定价的前提。盈亏平衡法的缺点在于要先预测产品销售量,由销售量决定价格,但是现实状况是价格的高低对销售量的大小有很大影响。这种定价方法只在企业产品销售遇到困难或市场竞争激烈时,才将保本经营作为定价目标。

2. 需求导向的定价法

需求导向的定价法有如下两种:

(1)需求差异定价法。这种方法是指在给产品定价时可根据不同需求强度、不同购买力水平、不同购买地点和不同购买时间等因素,采取不同的价格。它区分各种差异情况,然后再在基础价格上决定加价或减价。该方法主要有以消费者为基础的差别定价、以产品为基础的差别定价和以时间为基础的差别定价。

对房地产产品而言,最主要的是以产品为基础的差别定价。根据房屋的层次、朝向、位置等因素的不同,房地产产品的价格具有很大的区别,具体来说有以下六种情况的房价差异:楼层差价、朝向差价、边间差价、面积差价、视野差价、材料和设计结构的差价。例如,高层、小高层产品的价格由低到高越来越贵,因为越往高层景观越好。但最后一层由于隔热不好或者房顶有通信设施而比倒数第二层便宜。房屋朝南是最佳的朝向,其他朝向中,东次于南,西再次,朝北的最差,房价也相应发生变化。

(2)价值认知定价法。这种方法是以消费者对本企业产品的认知价值而不是以该产品的成本作为定价基础。消费者对房地产产品价值的判断不同,就会形成不同的价格限度。

因此,企业需要先通过市场研究确定其产品由于质量、服务、广告宣传等因素在顾客心目中所形成的认知价值,据以确定产品的售价。企业如果过高地估计消费者对产品的认知价值,就可能定出过高的价格,影响销售;若是低估了消费者对产品的认知价值,就会使其定价低于应有的水平,减少企业的收入。

3. 竞争导向的定价法

竞争导向的定价法主要有以下两种:

(1)随行就市定价法。这种方法是指企业根据同行业相互竞争的同类商品的价格作为定价依据对本企业的产品进行定价。当产品成本的测定较为困难、竞争对手的价格策略不容易把握,以及企业希望得到公平的报酬而又不愿意打乱现行的市场格局时,企业往往采用这种定价方法。企业可以根据市场的结构来决定是采用追随市场领导者定价还是采用市场一般价格水平定价。房地产开发企业在采取随行就市定价时,要着重把握其中的降价策略。当竞争对手采取降价策略时,企业要慎重考虑是部分追随降价还是全部追随降价,或者是保持原有价格水平。

(2)主动竞争定价法。这种方式是根据本企业房地产产品与竞争对手产品的差异及自身的实力水平来确定价格的。企业要在对比分析自身房地产产品的区位、质量、设计与竞争对手的区别的基础上,确定本企业产品的特色和优势并确定价格。主动竞争定价法一般被实力雄厚及产品独具特色的企业采用。

(三)房地产价格的制定策略

房地产价格的制定策略有新产品定价策略、心理定价策略、声望定价策略、分级定价策略和招徕定价策略。

1. 新产品定价策略

房地产新产品定价策略主要有三种方式。

(1)撇脂定价策略。这是一种高价策略,是指房地产开发企业为了在短期内收回投资并获取较大利润,对新开发的楼盘在刚刚导入市场时制定较高的价格。在这种策略下,房地产产品的主要销售对象是那些高收入的购房者或猎奇者。当企业设计某种新房型或使用新材料的产品进入市场的时候,竞争对手尚未进入,消费者对新产品尚无理性的认识,这时候产品的需求弹性小,利用消费者求新、求异的心理,以较高的价格刺激消费,开拓早期市场。但是当新产品声誉还未建立起来的时候,高价不利于企业打开市场、增加销量,容易导致新产品开发的失败,甚至有可能招致公众的反对和消费者的抵制,不利于企业的公共形象。

(2)渗透定价策略。这是一种低价策略,是指将新楼盘以比较低的价格投放市场,以吸引消费者、增加销售量,从而占有较大的市场份额。这种策略的优点是企业可以利用低价迅速打开销路,占有较大的市场份额,薄利多销。如果企业生产具有规模效应的话,还可以降低成本。较低的价格有助于排斥竞争者的进入,使企业在较长时间内都能处于稳定的领先地位。缺点是延长企业的投资回收期,给企业带来较大的财务风险。另外,一开始就把价格定得比较低,一旦发现定价有误,企业就会处于被动的地位,很难调高产品的价格。

(3)满意定价策略。这种策略介于撇脂定价策略和渗透定价策略之间,能兼顾企业和消费者的利益,使得双方都比较满意。满意价格策略的优点是价格比较稳定,产品能较快地为市场所接受,成功的可能性比较大,而且不大会引起竞争对手的对抗,可适当延长产品的生命周期。缺点是利润率和产品市场占有率都不大。

对于房地产开发企业来说,应该根据市场需求、竞争程度、价格弹性及企业发展战略等因素,因地制宜地选择最合适的策略来制定企业新产品的价格。

2. 心理定价策略

心理定价策略是为了适应和满足消费者的购买心理而采用的价格制定策略。企业在制定价格时运用心理学原理,依据不同类型的消费者在购买商品时不同的心理需求来制定价格,以诱导消费者购买更多的产品,扩大企业销售量。

(1)整数定价策略。企业在给房地产产品定价时往往把其价格定为整数,而不带尾数,使得消费者产生"一分钱一分货"的心理感觉。这样会使价格上升到一个比较高的档次,以满足消费者的某种心理需求。例如,某高档住宅小区定价为40 000 元/m^2,而不是39 900 元/m^2,使消费者觉得购买该商品房与其社会地位、收入相一致,从而做出最终的购买决定。

(2)尾数定价策略。该策略利用消费者在购买商品时的求廉心理,将价格定成有尾数的价格。例如,某项目楼盘将房价定位5 990 元/m^2,而不是6 000 元/m^2,虽然只差10 元/m^2,消费者也会产生一种得到便宜的感觉。

3. 声望定价策略

这种定价策略是针对消费者"价高质必优"的心理,利用本企业的声誉及消费者对品牌的忠诚度对产品进行定价。在长期的市场经营中,有些企业的产品在消费者心目中有了一定的威望,形成了品牌效应。消费者认为其产品质量高、服务优,愿意支付较高的价格。

4. 分级定价策略

把同类产品分为几个等级,不同等级的产品具有不同的价格。这种定价策略能使消费者产生货真价实、按质论价的感觉,容易被消费者接受。例如,企业将开发的楼盘分成小区绿地广场周围的中心区域、副中心区域等,再对不同区域的商品房制定不同的价格。但企业应注意划分的等级要适当,极差不能太大或太小。

5. 招徕定价策略

经营多种产品的企业,将某些产品的价格定得很低以吸引顾客,目的是招徕顾客购买低价商品时,也购买其他产品,从而带动其他商品的销售。"低开高走"的方案就属于招徕定价策略。例如,某房地产开发企业为了凝聚购买人气,不惜以低于市场价 500 元/m^2 的价格开盘招徕人气,然后逐步提高价格。

(四)市场竞争中的价格调整策略

产品价格确定后,由于外部情况突然发生变化,因此需要对确定的价格进行调整。例如,市场供求环境发生了变化、企业的生产成本发生了变化、竞争对手的策略发生了变化、国家政策或行政法规发生了变化等。

1. 价格调整应考虑的因素

(1)潜在购房者对价格调整的反应。潜在购房者对价格调整的反应是检验调价是否成功的重要标准。对此主要是研究潜在购房者如何理解这次调价及消费者心理的变化,从而采取有效的措施。对于调高价格,潜在购房者可能会认为该房地产商品质量优越;房地产开发企业想多获利;产品供不应求,销售情况与市场反应都很好等。对于降价,潜在购房者则会认为房地产产品的质量可能有问题,想降价以尽快出手;房地产开发企业资金周转可能有困难,想回收资金;房型或朝向不好的剩余房地产商品做促销;价格可能还会再降,不妨等一等。

(2)竞争者对本方价格调整的反应。房地产开发企业在调整价格时,不仅要考虑购房者的反应,还要认真对待竞争者的反应,竞争者有可能会采取意想不到的行动。调价前,企业必须了解竞争者的财务状况、近年来的开发建设和销售情况、消费者的忠诚度、竞争者的企业目标以及竞争对手的优势和劣势等情况。如果房地产开发企业掌握的历史资料比较丰富,则可以运用统计分析方法,分析竞争者应对价格变动的策略。

2. 价格调高的策略

当企业不管是因为内部因素还是外部因素的原因而需要调高价格时,需要运用一定的技巧和方法,主要有企业通过公共关系、广告宣传等手段,在购房者认知的范围内,告知产品各组成部分价格上涨的真实情况,争取获得理解,减缓或消除消费者对价格上涨的抵触情绪;为了减少消费者涨价而感受到的压力,企业可以在产品质量上多下功夫。

3. 价格调低的策略

为了适应市场环境或内部情况的变化,有时需要下调价格。调低价格的方法与技巧有:在价格不变的情况下,改善产品的质量、增加产品的功能;增加折扣,或者在原有折扣的基础上,扩大各种折扣或折让比例。

三、房地产营销的促销策略

房地产营销的促销策略就是指房地产开发企业为了开展与消费者之间的全方位沟通,进而销售自己的产品,实现整体营销目标而制定的具体的促销手段和促销活动。房地产市场营销不仅要求房地产开发企业能够通过各种营销渠道及合理的销售价格,将满足市场需求的产品和服务提供给消费者,还要求房地产开发企业能够利用各种宣传和沟通手段,将房地产产品和服务的相关信息传递给消费者,促进购买行为的发生。而促销不仅是合适的信息传递方法,还能扩大求房地产开发企业及其产品与服务的知名度。促销策略主要包括广告促销、人员推销、销售推广等策略。

(一)房地产广告促销策略

房地产广告是房地产促销策略中最为有效的一种手段,是联系房地产开发企业和潜在购房者的一条重要纽带。房地产广告促销策略是指由求房地产开发企业出资,制作并通过不同媒介传播与房地产产品和服务相关联的信息产品,以达到营销目的的一种促销手段。

房地产广告促销策略的要点主要包括以下六方面:

(1)房地产广告的基调把握。房地产广告的基调除了必须来自明晰的客户定位,还必须来自对产品特征的理解,有时候还需要考虑竞争产品的应对问题。房地产广告基调得以正确贯彻的关键是选择统一的匹配表达方式,需要一定的时间延续性。在突出所处地域性特征的同时,企划人员的创意风格也非常关键。

(2)房地产广告语的撰写。通常广告语由两部分组成,分别是求房地产开发企业、产品的有关介绍说明和广告宣传语。每个房地产开发项目都有自己的相对优势,突出宣传这些优势以说服潜在购房者购买是房地产广告语创作构思的主要目的。房地产广告语的诉求大致有以下几个方面:产品性价比、区位卓越、交通便利、学区优秀、环境优美、配套设施齐全、公司信誉好和优秀的物业管理等。

(3)撰写房地产广告语的原则。好的广告语可以"刺激"潜在购房者,达到引起注意、引起兴趣、创造欲望、诱导行为的心理效果,这样才能把潜在购房者从当前等待的状态转变为实施购买的状态。要撰写成功的广告语,一般要满足"5 个 i"原则:新颖的创意(idea)、直接的影响(immediate impact)、连续的兴趣(interest)、消息资料(information)、冲动的意念(impulsion)。

(4)撰写房地产广告的实践要求。一个优秀的房地产广告撰文员必须有观察、感受与分析、瞻望房地产变化和发展的能力,从繁复的事件中理出焦点与创意,把物业优点彻底展现出来。撰写的主要步骤:第一,查看与观察现场;第二,搜集有关资料、过滤资料;第三,深入了解物业的优缺点,找出可能的销售卖点;第四,把握潜在购房者的心理趋向与所处背景;第五,撰写房地产广告。

(5)房地产广告媒体的选择。广告媒体是房地产开发企业所采用的各种商业信息的载体。常用的房地产广告媒体大致有九类:报纸与杂志、广播、电视、户外广告、夹报、海报、说明书广告、接待中心、样品房。实践中需要根据各种媒体的特征来选择合适的宣传方式。

(6)影响广告媒体选择的因素。广告的种类和形式繁多,又各有其优越性和局限性,企业要想得到预期的广告宣传效果,就必须进行正确的选择。广告媒体选择的目的在于以最低的广告费用取得最大的经济效益。正确地选择广告媒体,一般需要考虑以下几个因素:媒体的性质、广告商品的特性、消费者的习惯、广告目标的要求、市场竞争状况、国家法律规定和广告费用支出等。对于同一广告主题,电视、报纸和杂志三种媒体各接触一次的效果要比仅从其中一种媒体中获得三次的效果更大;利用两种以上的广告媒体传播同一产品的广告信息,在传播到同一个人时,其在广告效果上是相互补充的。因此企业在实施广告促销时可以使用多个广告媒体。

(二)房地产人员推销策略

1. 房地产人员推销策略的实施过程

(1)过滤潜在购房者。潜在购房者的出现可能有多种来源:一是消费者看到或听到企业在不同媒体上的广告,主要包括报纸、广播、电视或海报等;二是来自推销员及企业其他相关人员的主动发掘,如请已购房屋者介绍其朋友来洽谈,附近街坊人士的介绍及某些组织内的挖掘或直接拜访消费者等。推销员对于人数众多的消费者应审慎过滤,按能力、意愿、需求将其分成若干等级,从最有可能购买产品的消费者入手。

(2)事前计划。一名合格的推销员在约见消费者前必须进行详细的计划。根据前阶段对消费者身份和收入状况等背景资料的详细研究,事先推测此次推销中消费者可能产生的反应及其他问题,想好应该采用的沟通态度、方式及对不同情况的应对之策,并决定接触的方式,如选择电话联络、信函通知或其他方式。

(3)接近。接近是推销员会见消费者、进入洽谈阶段的必经步骤。洽谈能否成功,必须先看接近是否顺利。接近的关键是形成良好的第一印象,因此销售员的仪表风范及开场白需要慎重而得体,积极而亲切,千万不能疏忽。

(4)推进介绍。这一阶段是找到合适的切入点,要将自己产品特色与消费者的实际利益相结合,才能满足消费者的需要与期望。

(5)处理消费者的异议。在推销过程中,消费者常因有不同的看法而对推销员做出否定或拒绝的表示,这种异议会立即使推销员陷入不理想的处境。推销员必须能够随时巧妙地化解顾客的抗拒心理,否则将无法达成推销的目的。

(6)成交。这一阶段是推销的最后阶段,也是最关键的阶段。成交的过程也是一个谈判的过程,因此提高推销员的谈判能力在该阶段显得至关重要。谈判的内容通常是价格和条件,推销员应注意技巧,不能操之过急,误判或忽视消费者心理。推销员还必须密切注意消费者的成交信号,包括身体动作、言辞等,同时保持坦率诚恳的态度及从容和悦的表情,使得消费者产生共鸣,觉得签订单确是恰到好处。

2. 房地产人员推销技巧

(1)接听电话。在接听电话时,开头时热情、礼貌,用心听消费者的询问,语调要亲切。中间要耐心解释,主动介绍。多数消费者不是房地产行家,对于该从何处问起、问些什么并不是很清楚,作为一个有经验的推销员应引导消费者询问问题,循序渐进。在电话结尾时尽可能约好看房时间,如果消费者还没有看房的意愿,推销员应该请消费者留下电话号码等联系方式,以便经常给消费者提供房产信息,找到合适的机会再约消费者看房。

(2)了解消费者置业的目的。消费者置业的目的有使用、保值或增值。推销员在向消费者推销房产时,只有明确消费者的置业目的,才能做到有的放矢。

(3)赞美消费者。人是有感情的,喜欢听赞美的话是人的本性。赞美得自然、得体,会消除彼此间的陌生感,但矫揉造作或言过其实则会让消费者感到别扭、反感。赞美最好在与消费者的闲聊中不知不觉让对方感受到。

(4)态度始终如一。对消费者的态度应做到买与不买一个样、买前买后一个样。推销员要做到这一点并不难,而且这是最起码的一种态度。

(5)不要随意贬低他人的楼盘。随意贬低他人的楼盘在房地产推销中很难取信于消费者。相反,推销员掌握较多的房源资料,用比较的手法来强调自己的楼盘特点,可能更容易使消费者接受。

(三)销售推广策略

房地产销售推广策略是指房地产开发企业运用短期诱因来鼓励潜在购房者购买本企

业产品的策略。这种短期诱因通常是一些折扣或奖励形式的经济利益诱导,也包括其他可以激起消费者购买欲望的非经济因素。

1. 房地产销售推广策略的类型和促销手段

(1)购房者策略。面向消费者的销售推广策略要从消费者的需求出发,刺激消费者的购买欲望,以达到使消费者满意为准。根据销售的不同阶段、物业的不同特点、购房者的不同特点,可以灵活采用各种形式。房地产开发企业在开盘时,为了烘托现场气氛,营造一种热销场面,通常会给现场的看房咨询的消费者赠送礼品,以吸引消费者光顾。对在促销期间购房者按一定的比例抽奖,中奖率依据奖品的价值和促销预算决定,奖品可以是旅游机会、家用电器等。在促销期间,给购房者提供一定的优惠金额或价格折扣。根据物业的特点,在购房者买楼时赠送阁楼、空中花园;针对一些高档客户,赠送车位;对购房者免收一定的物业管理费或由房地产开发企业代为承担有关交易费用。房地产开发企业可以与金融机构、装潢公司和建材供应商等联合进行促销。与金融机构联合,可在住房抵押贷款方面推出一系列的促销措施,如除住房抵押贷款外,给予办理住房装修贷款和汽车贷款;与装潢公司和建材供应商联合,可在住房装修与建材采购等方面解决购房者的后顾之忧。房地产开发企业可以根据实际情况,针对不同人群考虑以上不同的实施方案。

(2)中间商策略。面向中间商的销售推广策略是紧紧围绕中间商展开的。房地产开发企业运用这一策略是为了让自己的产品尽快进入中间商的营销网络,顺利地把产品分销出去。中间商策略也有很多形式可以采用,例如,房地产行业协会一般都组织年度集会和展览会,房地产开发企业借机可以吸引实力雄厚的中间商帮助自己推销楼盘;为了感谢中间商而给予的推广津贴,实际上也是给中间商推销自己的产品的一种报酬;在中间商开展促销活动时,房地产开发企业提供一定的协作和帮助,是一种共同参与的行为,通过提供现金、物品或劳务的方式,实际上降低了中间商的运营成本,提高了中间商的利润;给予提前或超额完成代销目标的中间商一定的现金奖励,也可以开展销售竞赛,给予完成销售情况最好的中间商和相关员工以物质奖励。

2. 房地产销售推广策略的主要内容

(1)销售推广目标。不同类型的销售推广策略目标有所不同。对于消费者策略,主要的目标在于从企业的竞争者手中夺取消费者,获得消费者的好感,刺激消费者的购买;而对于中间商策略,主要的目标在于鼓励优秀的中间商来经销或代理自己的产品,同时提高已有中间商的忠诚度和信任度,扩大营销范围,增加营销网络,增强营销力度。

(2)销售推广手段。房地产开发企业应当根据不同的营销情况确定需要提供诱因的程度,并选择合适的促销手段。不同的促销手段的刺激效果也有所不同。一般而言,面向中间商的销售推广手段实现效果的持续时间比较长,而对消费者的刺激只是阶段性、一次性的。

(3)销售推广费用预算和规模。首先,房地产开发企业在实施销售推广策略前需要做费用预算,既可以参照以前做过的费用制定预算,也可以从促销费用中提取一定比例。其次,根据费用预算确定推广规模。考虑在实施每一种销售推广手段时,是向所有的还是经过挑选的消费者或中间商提供,以及提供的具体费用。

(4)销售推广时间。房地产开发企业进行销售推广活动的持续时间应适当。持续时间太短,消费者或中间商还来不及调整自己的决策,促销作用就无法发挥;持续时间太长,对消费者或中间商的诱导作用逐步减弱,使得促销作用失效。理想的促销时机和促销周期要根据房地产产品的种类及具体产品的特征来确定。

第三节 房地产营销策划

一、房地产营销策划的概念与内涵

(一)房地产营销策划的概念

"策划"一词在社会的各种场合被广泛运用,有关策划的说法也比较多,下面列出几种。

"策"在《辞源》中有八个义项,其中有用作名词的,如"马鞭""仗""简""策书"等;用作动词的有"以鞭击马"。"策"最重要的义项,也是用得最多的是"谋略"的意思。

"划"在《辞源》中的义项不多,比较重要的是"割裂""筹谋"等。基本上"策"与"划"是联系起来的,作为筹谋、谋略、计策及对策等意思解释。

在古代,策划的名词性较强,与现在的计划、计谋、计策、谋略、对策的意思比较接近。而在现代,策划的动词性含义增强,信息、创意、点子、谋略、目标等要素为其内核,而"策划"的全面含义为如何在全面谋略上指导操作者去圆满地实施对策、计策或者计谋,从而达到办事的目的。策划,既是科学又是艺术,既是技术又是文化,可以说它是一门涉及许多学科的综合性科学与艺术。

美国哈佛企业管理丛书编纂委员会对策划的定义是一种程序,在本质上是一种运用脑力的理性行为。策划是找出事物的因果关系,衡量未来可采取的途径,作为目前决策的依据,即策划是预先决定做什么、何时做、如何做、谁来做。

日本策划专家和田创对策划的定义是通过实践活动获取更佳成果的智能或智能创造行为。

从本质上看,策划是人类运用脑力的理性行为,是一种思维活动、智力活动,也就是人们认识、分析、判断、预测、构思、想象、设计、运筹、规划的过程。这个过程中充满了创造性思维。

由于人们对房地产营销策划的认识不同,至今很少见到对它的准确定义。

综上所述,对房地产营销策划可理解为针对特定地块或楼盘,挖掘其附加值,使其与目标市场有效需求相吻合,从而实现价值兑现和服务认可的一系列创造性思维和活动的总称。

(二)房地产营销策划的含义

房地产营销策划是在对房地产项目内外部环境予以准确分析,并有效运用经营资源的基础上,对一定时间内营销活动的行为方针、目标、战略及实施方案进行设计和谋划。或者说,它是一个谋划达成房地产项目营销成功的先发设想及其思维的过程,也是一项计划活动、决策活动之前的构思、探索和设计的过程。显然,房地产营销策划不是策划的全部,而是房地产策划的一个分支。

房地产营销的实质是以消费者对产品的需求为起点和核心、终止于房地产产品售后服务的全程营销,而不是销售;是消费者、代理商、设计师、按揭银行、物业管理方等多方面的多赢,而不是房地产开发企业自己的单赢。总之,房地产营销是一种文化营销,企业只有实现经济效益、社会效益、生态效益的多赢,才是真正的赢。尽管房地产营销方式已经从单一化趋向全面化,营销服务已经从注重表现趋向追求内涵,营销推广已经从杂乱无章趋向规划有序,但许多人还未从根本上认识房地产营销策划的合理内涵,因此,完全理解房地产营销策划的内涵和外延十分必要,应把握以下几个要点:

(1)创意是房地产营销策划的灵魂。营销策划是一种创新行为,要创新,就要把创意贯穿于营销策划的过程之中,创意成功与否是营销策划是否出新的关键。

(2)房地产营销策划是房地产营销管理活动的核心。营销策划是通过在营销管理活动的每一个环节中引入全新的构思与创新,使之形成一个整体方案,并以之作为营销执行的准绳,以及追踪、纠正、评定绩效等行动的依据。

(3)房地产营销策划是一种在全过程开发中贯穿市场意识的行为方式。营销策划的市场意识有两个方面的内涵:一是指结合市场,对楼盘的购买群体、消费层次、户型、价格定位等进行决策,实行以销定产,再建楼盘;二是指营销策划是一种长期行为,它不仅应注意实现消费区域的市场情况,而且还应从长远着眼,重视培育潜在客户区域市场。显然,第一个内涵是第二个内涵的前提和基础;而第二个内涵则是第一个内涵的巩固和创新。

(4)房地产营销策划是连接产前、产后市场的一座“桥梁”,是使营销过程顺利进行的创新思维,完成的是导演功能。由于房地产开发的长期性及市场反馈的间接性和滞后性,产前、产后市场不尽相同,因此,分析楼盘与市场的对接问题,就要结合所在楼盘,寻找一种把握楼盘市场推广的行为方式。

(5)房地产营销策划是对营销方案的构思、实施及评价的规范程序和科学方法,其根本不是一本洋洋洒洒的策划方案文本,不是闭门造车,而是要体现市场的要求,体现物业特征、市场特性、顾客的消费习惯及市场发展的要求。

(6)房地产营销策划是一个系统工程,要更多地吸收哲学、行为科学、心理学、社会学、人类学、广告学、计算机科学等学科的研究成果,以丰富和完善房地产营销策划理论体系。

二、房地产营销策划的原理和特征

(一)房地产营销策划的原理

原理指的是某种客观事物的实质及其运动的基本规律。房地产营销策划的原理是指房地产营销策划活动中通过科学分析总结而形成的、具有理性指导意义和行为规律性的基本知识,因而对一切房地产营销策划实践活动具有普遍的指导意义。

1. 创新性原理

创新性就是差异化、有个性。创新是房地产开发企业成功的关键，要将创新理论运用到房地产营销策划中去，策划人就必须保持思维模式的弹性与更新，让自己成为“新思维的开创者”。

创新首先表现在策划观念新。策划观念是否新与策划人的基本素质密切相关。其次是概念新、主题新。主题概念是项目的灵魂，只有主题概念有了新意，项目才能凸现出个性，如山景房、海景房。最后是策划手段和方法新。方法和手段虽有共性，但组合不同，策划出的效果就不一样。如广州远洋明珠大厦，在建好的楼宇中推出十套主题样板间，以不同人的个性及生活方式进行延伸、发挥、组合，昭示了我们居住的空间是那样舒适、优美、富有艺术，增强了人们的购买欲。

2. 人本原理

房地产是大宗商品，是人们赖以生存的基本生产和生活资料。人们购买住宅，不仅仅是购买居住的场所，更重要的是购买生态、社会和文化等环境，购买的是一种生活方式。因此，服务于人是房地产营销策划的根本目的。

房地产营销策划以人文为灵魂，可以张扬建筑的人本主义，构筑人居精神属性，缔造家园对人生的价值。如项目的主题概念就是人文的具体体现，所有这些使房地产营销策划拥有了深刻的内涵。

人本原理要求策划人要深刻领会我国人文精神的精髓，注重人文关怀、人文情感和人文历史，建立项目自己的个性，促进产品和企业品牌的形成。

同时，人本原理还崇尚“天人合一”的观念，也就是房地产营销策划要把企业发展、社会发展和生态发展统一起来，形成绿色营销策划的最高境界，以维护全球可持续发展这个全人类的根本利益。

3. 差异性原理

策划的本质就是向日益细分的市场强调单个产品与众不同和量身定做的个性化特征。市场的细分决定了产品之间的不同之处，在每一个环节上照顾消费者共同关心的产品要素，从消费者出发，在整个营销过程中突出对消费者有意义的、与其他产品不同的细节点，强调此产品与彼产品的差异性，就是策划的精髓所在。

目前，许多地方的房地产开发项目争夺的都是同一类客户，它们的价位、楼型、户型、外立面、售楼处包装、营销模式、广告诉求等大都处于同一思维和操作模式的层面上，有些方面甚至惊人地一致，存在严重的“同质化”倾向，这势必加剧狭小市场范围内的竞争，加大单个项目的投资风险。如果其中某项目崩盘或价格“跳水”，其他同类项目将同样遭受严重冲击。所以，项目的营销策划必须坚持差异性，突出产品自身的特征，加强产品的易识别性。

4. 整合原理

策划讲求创意，而创意最容易表现为思维上的“灵机一动”。这反映在策划工作上往往可能是孤军突进，因此，策划上的灵感与创意一定要结合市场整体的诉求主题。整合原理强调策划对象的优化组合，包括房地产的功能组合、营销方式组合、项目资源组合等。性价比是竞争胜出的关键，没有哪一个因素是至关重要的，就像没有哪一个因素可以被忽视一样，这就要求每个策划点都要环环相扣、统筹安排，实行立体营销。

整合原理要求在项目设计上的优化、工程上的进展、广告媒体发布的立体性配合、物业管理、价格上的变更等方面要点线呼应、互相协调，坚持整合推广理念，这样才能避免单一营销活动的结果平平，避免费时、费钱又费力，贻误市场良机。

（二）房地产营销策划的特征

研究房地产开发项目营销策划对于提高房地产开发企业的营销素质，增强房地产开发企业的活力和竞争力，健康、稳步地发展房地产，更好地满足人们生产和生活的需要，都具有现实意义。由于房地产产品及房地产市场存在着特殊性，决定了房地产营销策划的特征。

1. 系统性

房地产营销策划的系统性主要表现在两个方面：首先，房地产营销策划必须以影响房地产市场各类因素的分析为基础，而影响房地产市场供求结构及其变化趋势的各种因素是一个大的系统。这一系统从宏观方面看，由各级政府有关房地产市场营销的政策体系与内容（如房地产产业政策、金融政策、财政政策）及社会经济环境（如人口数量、收入水平等）构成；从微观方面看，包括房地产市场的供应、需求和中介等。其次，房地产市场营销的运行是由输入、过程及输出三个部分构成的一个系统。这一系统包括两个方面的内容：一是房地产市场营销策划系统运行中资源的输入和输出（图 8－2），二是房地产市场营销策划系统战略的输入和输出（图 8－3）。

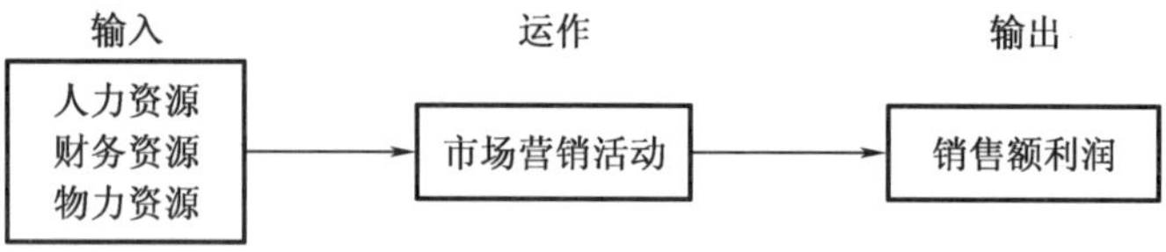

图 8－2　房地产市场营销策划系统运行中资源的输入和输出

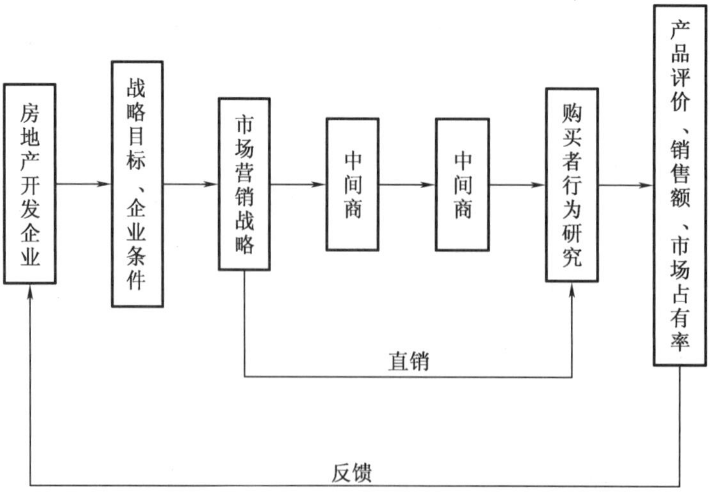

图 8－3　房地产市场营销策划系统战略的输入和输出

2. 整体性

房地产营销策划的整体性可以从纵向和横向两个角度来理解。从纵向看,一方面,由于房地产商品价值大、房地产市场地域性强及信息不畅通的特点,房地产商品在流通领域停留的时间比较长,长达数年是正常现象。就整个销售过程而言,都要经历预售、销售中期及销售后期三个时期。这就要求不同时期的房地产营销策划活动和方案具有前后连贯性。另一方面,房地产营销策划过程本身也具有整体性。从房地产市场研究,到市场细分和目标市场的选择,再到房地产市场竞争战略和品牌战略的制定,就是前后一气呵成的过程。而且任何一个方面的变化,往往会牵涉其他方面的改变。从横向看,房地产市场营销策划计划的制定和实施不仅涉及房地产开发企业内部营销、财务、工程质量管理及材料采购等部门,也需要银行、设计部门、工程建设承包商及建筑材料和房屋设备供应企业等外部企业的配合。

3. 政策和法律的敏感性

从法律角度看,第一,房地产商品流通实质上是产权的流转,而不是房地产商品实体的移动,在房地产商品产权流转的过程中需要有法律的保障。第二,房地产商品因使用周期长,同一房地产商品的产权在其使用期内可能多次转移。第三,在法律形态上,房地产商品的产权表现为所有权、使用权、租赁权、抵押权及典权等形态,不同形态的权益包含的权利义务关系不同,涉及的法律条款也不一样,在营销时需要特别注意。同时,在房地产经济活动中,房地产商品的使用权和所有权都可用于抵押、典当和信托等。所有房地产权属在登记、转移并完成房地产交易时,都需要法律提供保障。因此,房地产营销策划与法律制度有密切的联系。从政策角度看,房地产业对国民经济发展的重要作用及房地产在国民财富和社会经济生活中的地位,决定了政府必然通过各种形式对房地产市场进行调控。这一方面减弱了房地产市场运行的自由程度;另一方面,也使得房地产市场的供求状况和变化趋势受政策的影响很大,如宽松的货币政策和财政政策往往带来房地产商品的供需两旺。因此,无论是对房地产市场供求关系的判断,还是营销策略的制定,都必须密切注意与房地产市场相关的政策现状及其变化趋势。

三、房地产营销策划的基本程序和内容

(一)房地产营销策划的基本程序

房地产营销策划具有一定的基本程序,主要包括下列几点:

1. 界定问题

营销策划是面向营销过程应用的学问,是营销过程的策划设计。因此,首先应该运用营销学的理论,对项目进行分析研究,确定工作方向,有的放矢。在明确目标过程中,应注意以下两个问题:

(1)主题意识。营销策划工作多数情况下是在接受委托情况下开展的,策划人必须弄清楚委托者的本意、要求,即主题,把有限的时间、资源和精力投放到主题当中,切忌南辕北辙。

(2)辩证求解。营销策划是在企业与消费者之间求解,有人将其比喻为“导师+医生”,即从开发理念、项目定位、地位选择、规划设计、项目建设到营销推广、市场销售、物业管理等,房地产开发企业需要提供顾问、策划服务。策划人应充分整合企业有限的资源和社会资源,通过改变企业的资源环境来实现目标,这是营销策划的使命所在。

2. 收集信息

信息资源开发的水平,决定着策划的水平,而信息开发水平的高低又是由其工作过程中所采用的方法决定的。运用科学的市场调查方法,收集信息资料。信息的收集必须满足可靠性和有效性两点要求。对收集的信息资料,运用科学化的推理方法,充分发挥策划人的智力创新功能,进行加工处理,透过现象,去粗取精、去伪存真,探索房地产市场的发展规律,预测其发展变化趋势。

3. 产生创意

有组织的创意是营销策划的核心。策划与组织的重要区别之一就在于组织意识。组织意识就是要从思想上认识到,创意不仅仅是依靠个人的“灵感”,而是如美国学者德鲁克所说的那样,是“一种可以组织,并需要组织的系统性的工作”。因此,策划人必须有丰富的信息情报量、思路清晰的系统概念、敏锐的关联性和想象力、很强的市场反应能力和悟性。

4. 撰写、推出房地产营销策划书

经过创意一般可形成多种概要性方案的框架,对创意后形成的概要性方案进行充实、编辑,并用文字和图标简要表达出来,就形成了房地产营销策划书。

策划方案编写完毕后,通常要向委托人讲解、汇报,并动员有关部门和人员积极参与,从这个角度上说,策划人是导演。

5. 执行房地产营销策划

一般而言,一项完整的房地产营销策划方案通常包含市场调查、目标客户群的分析、价格定位、销售目标体系、进入市场的时机与姿态、确定销售方式、公关计划、推广成本预算、干扰因素分析、执行监控等内容。策划方案通过后,策划人不一定是执行者,若在执行过程中“走样”,考虑再周全、设计再完美的方案的成效也会受到影响。另外,由于竞争激烈,市场变幻莫测,策划方案设计时与执行时的客观环境、约束条件等都可能发生变化,因此,方案的实施应是从构思到行动结束,不断检查、调整、螺旋推进的过程。

(二)房地产营销策划的内容

房地产营销策划随着中国房地产行业的发展而逐渐成熟,但是毕竟经历的时间不是很长,没有形成一套比较完善的理论,所以策划没有标准的模式可以遵循。在不同的房地产营销策划理论和不同的策划阶段中,房地产营销策划的流程也会有所不同。因为在实际的策划操作过程中,可能会随着不同阶段出现不同的问题而提出针对性的解决方法,其具体的操作过程也不会一成不变。根据营销理论,房地产营销策划一般包括以下内容:

1. 市场调研

市场调研主要分析宏观环境及项目所在区域竞争对手的情况。

(1)前言。前言包括本次市场调研的背景、动机、运用手段和目的等。

(2)市场分析。具体内容如下:

①当前市场分析。当前市场分析包括开发总量、竣工总量、积压总量等数据的统计,主要分析大的区域的宏观走势。

②区域市场分析。区域市场分析包括销售价格、成交情况的统计分析,对项目所在区域的楼盘的供求状况、趋势的分析。

(3)近期房地产的有关政策、法规、金融形势。

(4)竞争个案项目的调查与分析。

(5)消费者调查。对消费者的分析应该有针对性,而且要尽量详尽。消费者调查主要包括购买者地域分布、购买者动机、功能偏好;主要分析消费者对楼盘外观、小区格局、户型面积、建材、公共设施、地点等的喜好,以及对价格、付款方式、购买时机、购买反应、购买频度等的反应或表现。

(6)结论。总结以上调研的分析结果,得出概括性的项目面临的市场情况。

2.项目环境调研

(1)地块状况。地块状况包括地理位置、地块面积、地块的地形、地块的环境面貌、地块开发的性质。

(2)地块本身的优劣势。

(3)地块周围景观。地块周围景观包括项目地块的前后左右,以及远近景观和人文景观。

(4)环境污染及社会治安状况。这部分包括水、空气、噪音等是否污染及污染的程度,对项目造成的影响及社会治安问题。

(5)地块周围的交通条件。这部分包括环邻该项目的公共交通条件,地块的直入交通是否方便等。

(6)公共配套设施。公共配套设施包括菜市场、商店、购物中心、公共汽车站、学校、医院、文体娱乐场所、银行、邮局、酒店等公共设施,是否方便居民的生活。

(7)地块地理条件的强弱势分析。通过SWOT[S代表strength(优势),W代表weakness(弱势),O代表opportunity(机会),T代表threat(威胁)]坐标图、综合分析等方法进行分析。

3.项目投资分析

(1)投资环境分析。

主要分析宏观环境,具体如下:

①当前经济环境,包括银行利息、金融政策、开发程度等。

②房地产的政策法规。

③目标城市的房地产供求现状及走势(价格、成本、效益),实现土地价值分析判断(以周边竞争楼盘的售价合租价作为参考)。

(2)土地建筑功能选择。

(3)现实土地价值分析判断(以周边竞争楼盘的售价合租价作为参考)。

(4)土地延展价值分析判断。

(5)成本敏感性分析,包括容积率、资金投入、边际成本利润。

(6)投入产出分析,包括成本与售价模拟表、股东回报率。

(7)同类项目成败的市场因素分析。

4. 营销策划方案

(1)本项目特点分析。

①项目特性分析,包括优劣势判断,在同类物业中的地位排序。

②建筑规模与风格分析。

③建筑布局和结构分析,包括实用率、绿地面积、配套设施、厅房布局、层高、采光通风、管道布线等。

④装修和设备分析,包括是豪华装修还是精装修,是进口设备还是国产设备,以及保安、消防、通信等设备是否齐备。

⑤功能配置分析,包括游泳池、网球场、俱乐部、健身房、学校、菜场、酒家、剧院等功能性配套是否完善。

⑥物业管理分析,包括是自己管理还是委托他人管理、收费水平、管理内容等。

⑦发展商背景分析,包括发展商实力、以往业绩及信誉、员工素质等。

⑧结论和建议。通过对本项目特点的分析,提出哪些方面需突出、哪些需弥补、哪些需要调整的建议。

(2)目标客户分析。

①经济背景分析,主要分析目标客户的经济实力和所从事的行业的特征以及收入消费水平,希望的付款方式和按揭方式。

②文化背景分析是指通过分析目标客户的文化背景,以确定适合他们的推广方式,选择能让目标客户最大频率接触的媒体以及能够让他们接受的创意和表达方式等。

(3)价格定位。

①理论价格是指根据发展商确定的期望回报率和成本来确定的价格。

②成交价格是指实际成交的价格。

③租金价格是指根据本区域同质楼盘的租金价格确定的本楼盘的预期租金价格。这个价格对于主打投资概念的楼盘影响很大。

④价格策略。一般来说,为了显示物业具备升值的空间和潜力,惯用的价格策略是“低开高走”。

(4)入市时机、入市姿态的选择。选择合适的入市时机和姿态对以后的销售有至关重要的作用,可以提高楼盘销售的速度,提高资金回收率。

(5)广告策略。

①广告的阶段性划分。房地产销售期一般分为准备蓄水期、内部认购期、开盘强销期及持续期。但是要根据每个楼盘不同的情况来确定各阶段的时间长短,有时甚至将两个阶段合二为一。

②阶段性的广告主题。

③阶段性的广告创意表现。

④广告效果监控。

(6)媒介策略,包括媒介选择、软性新闻主题、媒介组合、投放频率、费用估算。

(7)推广费用,包括现场包装、印刷品、媒介投放。

5. 概念设计

(1)小区的规划布局和空间组织。

(2)小区容积率的敏感性分析。

(3)小区道路系统布局(人流、车流)。

(4)小区公共配套布局安排(学校、会所、购物等)。

(5)小区建筑风格的形式及运用示意。

(6)小区建筑外立面色彩的确定及示意。

(7)小区户型比例的搭配关系。

(8)小区经典户型的功能判断及面积划分。

(9)小区环境绿化概念原则。

(10)小区环境艺术小品主题风格的确定及示意。

6. 识别系统

(1)核心部分。核心部分包括本项目的名称、标志、标准色和适合项目定位的标准字体。

(2)运用部分。

①现场。现场包括施工和营销现场。现场的识别系统主要是工地围板,而销售现场包括彩旗、条幅等烘托气氛的工具。

②营销中心。营销中心包括营销中心的形象墙、门楣标牌、指示牌、展板的规范,营销人员的胸卡、工作牌、台面标牌等。

③工地办公室。工地办公室要设置经理办公室、工程部、保安部、财务部等以保证工程的开展和接受客户的咨询。

④功能性标牌。设置"请勿吸烟""防火""防电""配电房""火警119""消防通道""监控室"等安全功能指示牌。

【案例分析】

××花园的价格策略

第一,房地产的价格与区域概念紧密相连。人们常说的"××区的楼价""××路的楼价"都是与地域位置紧密相关的。这样的价位是从粗略的感受中得出来的价位,是比较模糊的,弹性幅度在500~1 000元。

第二,从群体来看,由于房地产产品属于特殊高价商品,影响其价格的因素非常复杂。消费者往往对细微的价格调整不是很敏感,不像其他商品,细微的价格调整往往带来销售额的迅速增加。在房地产市场，只有在大幅度调整价格的情况下，价格才成为市场购买行为中的敏感因素。

第三，从购买过程看，决定购买行为的价格往往是在货比三家后得出的，这个价格是在消费者心理价格的基础上产生的。房地产开发企业倘若想使一个楼盘的价格成为消费者的关注点，价格低于比较价格是不够的，最好远低于消费者心理价格，才会广泛吸引消费者。

××花园就是成功利用了心理价格与比较价格的关系原理，成功地吸引了消费群体，从而建立并巩固了自己的市场地位。该花园规模为12万 m^2，其规模在工业大道南端是比较大的，但环境配套设施方面基本空白。其附近数个大型楼盘正在热卖中，一些楼盘已建立起良好的品牌形象；一些楼盘已是现楼，配套设施也较完善。在这种形势下，如果只是靠营造现场气氛进行销售，则该花园的销售将会是一个漫长的过程。而该花园必须是一个以速度和规模取胜的楼盘，较之于单位利润的极大化，市场规模及占有率更为重要。在当时，消费者对工业大道南端的楼盘的心理价格为9 000～13 000元。该花园针对性地以均价8 500元/m^2 推出，远低于消费者心理价位，吸引了大量消费者排队抢购，楼盘即时全部售出，造成市场轰动。××花园房地产开发企业同时提出“六个一流”和“八个当年一定实现”的目标，在买家心里留下了深刻的印象。第二期推出时，推出的单元主要是15层的小高层单元，平均价格为10 000元，最高价不超过13 000元/m^2，最低价仅为8 500元/m^2。此时该花园的征地规模已经扩大到52万 m^2，开发规模在当地首屈一指。绿化环境与配套设施更为引人注目，有大面积的草坪、假山、喷水池、幼儿园、第一期已交付使用的现楼作为样板房，并在规划上进行了一般市区楼盘不敢想的尝试，如建起大面积的人工湖。所有的这一切都增强了买家的信心和提高了其心理价位，所以虽然第二期楼盘价格有所提升，但买家仍可接受。

第三期楼盘的推出则在当年9月初，此时××花园已聚集了很旺的人气，在前两次轰动效应的心理影响下，拥有了一批忠实的买家。此次××花园推出的单元为22层高层单元，共推出1 000多套。推出后第一周即销售出300多套，依然十分成功。而楼盘售价回归至正常水平，以均价11 500元发售，与周围楼盘的价格接近。

回顾以上过程，该花园在价格策略的运用上是十分成功的，不是把价格的“低开高走”作为一种简单的战术，而是作为实现其市场战略的核心，有效应用其他战术，成功地实现了市场目标。

当然，××花园的推广手法还有一些值得商榷之处，如只注意前期针对心理价格建立竞争优势，而忽视了后期定价建立竞争优势，对其后期的市场应变力会有一定的影响。××花园的均价在第三期已走到了心理价格的顶点，不仅再没有心理价格的优势，在比较价格方面也缺少明显优势。因此，鉴于竞争对手已根据××花园前两期的销售情况调低了售价，××花园虽然有知名度、一定规模的配套设施做支持，但由于推出的单元数量大，所以即使没有心理价格的优势做支持，也仍然需要比较价格的优势做支持，否则，可能会付出销售速度放缓的代价，目前销售上的优势可能也难以保持。但无论如何，××花园在价格策略上的成功运用都值得房地产开发企业学习、借鉴。

案例讨论：

1. ××花园的价格策略给你的启示是什么？

2. ××花园在产品定价中运用了哪种定价方法？

思考题

1. 房地产营销的策略有哪些？
2. 房地产营销的基础理论主要有哪些？
3. 房地产营销策划的程序是什么？
4. 房地产促销组合的内容包括哪几方面？
5. 房地产市场宣传的手段有哪些形式？

第九章　房地产交易

【案例导入】

房地产交易“一网通办”，让天下无“骗”

让信息多跑路、群众少跑腿的政务改革延伸到了上海的房地产交易，这是一件值得高兴的行业新事。

2021 年 10 月 26 日起，上海市房地产交易中心在“一网通办”开通存量房买卖双方未通过中介交易网上签订合同服务。就是说当事人可以登录“一网通办”，进入相关的办件窗口查阅相关指导文件，对于网上办理有困难的，仍可到房屋所在区房地产交易中心窗口申请线下办理。最近一段时间，全国发生了一系列房地产交易过程中的“吃差价”纠纷。典型的一例是深圳的一位夏女士购买了一套房子后发现自己买贵了，挂牌价 3 800 万元的房子的成交价为 4 150 万元。另一例是上海的一位老人的房子被中介人员以 38 万元买下，然后以 83 万元卖掉。

这些事件再次引爆了社会对中介“吃差价”的议论和鞭挞。当今世界，虽然我们已经身处信息社会的繁荣时代，但对于房地产交易市场，我们不得不说依然具有“柠檬市场”的味道。这也就难怪在 2018 年河南永城市提出取消房产中介的时候，除了中介行业人员，全国一片叫好。当然，永城市出台政策的出发点是打击黑中介。但是，这次政策的出台除了引发一场全国性的讨论外，本着“房住不炒”原则，为广大住房消费者搭建一个买房、卖房、房屋租赁信息发布的平台的远大目标进入了更多人和城市治理者的视野。

就如现在上海推动存量房交易“一网通办”的新举措，在追求持续优化营商环境的目标之下，会真真正正让人们有了更多的选择，不必被单一的交易方“牵着鼻子走”，信息多跑路的改革会带来群众少跑腿、少花钱的结果。重要的是，一个更具权威性、透明性的交易信息平台，对于消除挂牌价与实际交易价不一致的情况，会起到消除信息垄断、更好地维护买卖双方权益的作用。更重要的是，市场交易信息壁垒消失，会倒逼房产中介服务行业“革自己的命”，快速走上更加透明、诚信和具有社会责任的方向和道路。

这正是房地产市场健康有序地发展的坚实保障。

第一节　房地产交易概述

一、房地产交易的定义

“交易”一词的英文表达为“transaction”，本意是“交互影响的行为”，意指在经济领域中所有不同的人与人之间的交互活动。在我国,交易原为物物交换,如在《周易·系辞下》一文中有“日中为市,致天下之民,聚天下之货,交易而退,各得其所。”的记载。后来,“交易”一词几乎成为“买卖”的通称。在现代,“交易”或“交易活动”业已扩展了内容,但围绕着某一商品而表现为平等的人们之间的各种自愿交换关系的市场交易,仍是它的最主要内容。本书所说的房地产交易也界定在市场交易的范围之内。

房地产交易是指有偿取得或转让房地产的所有权、使用权及其他项权利的法律行为。所谓有偿取得或转让,是指进行交易的房地产及其权益是作为商品而进行的交换,在交换中使房地产的价值得以实现;所谓房地产的所有权、使用权及其他项权利,是指房屋的所有权、土地的使用权和房地产的抵押权、典权等其他权利。这些权利的取得通常是通过房地产登记得以确认的。

房地产交易的具体形式有房地产的买卖、租赁、互换、抵押和典当。房地产交易者在进行这些交易活动时,往往要借助一些中介服务才能得以实现,所以房地产交易的构成要素包括三个方面:一是由交易双方构成的交易主体,即从事房地产交易的组织或个人,包括政府、企事业单位、金融机构、个人或外商等,他们在交易活动中是供求的双方,即买房和卖方、出租方和承租方、抵押人和抵押权人等。二是连接交易双方利益关系的交易的客体,即用于交易的对象或标的物,包括土地和房产(含房基地)。在我国土地归国家和集体所有,因而这里所说的土地主要指土地的使用权。所谓的房产主要指住宅、公寓、别墅、写字楼、厂房、宾馆、商店等建筑物及其所有权。另外,有关房地产的知识、情报信息、有价证券也属于房地产交易的客体。三是对交易起服务和促进作用的交易的媒体,即房地产交易活动的中介机构。按其形式的不同,媒体又可以分为交易媒体、融资媒体和咨询、估价、广告等其他媒体。交易媒体有经纪商(人)、代理商(人)、房地产交易机构等。融资媒体有各种为房地产投资提供贷款的金融机构或财务机构。其他媒体有房地产估价机构(师)、房地产信息咨询机构等。因此,从这一角度讲,房地产交易泛指有偿转移房地产权利的法律行为及其辅助行为。

虽然从交易的标的物来看,房地产交易可以分为房产交易和土地交易,但根据《中华人民共和国城镇国有土地使用权出让和转让暂行条例》规定:土地使用权转让时,其地上建筑物、其他附着物所有权随之转让。土地使用者转让地上建筑物、其他附着物所有权时,其使用范围内的土地使用权随之转让,但地上建筑物、其他附着物作为动产转让的除外。抵押与此类似。因此,除地上无建筑物的土地交易以外,房和地的交易总是结合在一起进行的。

二、房地产交易的历史简述

我国的房地产交易行为最早出现在春秋时期。在春秋之前的西周,土地制度的一个基本特点是土地公有,土地所有权原则统属于最高统治者——周天子,即所谓的“普天之下,莫非王土”。周天子把自己直辖以外的土地分封给诸侯,天子和诸侯的领地又以采邑方式分赐给大夫(古代官职,位于卿之下,士之上),大夫又可以将其中一部分土地转赐给家臣。但无论哪一部分土地都不能买卖。到了春秋时期,旧制被打破,土地买卖开始出现。当时出售土地的人主要是小领主和没落贵族,由于其挥霍浪费或在战争重荷下入不敷出,以致无法清偿债务，就用土地作为抵押品转让给债权人，从而逐渐发生了土地买卖。最初的土地买卖并不需要政府批准，是自由买卖，不但公家的井田可以出售、转让，私人自己在井田之外开垦的私田更成了买卖的对象。

到了东汉时期，土地私有化已经成为不可抗拒的趋势，随之而来的便是土地作为私有财产加以转让、买卖之风逐步盛行。这时，随着商品交易的发展、商人财富的增多、货币的积累，土地买卖现象越来越多，土地的兼并也成为合法的了，一些富商大贾凭借自己雄厚的财力，积极参与土地的买卖。由于商人投资土地买卖，因而出现了一批商人兼地主或地主兼商人。从此以后，房地产与商品的关系才密切起来。但是随着建立于土地私有制基础上的封建土地关系的次生形态——地主制土地关系的形成，土地的买卖受到了许多限制。

到了明清时期，房地产交易的有关思想开始出现。当时颜李学派的著名代表人物王源为解决土地所有制的矛盾，主张“有田者自耕”，不能招募他人代耕。王源表示，土地应当归劳动人民所有，不自耕的地主乃至士、商、工和官僚等阶层均无占有土地的资格。他创造性地主张“对城市宅地实行自由买卖政策”，他认为城市宅地不同于农村耕地，政府不能采取与农村耕地一样的土地改革政策。他主张在城市推行宅地商品化，任人自由买卖和交易，并允许人们自由建造房屋，从事房地产业务。尽管王源这一主张在当时的条件下缺乏实现的可能，但是他的思想惊人地接近了现代资本主义的有关思想。

到了现代，随着世界范围市场经济的逐步发展，各国的土地交易制度逐步建立起来，房地产交易方式也发生了很大的变化：从过去的“自建自售”发展到现在的“产销分工”；从最初的“先建后售”发展到目前的“预售制度”；从开始的“银货两讫”发展到今日的“分期付款”；交易的过程由过去的买方和卖方直接交易，发展到目前有中介机构包括经纪人、律师、估价师、融资者等多种角色参与的复杂过程；交易的对象也由单纯的“房、地”发展到现在的房、地及其有关的信息、情报和证券等。

三、房地产交易的特点

房地产本身具有不可移动性等特性，因而房地产的交易与一般商品的交易有很大的不同。一般商品交易可以集中在一个固定场所（如商场、交易市场）进行或看样订货。而房地产交易则必须对每宗房地产进行实地调查，并且要对多个买方或卖方进行选择，因而房地产市场交易是一个没有柜台的市场。房地产交易既可以在固定交易场所内进行，也可以在固定交易场所之外进行。例如，各城市的房地产交易所就是进行房地产交易的固定场所，它可以接受委托办理房屋买卖、租赁、典当、抵押、拍卖业务；向社会出售新建商品房；开展房地产吞吐经营业务等。这样的房地产交易活动就是在“场内”进行的。而另一些新建房屋就可能在房地产企业经营机构所在地或建筑工地现场出售；一些场地和铺面房的出租、出售在现场就可完成；一些期货房地产买卖的产品在未形成前就已成交。

房地产交易与其他商品交易的一个重要的不同还在于房屋所有权、土地使用权转换往往不能在瞬间完成，即不能做到“一手交钱，一手交货”。例如，以抵押、分期付款方式购买房屋，或是以租赁方式取得房屋或土地使用权等，房地产交易双方需要在很长时期内保持接触。即使在房屋（含房基地）的所有权完全交割清楚的条件下，由于房屋消费具有长期性、转移的高价值性、消费广泛性和多样性等特点，房地产在售前、售后都要求经营企业负担大量的、多层次、多项目的服务。因此，房地产交易活动是多次完成的。

由此，我们可以看出房地产交易有以下特点：

(1)房地产交易是房产交易和地产交易的有机统一。

(2)进行交易的房地产是房产和地产的无形权利的转移。在我国，这些权利指房产及其附属物的所有权、使用权和土地使用权。

(3)为使房地产权益得到法律保障，进行房地产交易时，交易双方必须按规定签订交易契约、办理交易公证、进行产权登记。

(4)房地产交易价格金额大、费用昂贵，因此交易时经常需要金融机构支持，采取分期付款方式交易。

(5)房地产交易活动可以一次完成，也可以按时间分期陆续实现。

(6)房地产交易受法律的约束，房地产交易的程序、规则、机构和投入交易的房地产等，都必须受国家的监督和检查，不得损害社会公共利益，并遵守有关法律法规的规定。

(7)房地产个别性强，差异性大，不可能有统一的质量衡量标准，交易时需要专业的估价人员提供可供参考的交易价格。

(8)房地产受区域性的限制，地区间的房地产交易价格不易比较。

(9)在房地产交易中，由于市场分割、专业性强、手续繁杂，因而需要广泛的中介服务。

(10)由于房地产具有保值增值性，因而房地产交易具有消费与投资的双重性质。

四、房地产交易程序

房地产交易程序是指国家房地产交易部门根据相关法律、法规制定的有关房地产交易行为的规范化程序，是任何单位和个人进行房地产交易时必须遵守的程序，其具体步骤如下：

(一)确认资格

凡是进行房地产交易的当事人必须提供合法的证明身份的证件：个人当事人提供身份证，单位当事人提供单位介绍信和单位负责人的身份证。经查验后，确认其具有当事人资格的，再行洽谈交易事宜。

(二)签订房地产交易合同

房地产交易合同是房地产交易双方当事人之间建立交易关系的协议，是根据双方当事人共同确认的权利和义务自愿订立的。

(三)申请办理房产过户手续

房地产交易双方在签订房地产交易合同后，须持该合同及有效证件到房地产所在地的房地产交易所申请办理产权过户手续。

申请进入房地产交易市场的房地产必须符合以下几个条件：

(1)房地产的产权归属必须清楚,并有合法的产权证件。

(2)经过改建、扩建的房地产产权所有者在房地产管理部门办妥变更手续后才能进入交易市场。

(3)已经出租的房地产如要出售,必须提前三个月通知承租人,才能投入交易市场,以免引起承购人和承租人之间的纠纷。在同等条件下,承租人有优先购买权。

(4)属于二者或多者共有的房地产如要出售,出售人须提交共有人同意或委托出售的证明才能投入交易市场。在同等条件下,共有人享有优先购买权。

(5)享受补贴或以优惠价购买、建造的房地产,在不满原定使用期限出售时,须补齐差价。

(6)继承、赠与等所得的房地产,必须有公证机关或人民法院的法律文书才能投入交易市场。

(四)房地产交易管理部门审核证件

房地产交易管理部门在接到产权过户申请后,要严格检查产权证件,并到现场进行必要的调查。

(五)办理合同手续

房地产交易管理部门审核批准后,经办人应通知交易双方办理合同手续。使用法定的统一合同,一般由交易经办人填写,交易双方在合同上签名、盖章。

(六)办理产权过户手续

办完合同手续后,交易双方需缴纳签证手续费和有关税费,由房地产管理部门核发房地产权属证书。此时,房地产的产权归属从卖方转移到买方。在房地产管理部门的产籍档案中,该房地产的产权也归属于买方。至此,房地产交易过程圆满结束,并受到国家法律的保护。

第二节　房地产买卖交易

房地产买卖交易是指房地产的产权人将产权以有偿出让方式转移给买受人的一种交易活动。房地产买卖是在房地产市场调查与预测的基础上进行的。

在我国,出售房地产产权是出售房屋的所有权及相应的土地使用权。这是由于我国房屋产权有国家、集体(企业)和个人私有三种形式,土地只能为国家和集体所有,因此我国的房地产买卖表现出房屋产权和土地使用权结合在一起的特点:买卖房产,同时转让土地使用权;买卖土地使用权,同时转让该土地上的建筑物及其附着物。

房地产买卖是房地产经济的重要组成部分,在调剂余缺、满足人们生产和生活需要、推动人类社会进步和经济的发展等方面起着相当重要的作用。特别是随着我国城镇化建设的不断深化,我国房地产市场方兴未艾,房屋买卖活动必将大量增加,房地产买卖交易会日益频繁。

一、房屋买卖应遵循的原则

房屋买卖是一种民事法律行为，应遵循以下主要原则。

（一）平等自愿的原则

在房屋买卖关系中，当事人双方的地位是平等的，都是具有民事权利能力和民事行为能力的主体，取得一定权利必须承担相应的义务，反之亦然。当事人在房屋买卖中在意识上是独立的，任何一方当事人不受他方当事人意图的支配。同时，在房屋买卖关系中，当事人是自愿的，他们自主地表达自己的真实意图，有选择对方当事人和处分自己权利的自由。

（二）协商一致的原则

当事人在房屋买卖关系中，必须充分协商并达成一致，不能把自己的意志凌驾于他方意志之上，强迫对方接受自己的意志。

（三）公平合理的原则

当事人双方买卖房屋的行为应该公平合理并有益于双方，同时不得损害国家、社会和第三人的利益。

（四）等价有偿的原则

当事人双方在房屋买卖关系中要按照价值规律的要求等价交换，一方取得房屋所有权，必须支付房价，另一方取得房价，必须让渡房屋的所有权。

（五）履行法定手续的原则

当事人在买卖房屋时必须履行法定的手续，如办理房屋所有权过户手续、缴纳税费等，这是国家对房地产交易实施监督的必要手段，当事人必须按规定办理。

二、房地产买卖交易程序

房地产买卖交易程序是从买卖双方订立买卖合同开始到办理产权转移过户手续为止的整个流程。

（一）买卖双方订立房地产买卖合同

由于在房产交易中，房基地的使用权随房屋一并转移，因此，实际上是房地产交易。房地产买卖合同，是指在房地产交易双方之间建立买卖关系的协议。签订合同的目的，是房地产所有人将自己拥有的房地产转给他方所有，他方当事人要根据转移房地产的数量、质量及其他条件支付一定的价款，在房地产买卖关系确立（即合同签订）时，对以下三个因素要慎重考虑：买卖关系的当事人，即对立的买房和卖方，构成买卖关系的主体；标的物；价款。合同就是围绕这三个要素,阐明当事人的权利和义务。

通过第一阶段的洽谈,在买方对欲购房地产进行位置选择、产权调查、议价之后,买卖双方初步达成协议,然后要签订房地产买卖合同。

(二)接受房地产交易管理部门的审查

房地产交易双方向房地产交易管理部门办理申请手续后,管理部门要查验证件,产权审查,并到现场做必要的调查。房地产买卖时,房地产交易管理部门的房地产估价员还将对房地产进行估价。

(三)签订合同

房地产交易管理部门根据产权性质和购买对象按审批权限申报有关负责人审核批准后,经办人将通知买卖双方签订合同。买卖双方在合同上签名盖章。

(四)缴纳税费

签订合同后,买卖双方向房地产交易管理部门缴纳签证手续费和契税。

(五)办理产权转移过户手续

房地产买卖双方经房地产交易所办理买卖过户手续后,买方应持房地产交易所发给的房地产买卖合同,到房屋所辖区产权部门办理不动产权转移登记并换取新证。

三、房地产买卖合同的概念及法律特征

房地产买卖合同是指房地产所有人将房地产交付对方所有,对方接受房地产并支付房地产价金的协议。交付房地产的一方为房地产出卖人,接受房地产并支付房地产价金的一方为买受人。

房地产买卖合同是一种财产买卖合同,具有财产买卖合同的一般特征。因为房地产是我国法律允许买卖的不动产,所以房地产合同又有其自身的特点。其主要法律特征如下:

(一)房地产买卖合同的标的物是不动产和特定物

房地产是不动产,具有不可移动性,一旦移动就会丧失其用途。这就要求房地产买卖合同的履行必须在房地产所在地,而不能像其他商品一样可以由一地运往他地。同时,作为标的物的房地产是不可代替的特定物,履行的标的必须是合同约定的房地产,不能用其他房地产代替。

(二)房地产买卖合同是双方合同

双方合同是当事人双方相互享有权利并相互承担义务的合同,一方享有权利则必须承担相应的义务,当事人双方的权利、义务是一致的,在房地产买卖合同中,房地产出卖人享有取得房屋价金的权利,承担将房地产交付对方的义务;房地产买受人享有取得房地产所

有权的权利，承担支付价金的义务。

（三）房地产买卖合同是有偿合同

有偿合同是指合同当事人双方中的任何一方取得自己的利益须给予对方相应利益的合同。房地产买卖合同是以当事人双方中一方交付价金并取得房地产所有权，另一方转让房地产所有权并收取价金为内容的合同。当事人双方平等互利，等价有偿。

（四）房地产买卖合同是要式合同

由于房地产自身的特殊性，签订房地产买卖合同必须采取书面形式，同时，合同的有效成立还必须以房地产管理部门办理房地产过户手续为要件。

四、房地产买卖合同内容

房地产买卖合同是当事人双方就房地产买卖达成的协议。合同是确定当事人权利、义务的重要依据，因此，要条款全面，内容具体，用语精确。只有这样，才能有利于合同的顺利履行，减少纠纷和纠纷的解决。房地产买卖合同的主要条款内容包含以下几个方面。

（一）标的

标的是指当事人双方的权利、义务共同指向的对象，房地产买卖合同的标的就是房地产。在房地产买卖合同中，应该明确房地产的地点（包括方位、朝向、门牌号等）、类型（是公房或是私房）、结构（建筑房屋使用的材料）、质量（房屋的新旧程度、使用状况）、附属设施等。

（二）数量

房地产买卖合同要写明建筑面积或者使用面积、楼层数、房间号等。

（三）价款

房地产的价款是房地产买卖合同中最重要的条款。房地产价款的确定应当由政府房地产管理部门进行评估，确定出最高价格，然后由当事人双方在此限度内自由协商确定。

（四）期限

房地产买卖合同中的期限，要写明合同签订及生效期限、价款的支付期限、交付房地产期限等。

（五）交付办法

交付办法包括房地产出卖人交付房地产办法和买受人支付价款办法。买受人在接管房地产时，应对房地产进行验收，并按房地产交易程序到房地产管理部门办理房屋产权过户手续，缴纳税金和费用，领取房地产权属证明。价款支付办法应该明确是一次性付款还是分期付款，是现金支付还是转账、汇兑或其他支付方式。

（六）违约责任

违约责任是指房地产买卖合同当事人违反合同规定，不履行自己的义务所应承担的责任，即支付违约金并赔偿损失。合同中应写明违约金的数额或计算违约金的办法；没有约定的，按法律规定支付对方1% ~5%的违约金。

以上几项是房地产买卖合同必须具备的条款，除此之外，当事人双方中的任何一方要求在合同中予以规定并经对方同意的内容也可以作为主要条款加以明确。

五、房地产买卖当事人双方的权利、义务

房地产买卖对当事人双方的权利、义务是相对的，一方的权利就是另一方的义务，反之亦然。下面从当事人所应承担的义务的角度，对双方的权利、义务关系做进一步阐述。

（一）房地产出卖人的义务

1. 交付房地产义务

房地产买受人购买房地产的目的是使用房地产，占有并控制房地产是买受人实现这一目的的前提条件。房地产出卖人应按合同的规定移交房地产，使房地产在买受人的占有和支配之下。交付房地产包括两方面的内容，即实际交付和证件交付。实际交付就是指出卖人按合同规定的办法，将房地产转移给买受人占有和使用；证件交付是指出卖人将原房地产的产权证明交付给买受人。

2. 保证买受人取得房地产所有权的义务

房地产买卖的基本特征是转移房地产的所有权，出卖人不但要交付房地产，而且要保证买受人取得房地产的完全所有权，这是房地产出卖的基本义务。这就要求出卖人必须是合同标的——房地产的所有权人，有权处分房地产。同时，出卖人还应对第三人主张房地产权利的要求承担担保责任，保证该房地产所有权的转移合法有效，不受第三人的干涉。

3. 按合同规定的数量和质量交付房地产

房地产的数量和质量是买受人购买房地产、支付价款的决定性因素，出卖人必须按合同的数量和质量交付房地产，否则即构成违约，承担违约责任。出卖人还应对房地产的瑕疵承担责任，不得隐瞒房地产的缺陷。对于一般缺陷，如能够维修的则出卖人应予进行维修，使之达到合同规定的质量标准；对于不能维修的重大缺陷，买受人有权解除合同，并有权要求出卖人赔偿由此造成的一切损失。

（二）买受人的义务

1. 按合同规定的时间和方式支付房地产价金的义务

房地产出卖人之所以要出卖房地产，就是要取得房屋的价金，买受人要取得房屋的所有权，就必须交付价金，对交付价金的时间和方式，合同有规定的按照合同的规定，合同没有明确规定的，出卖人应当在取得房地产所有权后根据出卖人的要求，立即支付。

2. 接受房地产的义务

房地产买卖合同订立后,出卖人必须按合同的规定交付房地产,这是一项义务。对买受人而言,则应该在合同期限内领取房地产,买受人不在规定的时间内领取房地产则构成迟延接受,在此情况下,如该房地产发生意外毁损,买受人承担全部责任,出卖人不再负任何责任。

六、房地产预售

商品房预售是指房地产开发企业经常采用的一种经营方式。它主要是指房地产开发企业将正在建设中的房屋预先出售给承购人,由承购人支付定金或房价款的行为。商品房预售对于购房人来说,能保证在约定的时间得到充分把握的房源,并且在价格上往往能享受优惠;对房地产开发企业来说,能够通过预售筹措款项,从而加快建房速度,保证工期,尽快将房屋交付使用。因此,它是一种买方和卖方均能受益的交易方式。很多地方的城市建设综合开发和新住宅区建造,都采用了这种预售方式。

商品房预售不同于一般的房地产买卖,房屋不能即时交付,产权不能立即转移,并含有因建设周期长而形成的交付风险。因此,房地产开发企业必须具备相应的条件,以确保预售合同的兑现。

七、房屋售价的构成

一般来说,房屋售价由房屋造价、销售费用和盈利三部分构成。

(一)房屋造价

房屋造价是房屋销售部门的进货价,是确定销售价格的基础,包括建造房屋过程中所耗费的各种材料、燃料动力的原价和运输、装卸、保管等费用,以及施工机械使用费、人工费等直接费用;施工业务管理部门的工资、办公费用和劳动保护、质量检验、职工培训、停工工资等间接费用。现在列入成本开发范围的劳保支出,属于社会保险性质的支出;技术装备费是提高机械施工水平,扩大生产能力的费用,都应从企业利润中支出。

(二)销售费用和盈利

销售费用包括工资福利、办公费用、利息支出和保管费。这部分费用和房屋造价一起构成房屋的销售成本。

房屋售价中的盈利部分,也是一种普通的商业盈利,其中缴纳营业税、所得税、交通能源基金后,即为企业留力。

第三节 房屋租赁

一、房屋租赁的概念

租赁是指出租人将租赁物交付承租人使用、收益，承租人支付租金所形成的民事法律关系。租赁具有以下法律特征：承租人不取得租赁物的所有权，而只是享有租赁物的占有权和使用权，租赁物的所有权仍为出租人享有；租赁的标的物是特定的、非消耗物；租赁关系终止时，承租人应将租赁物交还出租人。

依据《中华人民共和国城市房地产管理法》第五十三条规定，房屋租赁是指房屋所有权人作为出租人将其房屋出租给承租人使用，由承租人向出租人支付租金的行为。

住宅用房的租赁，应当执行国家和房屋所在城市人民政府规定的租赁政策。租用房屋从事生产、经营活动的，由租赁双方协商议定租金和其他租赁条款。

以营利为目的，房屋所有权人将以划拨方式取得使用权的国有土地上建成的房屋出租的，应当将租金中所含土地收益上缴国家。

房屋租赁与房屋买卖的主要区别如下：

(1)房屋买卖是房屋所有权的转移，通过买卖，买受人取得房屋所有权；而房屋租赁则不发生房屋所有权的转移，房屋所有权仍由房屋所有人即出租人享有，承租人只是取得房屋的使用权、收益权。

(2)在我国，房屋买卖必须办理房屋所有权的转移手续，房地产管理部门对房屋买卖管理较严；房屋租赁则只需要到房地产管理部门备案就可以了。

(3)房屋买卖中，买受人取得房屋所有权，可以自由处分该房屋；房屋租赁中，承租人则不享有房屋的处分权，只能按照租赁合同的规定合理使用房屋，并在租赁期满后将房屋交还给出租人。

二、房屋租赁合同

(一)房屋租赁合同的概念及内容

房屋租赁合同即以房屋为租赁标的的合同。根据《中华人民共和国民法典》第七百零三条规定："租赁合同是出租人将租赁物交付承租人使用、收益，承租人支付租金的合同。"具体到房屋租赁合同的含义，概括地说就是指房屋的出租方将房屋的使用权交与承租方，承租方按照双方约定的期限和数额向出租方缴纳租金，明确双方的权利和义务，并在合同终止或者合同期限届满时将承租的房屋完好无损地退还出租方。经租赁双方协商的这种权利、义务关系用文字形式固定下来，形成的协议叫作房屋租赁合同。房屋租赁的内容应明确规定租赁房屋的坐落地址、建筑结构、层次部位、间数、装修、面积、设备、用途、租赁期限、月租金额、租金缴纳期和方法，以及其他约定事项和违约责任等。

(二)制定合同的原则

制定房屋租赁合同,一般应遵循以下原则:

1. 符合国家法律和政策

房屋租赁合同是经济行为,也是法律行为。所谓经济行为,就是要达到通过支付房租的形式,逐渐实现其全部价值的目的。所谓法律行为,就是指签约时人们有意识的活动,而且能够引起法律后果。合同的签订,在租赁双方之间产生了权利与义务关系,而这种权利与义务关系具有法律约束力,会受到国家强制力的保护。如果合同的条款与国家法律和政策相抵触,与社会公共利益相抵触,则这种合同是无效的。如果合同是依法制定,任何单位或个人就不能进行违约活动,不得扰乱租赁秩序,损害国家和社会公共利益,牟取非法收入。不履行或不适当地履行合同的条款,均将承担经济和法律责任。国家和政策机关,要对合同关系实行行政管理和法律监督,从而保证国家对经济发展的指导作用。

2. 符合商品经营、等价有偿的原则

房屋租赁必须通过商品货币关系,建立起国民经济整体的有机联系。房地产经营部门建造房屋需要建材、人力、机具等投资,房屋投入使用出租后,需要收回房屋折旧费及在经营过程中支付的房屋维修、管理和相关税费,并需要获得建房投资利息和社会平均利润等。房屋从生产到流通、分配的各个环节,都离不开商品货币关系。因此,房屋租赁经营按价值规律,贯彻商品经营、等价有偿的原则。

3. 平等互利、协商一致的原则

合同是国家规定的一种法律制度,要求当事人双方应该按照法律规范,协商一致达成协议。在协商的过程中,当事人双方的法律地位平等。在平等互利的基础上进行充分协商,任何一方不能把自己的意志强加给对方,任何组织和个人也不得进行非法干预。如果当事人双方不能自由地表达自己的意志,不能取得一致的协议,合同就不能成立,或者是无效的。这是保障当事人双方权利与义务相互对等的基础,体现了国家保护当事人有意识、有目的地从事各种经济活动的民事权利,以满足生产、经营和生活等方面的需要。

(三)租赁合同的建立和终止

1. 租赁合同的建立

房屋租赁合同要按照统一规定的填写方法填写,不得擅自变更。如果保留租金、合用厨房、厕所或其他另有协议的内容,要在合同的附记栏内填写清楚,以免造成租赁纠纷。在承租人进入房屋时,出租人要会同用户到房屋现场核对房屋装修设备,并向承租人点交。核对点交无误后填写“装修设备保管单”。填写方法,要按照装修设备登记说明要求填写,用户在进入后自己安装的设备不计在内。

房屋租赁合同一式两份,双方各执一份,经立约人双方签字盖章后生效。如有未尽事宜,双方应另订协议;如双方同意,也可办理公证。

2. 租赁合同的终止

承租人因迁往外地或其他原因需要终止租赁合同时,应在搬家的七日前通知出租人。

出租人应清查有无欠租,如有欠租,承租人应如数偿还,在未缴清欠租之前,缓办退租手续。在承租人搬家时,出租人必须派人到房屋现场清点房屋及其装修设备,如有丢失或损坏,承租人应该按照规定修复或者赔偿。一切手续办理结束后,双方才能解除租赁合同。

第四节 房屋抵押

一、房屋抵押的概念

抵押是一种债务的担保形式,是指债务人或第三人提供一定的财产作为履行债务的担保,当债务人到期不履行债务时,债权人有权依法以抵押物折价或变卖抵押物优先受偿。提供财产的债务人或第三人为抵押人;接受抵押的债权人为抵押权人。抵押的财产既可以是动产,也可以是不动产。

房屋抵押是以不动产——房屋作为标的物的抵押关系,它是指债务人或第三人以房屋作为履行债务的担保,当债务人逾期不履行债务时,债权人即抵押权人依法将房屋折价抵作价款或变卖房屋优先得到清偿。

房屋抵押具有以下法律特征:

(1)房屋抵押是以不动产——房屋作为标的物的抵押,决定了抵押标的物不能转移地点,作为抵押的房屋仍为房屋所有人占有和使用。

(2)房屋抵押应签订书面合同。我国政策和相关法律规定,设定房屋抵押,抵押合同双方应按规定办理房屋抵押登记,由房地产管理部门发给抵押权人《房屋他项权证》作为房屋抵押权的凭证。

(3)房屋抵押合同是一种从合同。房屋抵押作为债务的担保,随主债的转移而转移,随主债的消灭而消灭。

(4)房屋抵押合同是诺成性合同。合同一旦成立,即对双方当事人都有约束力,不需要实际交付。

(5)房屋抵押合同生效后,即具有对抗第三人的效力。房屋抵押权人对非法占有、转让房产有追偿权。未经抵押权人同意,房屋所有人不得另行再设抵押。

(6)房屋抵押权人享有优先受偿的权利。

二、房屋抵押的设置条件

房屋抵押应符合以下条件:

(1)国有企业、事业单位法人以国家授予其经营管理的房地产抵押的,应当符合国有资产管理的有关规定。

(2)以集体所有制企业的房地产抵押的,必须经集体所有制企业职工(代表)大会通过的,并报其上级主管机关备案。

(3)以中外合资企业、合作经营企业和外商独资企业的房地产抵押的,必须经董事会通过,但企业章程另有规定的除外。

(4)以有限责任公司、股份有限公司的房地产抵押的,必须经董事会或者股东大会通过,但企业章程另有规定的除外。

(5)有经营期限的企业以其所有的房地产设定抵押的,所担保债务的履行期限不应当超过该企业的经营期限。

(6)以具有土地使用年限的房地产设定抵押的,所担保债务的履行期限不得超过土地使用权出让合同规定的使用年限减去已经使用年限后的剩余年限。

(7)以共有的房地产抵押的,抵押人应当事先征得其他共有人的书面同意。

(8)预购商品房贷款抵押的,商品房开发项目必须符合房地产转让条件并取得商品房预售许可证。

(9)以已出租的房地产抵押的,抵押人应当将租赁情况告知抵押权人,并将抵押情况告知承租人。原租赁合同继续有效。

在房屋抵押中,下列房地产不得设定抵押:一是权属有争议的房地产;二是用于教育、医疗、市政等公共福利事业的房地产;三是列入文物保护的建筑物和有重要纪念意义的其他建筑物;四是已依法公告列入拆迁范围的房地产;五是被依法查封、扣押、监督或者以其他形式限制的房地产;六是依法不得抵押的其他房地产。

三、抵押合同当事人双方的权利和义务

抵押合同当事人双方的权利和义务是指抵押合同在存续期间抵押权人和抵押人各自应享有的权利和承担的义务。

(一)抵押权人的权利

抵押权人有要求抵押人采取措施防止房屋损毁的权利。房屋抵押不转移抵押人对房屋的占有和使用权,房屋抵押人在占有和使用房屋时应保证抵押房屋的完整,采取各种措施防止抵押房屋的损毁、灭失。当抵押人占用和管理的房地产发生损毁、灭失的,抵押人应当及时将情况告知抵押权人,并应当采取措施防止损失的扩大。抵押的房地产因抵押人的行为造成损失使抵押房地产价值不足以作为履行债务的担保时,抵押权人有权要求抵押人重新提供或者增加担保以弥补不足。抵押是一种担保债权实现的行为,在债权人未实现债权时,如抵押房屋毁损或灭失时,抵押人的担保责任并不能免除,抵押权人有权要求抵押人以其他财产担保其债权的实现。

另外,抵押权人享有优先受偿权。当抵押权与普通债权同时存在时,抵押权优先于普通债权。只有当抵押权人实现自己的权利有剩余时,普通债权人才可以主张自己的权利。同时,当几个房屋抵押权同时并存时,设定抵押权在前的抵押权人在先。只有当在前的抵押权人实现自己的权利后,其他抵押权人才可主张自己的权利。

(二)抵押权人的义务

抵押权人的义务主要是抵押权人不得因享有抵押权而干涉抵押人对房屋的所有权。抵押人仍享有对抵押房屋的占有、使用、收益和处分权。

（三）抵押人的权利

（1）抵押人享有对抵押房屋的占有、使用、收益和处分权。房屋抵押不同于其他担保（如质权担保和留置权担保），不需要转移房屋的占有权，抵押权人仍享有房屋的占有权；抵押权人不得干涉抵押人对抵押房屋的使用和收益权，抵押房屋的使用和收益权仍归房屋抵押人，但是抵押人必须合理对房屋加以使用和收益，不得损害房屋的价值。房屋抵押人对抵押房屋仍有处分权，可以将房屋出卖、出租或赠与他人，但这些行为不得排斥抵押权人的优先受偿权。

（2）抵押人在同一房屋上有再设抵押的权利，当抵押房屋的价值超过债权人的债权时，抵押人仍可以将该抵押房屋再设抵押，但当抵押房屋的价值不足以清偿债务时，再设抵押的行为为无效民事行为。

（四）抵押人的义务

抵押人有采取必要措施防止抵押房屋损毁、灭失的义务；当抵押房屋灭失时，有提供其他财产作为抵押的义务。

第五节　房地产典当

房地产典当是指房地产权利人在一定期限内，将其所有的房地产，在不放弃所有权的情况下，以一定典价将房地产其他权利让渡给他人承典的行为。房地产典当包括两个方面的内容：一是与房产无关的典当，二是房（包括与房有关的地）的典当。

我国古代就有地的典当，以农地为代表，有“典地”或“典田”一说，地的典当就是将地的使用权与收益权典给别人，承典人交付一定的典当金，在典当期间也可以转典给别人，典当金一般比绝卖价格低得多。古时，拥有少量土地的自耕农为应付急需，不愿轻易放弃对土地的所有权，又想保持回赎权时，往往采用典当的方式。典地到期无力回赎，即成为绝卖。地主、富农常利用典地压低地价，兼并农民土地。中农、贫农之间因融通资金也常发生典地关系。农户把土地出典后继续耕种出典土地而向承典人缴纳的地租，称为“典租”。

理论上，房产典当，又称“典房”，是指房屋所有人因急需资金，又不愿意轻易放弃房屋所有权的情况下，有期限、有条件地将房屋出典。典当人（承典人）支付典当金，在典当期内，典当行对该房屋具有房地产典权，即对该房屋的占有权、使用权和收益权。典当期满，只要出典人向典当行付清典当金，就可赎回房屋，典权也随之取消。因而，典当也称活卖。如果出典人当期届满未能赎回且续典后仍无经济实力赎回则为绝卖，承典人则拥有房屋产权。

从严格意义上讲，房地产的典与房地产的当是有区别的。这两者的区别主要在于：第一，在典的关系中，典当行在承担妥善保管典物的义务的同时，有权使用和收益；在当的关系中，典当行只承担妥善保管当物的义务，不得使用该当物，也不得将该当物出租等以获得收益。第二，在典的关系中，借款人无须向典当行支付利息和保管费，典当行也不必支付使用费；在当的关系中，借款人必须向典当行支付相应的利息和保管费。也就是说，“典”中的典权人，在典期内对典物既享有占有权又享有使用权；而“当”中的典当行，在当期内对当物享有占有权，却不享有使用权。

从法律关系看，典以用益物权为条件，当以质押为条件，两者的基础都是资金借贷。房地产典当通常以典为主。房屋的典，在典期内，典当行所付出的典价不计收利息，房屋产权所有人典出的房屋也不收租金。但在约定的典期内，典当行可以使用该房屋，也可出租并收取租金；而房屋的出典人继续使用自己已典出的房屋时要向典当行交纳一定的租金，这种租金称为“典租”。

房屋出典时典当行所付的房屋典价是房屋在典当期内的损耗价值的货币表现，相当于房屋在典期内的折旧费。因而，房屋典价等于房屋估算价格、年折旧率、相应典期三者的乘积。估算房屋价格时要考虑房屋本身的结构、质量、使用年限、装潢和房屋所处的环境与位置、房地产市场行情等。

房地产典当的一般程序如图 9－1 所示。

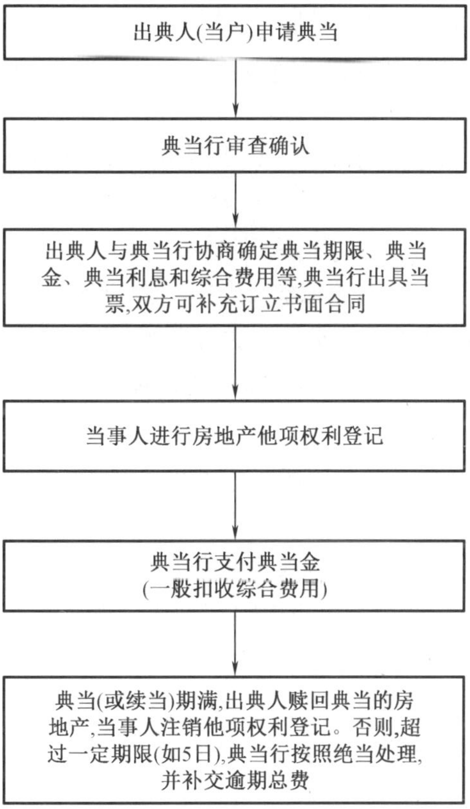

图 9－1　房地产典当的一般程序

第六节 房地产赠与和继承

房地产赠与和继承，都是无偿转让房地产权利的行为，严格地讲不属于房地产交易的范畴，但是在办理房地产的赠与和继承手续及对其进行管理时，与交易有很多相似之处，本书做一详细介绍。

（一）房地产赠与

房地产赠与就是指将土地使用权和房地产所有权无偿地赠给他人的行为。赠与行为一般发生在亲属或朋友之间。房地产赠与常见的是房产（含房基地）的赠与。

1. 房产赠与的特点

（1）房产的赠与并不是赠与者单方的意愿，这种意愿只有在受赠人表示接受的情况下才能成立。如果受赠人不愿接受赠与，则赠与就不能成立。

（2）房产的赠与完全是无偿的，如果赠与行为成立的话，其中并不牵扯价值上的关系，而仅仅是所有权的转移。

（3）房产的赠与作为一种法律行为，只有当赠与者和受赠者订下书面字据并进行产权过户转移登记后，方才生效。

2. 房产赠与的申报手续

（1）办理他人或单位赠与房产，须由赠与人（房屋所有权人，下同）提出书面申请（申请书应注明赠与房产的原因），并提交经公证机关公证的《房产赠与书》和《房屋所有权证》。

（2）私有房产的受赠人（含法人，下同）需要同时提交受赠房产的书面申请，申请书中需明确确系无偿赠与，并无买卖关系及经济上的其他交换条件，私人受赠申请还应写明受赠人与赠与人的关系。单位受赠申请须由法人代表签字、加盖公章并附受赠单位上级机关同意其受赠的证明。

（3）赠与房产时，赠与人与受赠人须持上述有关证件、身份证及名章共同到房产所在地区、县房地产管理部门办理房产赠与申报手续，按"房产赠与申请审批表填写说明"由经办人代填《房产赠与申请审批表》。

赠与人或受赠人因故不能亲自办理的，可出具委托书，委托他人代为办理。委托书须经本人所在单位或有关部门证明，不在房产所在地居住的，出具的委托书须经公证机关公证。

（4）对审批表中有关赠与人、受赠人的情况，赠与房产情况，双方现住房情况及双方关系，赠与原因，赠与人与受赠人须如实报告，经办人询问代填后，由双方签字、盖章。

私人受赠时，受赠人必须使用户籍姓名，不得使用化名、别名或假名。单位受赠时，必须使用单位全称，不得使用简称，不得以个人名义受赠。

3. 办理房产赠与的工作程序及审批权限

（1）受理与初审。房产赠与手续由房地产管理部门指定专人负责经办，并代双方填写审批表的有关内容，经办人收取有关证件时应开具"收存契证"收据。

根据房产赠与人和受赠人交验的申请表、身份证件及赠与房产的有关权证、证明，经办人需调阅房屋产籍卡及房档，并到房产所在地现场核实产权来源、房院位置图形、房产状况、院界墙归属、现房屋使用、有无产权纠纷等情况与申请表对照是否相符，无误后在调查情况及意见栏内签署初审意见，并注明到房产现场核实的日期，由经办人盖章将初审件全部报送房地产管理部门相关工作人员复审。

(2)复审。房地产管理部门相关工作人员根据申请表及有关证明、房屋产籍卡及房档等资料，结合经办人的意见进行全面审查，如有疑点，应到现场进行复查或向双方询问。经审查，赠与房产的产权来源清楚、无产权纠纷、符合有关政策规定、证件齐全、手续完备、无买卖行为及经济上的其他交换条件的，可签署同意房产赠与的意见，上报主管部门审批。

(3)主管部门根据复审件进行审批并签章，然后将审批件转房地产管理部门并由估价员估价。

(4)估价。估价员根据申请表及房档到房产现场进行估价后，将估价金额、应收契税金额、应收手续费金额等填入申请表相应栏目。按《中华人民共和国契税法》规定免收的，可在免收契税栏内填写“免收”字样。

(5)收费。估价员盖章后将有关材料转交此件经办人，经办人复核估价额无误后，通知受赠人携带收存契证收据及本人身份证件到指定地点交纳房产赠与手续费。交费完毕后，经办人应开具房产登记费收据；并在收存契证收据上加盖“已办理房产赠与”收据及“房产登记费”收据作为房产赠与产权来源的凭证，办理房屋所有权转移登记。

(6)建档。由经办人将房产赠与有关证明、权证及申请表、收存款证存根、估价单、房产登记费存根一并装订建档。

(7)转件。经办人将房产赠与档案全部转房屋所有权登记人员登记后收存，然后由登记人员负责督促赠与人及受赠人按要求在规定期限内办理产权转移登记手续。

(二)房地产继承

房地产继承是属于房地产转让的一种方式，是指有权接受的公民依法接受死者房屋遗产的行为。但是这种转让方式主要是指土地使用权和房屋所有权的转移行为，而不直接反映商品关系。

1. 房地产继承关系的成立条件

(1)被继承人死亡的事实确已发生。如果公民还活着，继承关系就不成立。

(2)被继承人确实拥有房地产且房地产是合法的，房地产是继承的对象，没有房屋自然无所谓房地产的继承。同时，房地产还必须为被继承人所有，如果是与其他人共有的房地产，则必须首选进行分割，属于被继承人的部分才能够继承。

(3)必须有继承人。没有继承人当然也谈不上继承，而继承人又必须是法定继承范围之内的人或遗嘱中明确指出的人。

2. 房地产继承的形式

房地产继承的形式有两种：一种是法定继承，也就是说死者在生前没有交代，所以继承的顺序以法律规定的程序进行；第二种是遗嘱继承，指死者在生前留有明确的意愿和指示，把自己的遗产留给指定的继承人继承。

3. 房地产继承的方式

(1)房地产法定继承方式。房地产法定继承人包括配偶、子女(包括婚生子女、非婚生子女、养子女、有扶养关系的继子女)、父母(包括生父母、养父母、有扶养关系的继父母)、兄弟姐妹(包括同父母的兄弟姐妹、同父异母或同母异父的兄弟姐妹、养兄弟姐妹、有扶养关系的继兄弟姐妹)以及祖父母、外祖父母。

法定继承顺序,是指法定继承人继承遗产的先后顺序。根据《中华人民共和国民法典》第一千一百二十七条规定,我国法定继承分两个顺序。

第一顺序:配偶、子女、父母。

第二顺序:兄弟姐妹、祖父母、外祖父母。

在明确法定继承顺序后,就要确定遗产分配原则。按照《中华人民共和国民法典》第一千一百二十七条规定,继承开始后,由第一顺序继承人继承,第二顺序继承人不继承;没有第一顺序继承人继承的,由第二顺序继承人继承。

《中华人民共和国民法典》第一千一百二十八条规定,被继承人的子女先于被继承人死亡的,由被继承人的子女的直系晚辈血亲代位继承。被继承人的兄弟姐妹先于被继承人死亡的,由被继承人的兄弟姐妹的子女代位继承。代位继承人一般只能继承被代位继承人有权继承的遗产份额。

《中华人民共和国民法典》第一千一百三十条规定,同一顺序继承人继承遗产的份额,一般应当均等。对生活有特殊困难又缺乏劳动能力的继承人,分配遗产时,应当予以照顾。对被继承人尽了主要扶养义务或者与被继承人共同生活的继承人,分配遗产时,可以多分。有扶养能力和有扶养条件的继承人,不尽扶养义务的,分配遗产时,应当不分或者少分。继承人协商同意的,也可以不均等。

《中华人民共和国民法典》第一千一百三十一条规定,对继承人以外的依靠被继承人扶养的人,或者继承人以外的对被继承人扶养较多的人,可以分给适当的遗产。

《中华人民共和国民法典》第一千一百三十二条规定,继承人应当本着互谅互让、和睦团结的精神,协商处理继承问题。遗产分割的时间、办法和份额,由继承人协商确定;协商不成的,可以由人民调解委员会调解或者向人民法院提起诉讼。

(2)房地产遗嘱继承的方式。房地产继承的第二种情况是房地产的遗嘱继承,是按照被继承人产生的意愿以及由此产生的遗嘱形式发生的继承。与法定继承不同,遗嘱继承的继承人范围可以打破法定继承人的范围和程序,凡是被遗嘱人指定为遗嘱继承人的,均有同时继承其遗嘱的权利,而不论该继承人的原先的法定继承顺序中排列的先后。当然,原先并不属于法定继承人范围的人,也可以按遗嘱指定获得继承权。同时,遗嘱继承不仅指定继承人的范围和先后次序,而且还有权归化遗产的分配。

遗嘱的方式有三种:第一种是以书面文字形式表达的遗嘱,它可以由遗嘱人亲笔书写,也可以由他人代书,但代书的遗嘱在设立时必须有两个以上的在场见证人,打印遗嘱应当有两个以上见证人在场见证。第二种是遗嘱人在危急情况下,可以立口头遗嘱,口头遗嘱也需要有两个以上的在场见证人。危急情况消除后,遗嘱人能够以书面或者录音录像形式立遗嘱的,所立的口头遗嘱无效。第三种是以录音录像形式立的遗嘱,应当有两个以上见证人在场见证。遗嘱人和见证人应当在录音录像中记录其姓名或者肖像,以及年、月、日。

无论是书面的、口头的,还是录音录像的遗嘱,最好应由遗嘱人自己做出。遗嘱人不能亲自做出时,下述人员不能作为代书人或见证人:无民事行为能力人、限制民事行为能力人以及其他不具有见证能力的人;继承人、受遗赠人;与继承人、受遗赠人有利害关系的人。

遗嘱必须表示遗嘱人的真实意思,受欺诈、胁迫所立的遗嘱无效;伪造的遗嘱无效;遗嘱被篡改的,篡改的内容无效。遗嘱继承或者遗赠附有义务的,继承人或者受遗赠人应当履行义务。没有正当理由不履行义务的,经利害关系人或者有关组织请求,人民法院可以取消其接受附义务部分遗产的权利。

遗嘱人可以撤回、变更自己所立的遗嘱。立遗嘱后,遗嘱人实施与遗嘱内容相反的民事法律行为的,视为对遗嘱相关内容的撤回。立有数份遗嘱,内容相抵触的,以最后的遗嘱为准。

【案例分析】

2012 年 4 月,客户赵某和中介公司达成口头协议,购买一套价格为 80 万元的二手房,由中介机构代办房屋过户以及按揭贷款的所有手续。2012 年 6 月 23 日,赵某按约定将首付款 20 万元和办理贷款所需的身份证复印件、未婚证明、收入证明一并交给了中介机构,并交纳代办贷款服务费和代办过户服务费共 3 500 元。2012 年 9 月 23 日,赵某向中介交纳了 80 000 元中介佣金。2012 年 12 月 27 日,赵某领到了《房屋所有权证》,但银行贷款和按揭手续始终未办理下来。2013 年 1 月,赵某才发现银行根本不知道他要办理贷款的事,20 万首付款未交到银行,卖主也没拿到。买卖双方交了中介佣金,贷款没有办下来,证件复印件以及相关材料被丢失,这让赵某怎么也想不通。因此,他决定终止交易,要求中介机构退回自己所交纳的费用并赔偿相应损失,但中介机构拒不赔偿损失。

对此进行分析,从法律关系上来看,房屋买卖合同与贷款合同属于两个不同的法律关系,而赵某和中介机构不但没有明确的合同约定,具体条款也没有以书面的形式体现。因此,按照其口头协议:其一,中介机构完成了产权过户过程,赵某应该承担相应的中介服务费;其二,按揭贷款过程没有完成,中介机构应承担相应违约责任,并赔偿相应损失;其三,中介机构对赵某的证件复印件及相关材料具有保护的义务,赵某的证件复印件及材料丢失应属于中介机构的过错,应由中介机构承担相应损失。

思考题

1. 什么是房地产交易?房地产交易的特征有哪些?
2. 什么是房地产抵押?哪些房地产不能抵押?
3. 房地产租赁合同必备的条款有哪些?
4. 什么是房地产转让?哪些交易行为属于房地产转让?

附　　录

本书主要参考的法律法规如下：

(1)《中华人民共和国城市房地产管理法》(2019)；

(2)《中华人民共和国土地管理法》(2019)；

(3)《中华人民共和国城乡规划法》(2019)；

(4)《中华人民共和国民法典》(2020)；

(5)《中华人民共和国耕地占用税法》(2018)；

(6)《城市房地产开发经营管理条例》(2020)；

(7)《中华人民共和国城镇国有土地使用权出让和转让暂行条例》(2020)；

(8)《中华人民共和国土地管理法实施条例》(2021)；

(9)《中华人民共和国企业所得税法》(2018)。

参考文献

[1] 刘洪玉.房地产开发经营与管理[M].北京:中国建筑工业出版社,2017.

[2] 吕萍.房地产开发与经营[M].北京:中国人民大学出版社,2016.

[3] 施建刚.房地产开发与管理[M].3版.上海:同济大学出版社,2014.

[4] 唐永忠,李清立.房地产开发与经营[M].北京:清华大学出版社,2013.

[5] 任宏,王瑞玲.房地产开发经营与管理[M].2版.北京:中国电力出版社,2018.

[6] 刘昕,王英伟.房地产开发项目选址的合理性分析[J].农业与技术,2013(2):202-203.

[7] 中国房地产估价师与房地产经纪人学会.房地产基本制度与政策[M].6版.北京:中国建筑工业出版社,2013.

[8] 戴学珍.房地产估价教程[M].2版.北京:清华大学出版社,2011.

[9] 周志强.房地产营销策划[M].武汉:华中科技大学出版社,2017.

[10] 兰峰.房地产开发与经营[M].北京:中国建筑工业出版社,2008.

[11] 中国房地产估价师与房地产经纪人学会.房地产经纪实务[M].北京:中国建筑工业出版社,2005.

[12] 全国造价工程师执业资格考试培训教材编审委员会.工程造价管理基础理论与相关法规[M].5版.北京:中国计划出版社,2009.